ФЕДЕРАЛЬНОЕ ГОСУДАРСТВЕННОЕ
БЮДЖЕТНОЕ УЧРЕЖДЕНИЕ НАУКИ
ИНСТИТУТ АФРИКИ
РОССИЙСКАЯ АКАДЕМИМЯ НАУК

ФЕДЕРАЛИЗМ В АФРИКЕ: ПРОБЛЕМЫ И ПЕРСПЕКТИВЫ

FEDERALISM IN AFRICA: PROBLEMS AND PERSPECTIVES

MEABOOKS Inc.
Lac-Beauport, Quebec
2016

Originally published by Institute for African Studies of the Russian Academy of Sciences in 2015.

This reprint edition by Meabooks Inc., Africana publishers and booksellers.

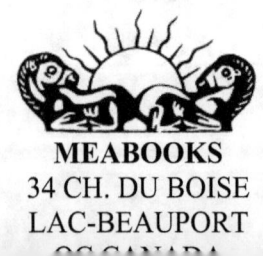

MEABOOKS
34 CH. DU BOISE
LAC-BEAUPORT

ЦЕНТР ИЗУЧЕНИЯ СТРАН ТРОПИЧЕСКОЙ АФРИКИ

Ответственные редакторы
д-р Игхо Натуфе, к.и.н. Христина Турьинская

Рецензенты
д.и.н. Элеонора Львова, к.и.н. Любовь Садовская

Федерализм в Африке: проблемы и перспективы. Federalism in Africa: Problems and Perspectives. М., Институт Африки РАН, 2015. – 220 с.: с илл.

В сборнике освещаются теоретические и практические аспекты функционирования федеративных систем на Африканском континенте. В основе издания – материалы двух научных событий. В англоязычную часть книги вошли тексты докладов, представленных на секции «Нигерия: 100 лет после объединения» («Nigeria: 100 Years After Amalgamation»). Она была организована в рамках XIII международной конференции африканистов, которая проходила в Институте Африки РАН в Москве 27–30 мая 2014 г. Русскоязычная часть включает тексты докладов круглого стола «Проблемы и перспективы федерализма в Африке», проведенного в Институте Африки РАН 12 ноября 2014 г. Статьи сборника затрагивают историю и современные проблемы федеративных отношений в Нигерии, Эфиопии, Танзании, на Мадагаскаре, в других странах Африки.

Для историков, политологов, антропологов, социологов.

ISBN 978-1-988391-00-7
(Canadian reprint paperback edition)

© Институт Африки РАН, 2015
© Коллектив авторов, 2015

ISBN 978-1-988391-01-4
(Canadian reprint ebook edition)

СОДЕРЖАНИЕ
TABLE OF CONTENTS

ПРЕДИСЛОВИЕ.
Почему нации федерируются: к пониманию федерализма 5
PREFACE.
Why Nations Federate: Towards an Understanding of Federalism 10

ЧАСТЬ ПЕРВАЯ.
Проблемы федерализма в отдельных странах Африки 15
PART ONE.
The Challenges of Federalism in Selected African States 15

– *Светлана Шлёнская*. Некоторые особенности генезиса федерализма в Республике Мадагаскар 15
– *Svetlana Shlenskaya*. Some Features of the Genesis of Federalism in the Republic of Madagascar 15

– *Роза Исмагилова*. Эфиопия: федерализм и традиционные институты 25
– *Roza Ismagilova*. Ethiopia: Federalism and Traditional Institutions 25

– *Татьяна Денисова*. Сенегамбия: уроки африканского конфедерализма 43
– *Tatyana Denisova*. Senegambia: Lessons of African Confederalism 44

– *Христина Турьинская*. Квазифедерализм в Африке: Объединенная Республика Танзания 76
– *Khristina Turinskaya*. Quasi-federalism in Africa: United Republic of Tanzania 76

PART TWO.
The Challenges of Federalism in Nigeria 95
ЧАСТЬ ВТОРАЯ.
Проблемы федерализма в Нигерии 95

– *Igho Natufe*. The Amalgamation of Nigeria and the Quest
for a Nation 95
– *Игхо Натуфе*. Объединение Нигерии и поиски
государственности 95

– *Itse Sagay*. Nigeria, 1914–2014: The Amalgamation and
Its Aftermath 130
– *Ице Сагай*. Нигерия, 1914–2014: объединение
и его последствия 130

– *Julius Adekunle*. The 1914 Amalgamation in Nigeria:
«An Unholy Alliance?» 158
– *Джулиус Адекунле*. Объединение Нигерии 1914 г.:
«Порочный альянс»? 158

– *Emmanuel Ejere*. Amalgamation of 1914 and the National
Question in Nigeria 173
– *Эммануэль Эджере*. Объединение 1914 г. и национальный
вопрос в Нигерии 173

– *Olajide Akanji*. The Dilemma of Unity in Diversity:
The Amalgamations and the Problem of National Stability
in Nigeria 190
– *Оладжиде Акинджи*. Дилемма единства в многообразии:
объединения и проблема национальной стабильности
в Нигерии 190

СВЕДЕНИЯ ОБ АВТОРАХ 206
CONTRIBUTORS 206

ИЛЛЮСТРАЦИИ 208
FIGURES 208

ПРЕДИСЛОВИЕ

Почему нации федерируются: к пониманию федерализма

Предлагаемая вниманию читателя книга не претендует на разработку общей теории федерализма. Мы, используя африканские материалы, лишь делаем попытку внести вклад в понимание федерализма как всеобъемлющей модели управления, применение которой может быть оправданно для гетерогенных политических систем. В данном случае под гетерогенностью понимаются этническое, культурное и/или расовое многообразие, региональные различия. Именно на основе признания подобного разнообразия объединяющиеся субъекты уступают часть полномочий центральному правительству, создавая таким образом асимметричную федеративную структуру. Федерализм подразумевает наличие двух уровней власти, которые действуют скоординированно и независимо один от другого. Но этот принцип отнюдь не следует считать универсальной формулой для всех федеративных политических систем.

Федеративная модель неизменно пользуется вниманием политических лидеров и ученых-обществоведов. Однако при том, что популярность федерализма растет, общепринятое определение этого концепта по-прежнему отсутствует. Подобно прекрасным сиренам, чье очарование неодинаково действует на каждого из слушателей и зрителей, федеративная идея разными своими «гранями» привлекает к себе большое число исследователей и политиков, разделяющих порой противоположные взгляды на федерализм. По этому поводу Майкл Берджес замечает, что полноценная теория федерализма до сих пор не разработана[1].

Со времен Древней Греции и до сего дня федерализм выступает в качестве интегративной модели, объединяя независимые регионы и государства в более крупные политические образования и не посягая при этом на самобытность субъектов, включаемых во вновь создаваемую федеративную структуру. Таким образом, в федерализме сосуществуют два уровня управления, равные и независимые в пределах соответствующих юрисдикций в рамках федеративной системы. Далее оговаривается, что федерация создается, поскольку объединяющиеся субъекты согласны федерироваться. Последнее предположение может, однако, завести в концептуальную ловушку, так как в некоторых случаях «федеральный» центр учреждает «федерирующиеся единицы», преследуя собственные политико-идеологические цели.

Дебаты вокруг этничности в сложносоставных обществах становятся стимулом к принятию федеративной модели. Ее применение уместно в качестве инструмента в урегулировании конфликтов и управлении разнообразием в конкретной политии. Авторы статей в данном сборнике употребляют термин «нация» двояко, применяя его как к культурным сообществам, так и к государствам, то есть, соответственно, в этническом и гражданско-правовом смыслах.

Нации объединяются по одной или нескольким причинам: социально-экономическим, политическим, а также по соображениям безопасности. Социально-экономические мотивы вступают в силу в случаях, когда независимые потенциальные партнеры по объединению располагают общими материальными ресурсами; когда федерирующийся субъект стремится к доступу на более широкий внутренний рынок, к морскому порту и другим объектам инфраструктуры, к более высоким стандартам уровня жизни граждан, к обеспечению положительной динамики в социальной сфере. В политическом плане, субъекты федерируются с целью улучшить отношения с партнерами по объединению, а также чтобы «усилить свой голос» на международной арене. Наконец, вступление в состав федерации рассматривается как средство защиты национальных интересов объединяющихся сторон от реальных или мнимых внешних и внутренних угроз. Перечисленные факторы так или иначе воздействуют на стратегическое мышление политических лидеров, взвешивающих достоинства и недостатки федеративной модели, последствия ее принятия.

Авторы книги фокусируют свое внимание на проблемах и перспективах федерализма в африканских странах. Публикуемый сборник стал результатом двух научных событий, с дополнениями. В англоязычный блок (в книге – часть 2-я) вошли тексты докладов, представленных на секции «Нигерия: 100 лет после объединения» («Nigeria: 100 Years After Amalgamation»). Она была организована в рамках XIII международной конференции африканистов под общим названием «Общество и политика в Африке: неизменное, меняющееся, новое», проходившей в Институте Африки РАН в Москве 27–30 мая

2014 года².

Статьи, вошедшие в эту часть сборника, написаны учеными разных специальностей: среди пяти авторов три политолога, правовед и историк. Каждый из них подходит к проблеме с точки зрения своей научной дисциплины, но всех объединяет стремление доказать, что Нигерия нуждается в обновлении федеративной системы. Приветствуя федеративный опыт Нигерии 1960–1966 гг., исследователи критикуют дальнейшие события в истории нигерийского федерализма. Следующие его «версии» компрометируют саму идею, само содержание федерализма, нарушают его основополагающие принципы и элементы. Даже по окончании периода военных режимов, когда собственно и был запущен процесс «эрозии» федерализма, и с возвращением к гражданскому правлению в Нигерии так и не произошел отказ от «военно-командной» модели федеративных отношений. Авторы статей первой части сборника детально рассматривают эволюцию федерализма в Нигерии начиная со «слияния» Севера и Юга в 1914 г.

В статье О.И. Натуфе приводятся критические суждения по проблеме объединения Нигерии и установления федеративной системы в стране. Автор задается вопросом о смысле объединения и доказывает, что отдельные национальности, которые британцы попытались скрепить союзом, вовсе не утратили своего суверенитета. Прослеживая изменения в федеративной практике, О.И. Натуфе отстаивает необходимость возвращения Нигерии к подлинному федерализму, т.е. основанному на принципе асимметрии, в соответствии с которым субъекты федерации осуществляют исключительную юрисдикцию в ключевых сферах социально-экономического развития и определяют объем полномочий, передаваемых центральному правительству. И. Сагай в своей статье дает историко-правовой анализ внедрения и реализации федеративных принципов в управлении многоэтничной, многонациональной и многоязычной территорией, какой была и остается Нигерия, с момента объединения в 1914 г. и по сей день. Автор прослеживает историю федеративной идеи от периода ее расцвета до постепенного угасания, знаменующего переход Нигерии к централизованному федерализму.

Дж.О. Адекунле полагает, что борьба за власть в Нигерии, маргинализация ряда этнических групп, культурные и религиозные противоречия, недостаток политической грамотности у основной массы населения – в известной мере итог «порочного альянса», заключенного в 1914 г. Исследуя национальный вопрос в контексте не только колониальной, но и постколониальной политики, Э.С.И. Эджере анализирует неудачный опыт в деле нациестроительства в Нигерии. В статье О.О. Аканджи дилемма единства в многообразии и проблема национальной стабильности в Нигерии рассматриваются в связи с теми процессами, которые привели к объединениям 1900–1914, и в контексте социально-политической динамики в стране после 1914 года.

Блок русскоязычных статей (часть 1-я сборника) включает тексты докладов круглого стола «Проблемы и перспективы федерализма в Африке», проведенного в Институте Африки РАН 12 ноября 2014 года. Авторы докладов и участники дискуссии – О.И. Натуфе, В.Р. Филиппов, Ю.Н. Винокуров, Р.Н. Исмагилова, А.В. Тимофеев, Х.М. Турьинская, С.М. Шлёнская, Т.С. Денисова, Д.М. Бондаренко, А.А. Казанков, Е.Н. Корендясов, А.А. Ткаченко, А.Е. Жуков, А.П. Позднякова – представили свои мнения по теоретическим и практическим проблемам федерализма вообще и на Африканском континенте в частности. Так, были затронуты вопросы соотношения федерализма, с одной стороны, и таких феноменов социально-политической действительности, как демократия, гражданское общество и гражданская культура, унитаризм, империя, этничность, культурная автономия – с другой.

Статьи русскоязычного блока сборника посвящены различным аспектам федеративных отношений на континенте и касаются не только Нигерии, но и других африканских стран. Особое внимание в этой части книги, как и в «нигерийской», уделяется «национальному вопросу» в Африке и его связи с федерализмом. С.М. Шлёнская обращается к малоизвестным материалам по Мадагаскару, освещающим недолгий, но яркий федеративный, с «этническим отливом», период истории острова. Р.Н. Исмагилова анализирует достоинства, недостатки и перспективы этнического федерализма в Эфиопии. В статье подчеркивается роль традиционных социальных институтов и структур, сохраняющих свою значимость в современном обществе. На примере Сенегамбии Т.С. Денисова исследует попытки создания конфедераций на африканском континенте в контексте процессов региональной интеграции и в связи с проблематикой политического лидерства. Х.М. Турьинская посвящает свою статью Объединенной Республике Танзания и вписывает танзанийский случай в широкий африканский «квазифедеративный» контекст, выявляя гибридный характер политической системы ОРТ и обращая внимание на то, что использование квазифедерализма в Африке является весьма популярным инструментом постконфликтного урегулирования и альтернативой полномасштабной федерализации.

Тем более что федерализация «по-африкански», обусловленная

культурализацией политической и общественной жизни, способна не только и не столько разрешить существующие конфликты, сколько породить новые, допуская применение дискриминационных практик и их узаконивание[3]. Возникают вопросы, насколько «этнический федерализм» адекватен сложившейся в Африке экономической, политической и социокультурной ситуации и насколько значителен потенциал подобной системы государственного управления.

В сборнике освещаются как теоретические, так и практические аспекты функционирования федеративных систем и их модификаций на Африканском континенте. Читатель получает возможность подробного знакомства с нигерийской федерацией в ее прошлом и настоящем, в связи с «национальным вопросом» и проблемой бюджетного федерализма. В сборнике раскрывается тематика «этнического федерализма» в его «чистом виде» на примере Эфиопии. Анализируется применение гибридных, квазифедеративных политических инструментов в таких странах, как Танзания, Южноафриканская Республика, Судан, Кения и других. Затрагивается проблема «конъюнктурного» обращения с федеративной идеей, злоупотребления ею в различных социально-экономи-ческих и политических обстоятельствах (Нигерия), а также случаи врèменного, иногда весьма краткого, использования федерализма (Мадагаскар) и конфедерализма (Сенегамбия) в политической практике на континенте. В целом, статьи сборника представляют федерализм с различных сторон, выявляют сложную, противоречивую природу этого концепта и неоднозначный опыт его воплощения в африканской действительности.

---

[1] *Burgess M.* Comparative Federalism: Theory and Practice. New York, 2006. P. 4.

[2] Общество и политика в Африке: неизменное, меняющееся, новое: XIII конференция африканистов. Москва, 27–30 мая 2014 г. Тезисы. Отв. редактор: акад. *А.М. Васильев*. М.: Институт Африки РАН, 2014. С. 595–602 (= Society and Politics in Africa: Traditional, Transitional and New: 13th International Conference of Africanists: Moscow, Russia. May 27–30, 2014. Abstracts. Editor-in-Chief: Acad. *Alexei M. Vasiliev*. M.: IAS RAS, 2014) –
http://www.inafran.ru/sites/default/files/page_file/book_of_abstracts.pdf

[3] См. *Исмагилова Р.Н.* Этничность и федерализм: опыт Эфиопии // Этнографическое обозрение. 2008. № 1. С. 125; *Петрук Б.Г.* Становление федеративной политической системы (опыт Нигерии) // Современная Африка: метаморфозы политической власти / Институт Африки РАН. М.: Издательская фирма «Восточная литература» РАН, 2009. С. 275–277.

PREFACE

Why Nations Federate: Towards an Understanding of Federalism

This volume has no pretentions of postulating a grand theory of federalism, but merely to contribute to an understanding of federalism as a valuable integrative model of government suitable for heterogeneous political systems in African countries. Heterogeneity means both ethnic and/or racial plurality and regional diversities. It is because of these recognized diversities that federating units decide on which powers to concede to the federal government in an asymmetric construct of federalism. While in principle federalism suggests two levels of government in a coordinate and independent relationship, this is by no means a universal phenomenon in all federal political systems.

As a form of government, federalism has gained currency among political leaders and social scientists. However, irrespective of the growing preference for federalism, there is no universally acceptable definition of the concept. Like the beautiful mermaid, whose enchanting features are admired differently and for different reasons by perplexed admirers, federalism is similarly admired by scores of social scientists and politicians with contending opinions regarding its appealing features. Michael Burgess succinctly underlined this imperative when he stated that there is, as yet, no fully fledged theory of federalism[1].

From ancient Greece to the present day, federalism has served and continues to serve as an integrative model of government, by uniting independent regions or states into a larger entity without compromising the identities of these independent states or regions that constitute the federating units of the federal political structure. Thus, federalism suggests the coexistence of two levels of government as coordinates and independent within their respective jurisdictions in a federal political structure. It also suggests that there is a federation because federating units agree to federate. This second «suggestion» renders itself to a conceptual problem as, in some cases, a «federal» government has established «federating units» to satisfy its peculiar ideological prism.

In heterogeneous polities, debate on ethnicity has become a stimulus for federalism. Its relevance as a tool in conflict resolution and management of the diversities of a given polity has acquired significant political value. As used in this volume, «nations» refer to ethnic nationalities as well as to countries.

Nations decide to federate for one or a combination of the following reasons: socio-economic, political, and security. A nation decides to federate for socio-economic reasons because it: possesses shared values with other independent federating units; wants an access to a larger domestic market; desires a secured access to a sea port; seeks access to a higher standard of living; and to enhance its welfare policies. Politically, a nation decides to federate in order to strengthen existing relations with its co-federating units, and to possess a stronger voice internationally. Thirdly, a nation decides to enter into a federation in order to be able to protect itself from real or imagined threat to its national security. The above factors, in varying degrees, influence the strategic thinking of political leaders when they discuss the merits or otherwise of constructing a federal political structure.

Contributors to this volume provide analytical insights on African federalism. Chronologically, the papers in the book derive from two sources. First, those that were presented at the panel «Nigeria: 100 Years After Amalgamation» at the 13th International Conference for Africanists hosted by the Institute for African Studies, RAS, in Moscow on May 27–30, 2014[2]. Second, a special Round Table was organized by the Institute for African Studies on November 2014 to obtain papers on other African countries.

The papers from the first source, in English (Part 2 of the book), written by 3 Political Scientists, a Legal Scholar, and a Historian, respectively, offered interpretations of the phenomenon from the perspectives of their academic disciplines, but agreed on the imperative for a renewed federalism in Nigeria. While they hailed the federal principles of the 1960–1966 period in Nigeria, they rejected the subsequent versions of federalism which they characterised as military-command federalism that has severely compromised the core elements of federalism. The years of military dictatorship in Nigeria has distorted both the form and contents of federalism as practiced in Nigeria prior to the intrusion of the military in the governance process. None of the civilian regimes in the post-military era has been able to disrobe itself from the military-command federal structure in Nigeria. The five papers from the first source of this volume shall address this problematic in greater details.

The paper by O.I. Natufe is a critical assessment of the amalgamation of Nigeria and the establishment of a federal system in the country. It questions the intent of the amalgamation and argues that the disparate nationalities that the British amalgamated did not extinguish their sovereignty. The paper also traces the evolution of Nigerian federalism and concludes by advocating the establishment of a proper federal system anchored on asymmetry, where federating units exercise exclusive jurisdictions in key socio-economic spheres and decide on the powers they may wish to assign to the central government. In his paper I. Sagay provides a legal/historical account of the establishment and implementation of federalism from 1914 to 2014 in Nigeria – a multi-ethnic, multi-national and multi-lingual territory. It traces the peak period of federalism and the waning of the concept leading to a centralized federalism.

J.O. Adekunle argues that the competition for power in Nigeria, the marginalization of some ethnic groups, religious differences, and lack of political education partly account for the argument that the 1914 amalgamation was an «unholy alliance». Examining the national question in the context of the colonial as well as post-colonial policies, E.S.I. Ejere establishes the fact of the failure of nation-building in Nigeria. O.O. Akanji analyses the dilemma of unity in diversity and the problem of national stability in Nigeria within the context of the process that led to the amalgamations of 1900–1914, and how it shaped the post-1914 politics and governance in the country.

The other section (Part 1 in this book), in Russian Language, consists of papers presented at a Round Table on «Problems and Perspectives of Federalism in Africa» held at the Institute for African Studies, RAS, on November 12, 2014. The authors of the papers and participants – O.I. Natufe, V.R. Filippov, Y.N. Vinokurov, R.N. Ismagilova, A.V. Timofeev, Kh.M. Turinskaya, S.M. Shlenskaya, T.S. Denisova, D.M. Bondarenko, A.A. Kazankov, E.N. Korendyasov, A.A. Tkachenko, A.E. Zhukov, and A.P. Pozdnyakova – expressed their views on the theoretical and practical problems of federalism in general and on the African continent in particular. They grappled with the problematic of federal relationships vis-à-vis such phenomena as social and political realities of democracy, civil society and civic culture, unitarianism, empire, ethnicity, and cultural autonomy.

The papers presented at the Round Table were devoted to the different aspects of federal structures in other African countries, apart from Nigeria. Like in the «Nigerian» section, this section pays particular attention to the «national question» in Africa and its relationship to federalism. Relying on hitherto unknown sources on Madagascar, S.M. Shlenskaya refers to a short, but bright federative period of the island's history anchored on «ethnic tinge». R.N. Ismagilova analyzes the values, short-comings and perspectives of federalism in Ethiopia. Her paper highlights the role of traditional social institutions and structures, which retain their relevance in contemporary society. With regards to Senegambia, T.S. Denisova reviews the attempts of creating a confederation on the African continent in the context of the processes of regional integration vis-a-vis the problematic of political leadership. Kh.M. Turinskaya's paper is dedicated to the United Republic of Tanzania and the question of «quasi-federalism» in Africa. She considers the use of quasi-federalism as a tool to resolving post-colonial conflicts and as an alternative to full-fledged federalization.

«African» federalization as an admixture of culturalization of the political and social life, cannot be employed to resolve existing conflicts as quickly as new ones emanate, thus allowing the use of discriminatory practices and their legitimation[3]. Questions arise on the adequacy of «ethnic federalism» that has emerged in Africa's economic, political and socio-cultural situations, and on the significant potential of such a system of state administration.

The book covers both the theoretical and practical aspects of the functioning of federal systems on the African continent. The reader gets an opportunity to familiarize him/herself in greater details with the Nigerian federation in its past and present, vis-à-vis «the national question» and the problem of fiscal federalism. The book also reveals the subject of «ethnic federalism» in its «pure form» as exemplified in Ethiopia Furthermore, analyzes the use of hybrid, quasi-federative policy instruments in countries like Tanzania, Republic of South Africa, Sudan, Kenya and others. It addresses the issue of the «opportunistic» use of the federal idea, its abuse in various socio-economic and political circumstances (Nigeria), as well as the occasional and sometimes very short exposition of federalism (Madagascar) and confederalism (Senegambia). In general, the articles in the book present federalism from different angles, revealing the complex and contradictory nature of the concept and the ambiguous experience of its implementation in the African reality.

---

[1] *Burgess M.* Comparative Federalism: Theory and Practice. New York, 2006. P. 4.

[2] Общество и политика в Африке: неизменное, меняющееся, новое: XIII конференция африканистов. Москва, 27–30 мая 2014 г. Тезисы. Отв. редактор акад. *А.М. Васильев*. М.: Институт Африки РАН, 2014. С. 595–602 (= Society and Politics in Africa: Traditional, Transitional and New: 13th International Conference of Africanists: Moscow, Russia. May 27–30, 2014. Abstracts. Editor-in-Chief: Acad. *Alexei M. Vasiliev*. M.: IAS RAS, 2014) –
http://www.inafran.ru/sites/default/files/page_file/book_of_abstracts.pdf

[3] See *Исмагилова Р.Н.* Этничность и федерализм: опыт Эфиопии // Этнографическое обозрение. 2008. № 1. С. 125 (*R.N. Ismagilova.* Etnichnost i federalizm: opyt Efiopii // Etnograficheskoe obozrenie. 2008. No. 1. P. 125) (in

Russian); *Петрук Б.Г.* Становление федеративной политической системы (опыт Нигерии) // Современная Африка: метаморфозы политической власти / Институт Африки РАН. М.: Издательская фирма «Восточная литература» РАН, 2009. С. 275–277 (*B.G. Petruk*. Stanovlenie federativnoi politicheskoi sistemy (opyt Nigerii). Sovremennaia Afrika: metamorfozy politicheskoi vlasti. Institute for African Studies, RAS. Moscow, 2009. P. 275–277) (in Russian).

ЧАСТЬ ПЕРВАЯ

ПРОБЛЕМЫ ФЕДЕРАЛИЗМА В ОТДЕЛЬНЫХ СТРАНАХ АФРИКИ

PART ONE

THE CHALLENGES OF FEDERALISM IN SELECTED AFRICAN STATES

Светлана Шлёнская

Некоторые особенности генезиса федерализма в Республике Мадагаскар

The article «Some Features of the Genesis of Federalism in the Republic of Madagascar» by Svetlana Shlenskaya deals with the conflict of two opposing tendencies in the state system of Madagascar – unitarianism and federalism during the entire history of the country. Federalism, as it is analyzed in the article, is caused by the presence of 18 ethnic groups attached to their fixed territories. It happened due to the peculiarities of the process of the populating of the island. Madagascar was divided (by territorial and administrative order) into six provinces in the second half of the eighteenth century. This division has been kept (with insignificant changes) until the present.

The specific feature of Madagascar is that the inner division is between the coastal provinces and the central ones. It is traced in the article how the ideas of federalism (which were always popular in the coastal provinces) fought with the unitarian tendencies prevailing in the central provinces.

Мадагаскар относится к большинству африканских стран, в которых федерализм в настоящее время не является определяющим принципом государственного устройства. Однако в истории Великого острова были периоды, когда идеи федерализма получали приоритетное значение, а с 1998 г. по 2004 г. Мадагаскар конституционно являлся федеративным государством. Пример Мадагаскара показывает, как политические элиты Африки использовали федеративную идею в равной степени как во благо, так и во зло в различные исторические периоды. Федерализм также служил инструментом объединения разнообразных компонентов внутри государств (внутригосударственное измерение), и в качестве средства, способствовавшего установлению более прочных отношений между странами (межгосударственное измерение)[1].

Наличие двух тенденций в государственном устройстве прослеживается на протяжении всей истории Мадагаскара. На унитарную идею работают (помимо экономических факторов) единый для всего острова язык – малагасийский и культурная общность. Вот как писали об этом известные исследователи: «…одним из наиболее удивительных фактов представляется единство нравов и обычаев и языковое единство населения»[2]. «Общность обычаев и материальной культуры очевидна. Региональные различия не могут скрыть от нас это глубокое единство»[3]. Федерализм, корни которого уходят глубоко в историю острова, «подпитывается» наличием 18 этнических групп, «привязанных» первоначально к определенным территориям.

Первые государственные образования Мадагаскара носили ярко выраженный этнический характер, что связано с особенностями заселения острова. В XIV–XV вв. на западном побережье Мадагаскара появляются первые государственные образования этнической группы сакалава. К концу XVIII в. окончательно сформировались два крупных государства на западном побережье – Буйна и Менабе. В XVII–XVIII вв. начали складываться государственные образования у бецилеу в центральной части острова, у бецимисарака на восточном побережье, у антайму на юго-востоке Мадагаскара. Прибрежные районы заселялись мигрантами с африканского континента, арабами, потомками пиратов и пр.

В центре острова, на Высоком плато, обосновались выходцы из юго-восточной Азии, которые в XV–XVI вв. образуют государственные формации мерина (имерина). К XVII в. сложились социально-экономические предпосылки образования единого централизованного государства. По устным народным преданиям, первыми объединителями Имерины были Андриандзака (приблизительно 1610–1630) и Андриамасинавалуна (1675–1710). Окончательное объединение произошло при Андрианампуйнимерина (1787–1810), который является одной из центральных фигур малагасийской истории. С 1794 г. Андрианампуйнимерина активизировал действия, направленные на территориальное расширение владений путем завоеваний, династических браков и образования политических союзов. К 1810 г. территория государства Имерина увеличилась в несколько раз. Андрианампуйнимерина обменивался посольствами с государственными объединениями сакалава (Буйна и Менабе) и антаймуру.

Его внутренняя политика была направлена на укрепление централизованной монархии, консолидацию населения Имерины, борьбу с господством крупных феодалов. Во время своего правления Андрианампуйнимерина был объявлен верховным собственником всей земли и имущества подданных, при нем впервые страна была разделена на шесть частей по территориальному признаку, без учета этнических и клановых границ, поскольку «географические и политические условия Мадагаскара в первой четверти XIX в. требовали проведения гибкой политики и административной децентрализации»[4].

Сын Андрианампуйнимерины, Радама I (1810–1828), как и отец, всю свою деятельность направлял на расширение и усиление государства. В 1811 г. было подавлено восстание безанузану, присоединены южные бецилеу, сиханака. В 1811–1816 гг. Радама I предпринял походы против сакалава, и, хотя эту территорию ему захватить не удалось, в пограничных районах был сооружен ряд военных поселений. В 1822–1824 гг. были подчинены крупнейшие государственные объединения сакалава – Менабе и Буйна. В 1825 г. гарнизоны мерина были вырезаны, но уже в 1826 г. восстание было подавлено, и последний монарх сакалава был выслан на о-в Занзибар. В 1825 г. войска Малагасийского государства присоединили Форт-Дофин, самый южный город на острове. В 1827 г. был предпринят последний крупный поход против антайсака и антайфаси. К концу правления Радамы I весь остров, за исключением некоторых южных и северо-западных районов, находился под контролем государства Имерина. В 1829–1835 гг. было предпринято около 10 экспедиций против сакалава, танала, бара и антадруи. Однако все они не увенчались успехом. Попытки принудительного переселения бецимисарака и мерина на западное побережье оказались малоэффективными.

Во время правления Ранавалуны I (1828–1861) продолжалась централизация государственной власти. В 1828 г. был провозглашен «Кодекс 48 статей», впервые зафиксировавший в письменной форме нормы традиционного права. Исполнение кодекса было обязательно только в Имерине; в остальных районах страны основными были распоряжения военной и гражданской администрации.

В целях эффективного управления на местах Имерина в 1878 г. была разделена (во второй раз) на шесть провинций и 194 округа, в каждый из которых был направлен чиновник (сакийзамбухитра), отставной солдат или офицер. В его обязанности входило вести запись актов гражданского состояния, отвечать за соблюдение законности, разбирать мелкие тяжбы и тому подобное. За время существования местной администрации несколько раз менялось ее название, расширялись или ограничивались полномочия. В 1889 г. ее права и обязанности были окончательно закреплены в «Уставе губернаторов Имерины».

Деление на шесть провинций с небольшими изменениями сохранилось до наших дней. Отличительной особенностью Мадагаскара является то, что центробежные тенденции внутригосударственных образований (каковыми на Мадагаскаре являются провинции) проявлялись в отношениях между всеми периферийными (вкупе) и центральными провинциями. Это связано с тем, что «...объединение 18 народностей правителями Имерина проводилось, как правило, путем кровавых войн. Всякая попытка сопротивления покоренных народностей закабалению... жестоко подавлялась армией захватчиков. Большая часть захваченных королевств никогда не признавала аннексию своих территорий вооруженным путем. Их сопротивление, несмотря на жесточайшие репрессии, было постоянным и упорным»[5]. Это исторически обусловленное противостояние прибрежных районов центру впоследствии использовали в целях укрепления своей власти как французские колонизаторы, так и руководители независимого Мадагаскара.

Насильно присоединенные мерина области вошли в состав централизованного государства по территориальному принципу, хотя долго сохраняли свою моноэтничность. Некоторые малагасийские историки считают, что «Королевство Мадагаскар, признанное великими державами во второй половине XIX в. не было, строго говоря, "национальным государством". Хотя монархия мерина смогла создать после Радамы I истинно централизованное государство, она не смогла создать общенациональную идеологию, приемлемую для различных народов Мадагаскара, потому что ее (монархии мерина) доминирование в действительности усиливало социальное расслоение»[6].

При премьер-министре Райнилайаривуни стало развиваться местное самоуправление. В 1885 г. фукунулуна* Антананариву выдвинула предложение заключить соглашение с государством, по

---

* **Фукунулуна** – деревенская община, возникла как социальный институт в XVIII в. у народности мерина, а затем распространилась в других частях страны. Объединяет родственников (счет родства – патрилинейный), имеющих общего предка и проживающих на определенной территории. Управляется советом, состоящим из старейшин и деревенской знати. Фукунулуна связывает своих членов нитями общих обязанностей, сплачивает общими делами и создает тем самым систему солидарности и взаимопомощи. В ее функции входит оказание экономической и социальной помощи, поддержание общественного порядка и др.

которому в обмен на определенную автономию жители обязывались самостоятельно поддерживать порядок, собирать налоги, выделять необходимую рабочую силу для общественных работ. К 1887 г. было заключено более десяти соглашений с различными фукунулунами Имерины.

В июне 1896 г. Мадагаскар был объявлен французской колонией. В соответствии с декретом 1897 г. управление островом перешло в руки французского генерал-губернатора, наделенного фактически неограниченными полномочиями. Первым генерал-губернатором Мадагаскара стал Жозеф Симон Галлиени, который положил в основу своей политики принцип «разделяй и властвуй». Задача облегчалась наличием исторических противоречий между жителями центральных (мерина и бецилеу) и прибрежных (котье) районов страны. Колониальные власти использовали их в своих интересах, представляя мерина завоевателями и угнетателями, а себя освободителями жителей угнетенных районов. В этих целях использовался и тот факт, что к моменту колонизации центральные районы Мадагаскара были наиболее развитыми в социально-экономическом плане благодаря тому, что народность мерина, выходцы из которой в доколониальный период традиционно занимали высшие руководящие посты на Мадагаскаре, имела большие возможности в получении образования, ведении бизнеса и т.п. После установления французского колониального правления и вплоть до последнего времени роль поставщиков руководящих кадров перешла к народностям, населяющим прибрежные районы страны.

После Второй мировой войны была создана новая структура взаимоотношений метрополии с колониями – Французский союз (1946 г.), и Мадагаскар стал «заморской территорией» Франции. Преемник Галлиени Мариус Мутте своим декретом от 25 октября 1946 г. разделил остров на пять провинций. Некоторые малагасийские историки считают, что именно с приходом французских колонизаторов была достигнута «точная корреляция территории и этнических групп»[7]. С этим трудно согласиться, учитывая доколониальную историю Мадагаскара, а именно тот факт, что ранние государственные образования носили выраженный этнический характер и были привязаны к определенной территории. Но то, что французы всячески усиливали этническое противостояние – неоспоримо.

Французы политически и экономически поддерживали котье. С этой целью средства из фондов развития стали концентрированно направляться в сельское хозяйство, главным образом малагасийским производителям; серия реорганизаций системы управления усилила связи между местными администраторами и сельской знатью; при поступлении малагасийцев в учебные заведения Франции были введены специальные географические квоты, отвечавшие в первую очередь интересам выходцев из прибрежных районов. Эта политика колониальной администрации, направленная на создание опоры среди местного населения, усилилась после восстания 1947 года. И новое деление на провинции (по «закону-рамке» было создано шесть провинций вместо прежних пяти), соответствовавшее историческому, призвано было нарушить единство малагасийского национально-освободительного движения, которое вылилось в восстание против французов в 1947 году. По мнению малагасийских ученых, возникшие в колониальный период новые формы межэтнических отношений вместо войн и завоеваний, под влиянием внешних сил «окрасились» усилением этнического сознания[8].

«Закон-рамка», принятый Францией в июне 1956 г. для своих «заморских территорий», предоставлял им внутреннюю автономию, всеобщее избирательное право, возможность децентрализации власти. Начался новый этап политического развития Мадагаскара. Закон открывал дорогу к усилению самостоятельности регионов. Каждая из провинций имела двухпалатную ассамблею, которая служила выборным органом для ассамблеи в Тананариве, и располагала собственным автономным бюджетом. В этих преобразованиях вполне можно увидеть зачатки процесса децентрализации. Наряду с расширением полномочий провинциальных собраний в действие должна была вступить выборная исполнительная власть – Правительственные советы.

При этом в стране сохранялись две избирательные коллегии, каждая из которых получала право посылать депутатов в Национальное собрание Франции: европейская – двух, туземная – трех. А еще раньше, с 1945 г., французские колонии получили право посылать своих представителей в Учредительное собрание Франции.

Полученные Мадагаскаром автономия во Французском союзе, а потом и независимость, ослабили позиции провинций, поскольку в эпоху освобождения от колониализма (1960–1970-е годы) большинство молодых африканских стран считали первоочередной задачей избавление от пережитков трайбализма и замены этнической идентичности – национальной в процессе национального строительства и национальной интеграции[9].

С другой стороны, президенты-котье (Ф. Циранана, Д. Рацирака) укрепляли провинции, активно проводя политику децентрализации, конституционно закрепленную в 1959 и 1975 годах. Однако в Первой республике (1960–1972) власть провинциальных советов была ограничена, в их компетенцию входили только вопросы образования, культуры и спорта.

В 1975 г. Д. Рацирака, будучи членом Военной директории, заручился поддержкой буржуазии прибрежных районов, пообещав сделать основным пунктом своей политической программы децентрализацию, а также исключить проявления этнической дискриминации при приеме на государственную службу. Децентрализация, подразумевающая расширение прав местной власти, должна была осуществляться на базе традиционной структуры – фукунулуны, сельской общины, которая представляет собой родственный клан. В «Хартии малагасийской социалистической революции» (предвыборная программа Д. Рацираки, 1975) фукунулуне отводится роль органа народной власти и самоуправления в сельской местности, который должен осуществлять административные, законодательные, экономические функции, обеспечение правопорядка и связь с государственными службами. Идея фукунулуны легла в основу организации местных органов власти. Конституция Демократической Республики Мадагаскар (ДРМ) определила четыре вида децентрализованных коллективов, каждый из которых создавался на определенном территориальном уровне и имел свои органы власти. В период Второй республики сохранялось деление на провинции (фаритани), которые, впрочем, не располагали реальной автономией.

В кризисные 1991–1992 гг. Рацирака призывал прибрежные провинции отделиться от Антананариву (где к власти пришла оппозиция во главе с Ф. Зафи) и создать отдельную государственную федеральную структуру. Но осуществить эту идею ему не удалось, он был отстранен от власти. История повторилась в 2002 г. во время политического кризиса, когда руководство четырех прибрежных провинций, оставшихся под контролем Д. Рацираки, заявило о намерении отделиться от Антананариву и создать независимое федеративное государство. Новой столицей Мадагаскара был объявлен город Туамасина. Все закончилось победой (с помощью армии) М. Равалумананы и эмиграцией Д. Рацираки.

Идеи федерализма полнее всего реализовались в период второго президентского срока Д. Рацираки (1997–2001). Следует отметить, что Д. Рацирака, как котье, всегда опирался в своей политике на элиту прибрежных провинций (которая обеспечивала ему поддержку на президентских выборах), предоставляя регионам возможность расширять и усиливать местную власть. Так, поправки 1995 г. и 1998 г. к Основному закону 1992 г. внесли ряд изменений в действующую Конституцию, но самое главное – они превратили республику из государства унитарного типа в федеральное, «в основе структуры которого – система автономных провинций» (ст. 1)[10], которым предоставляется административная, юридическая и финансовая самостоятельность. В Конституции закреплено положение о том, что «закон страны главенствует над законом провинции» (ст. 135.2) и проводится разграничение полномочий между центром и автономными провинциями.

К компетенции федерального правительства относятся вопросы, связанные с национальным суверенитетом, а именно: вопросы гражданства, международных отношений; правопорядок; национальная оборона; национальная безопасность; стратегические ресурсы; финансы и таможенная служба; перевод имущества предприятий из государственного сектора в частный и наоборот; гарантия основных прав и свобод (ст. 135). В ведении автономных провинций находятся следующие вопросы: местное самоуправление; городская и сельская полиция; рынки; коммунальные услуги местного значения; финансирование образования (ст. 135)[11].

Пример Мадагаскара как нельзя лучше подтверждает тезис М. Берджеса о многообразии форм федерализма. По его мнению, существует много разновидностей федерализма. Так, «вполне возможно существование федерализма без наличия формальной федерации, по той простой причине, что некоторые формы федерализма воплощаются не в полномасштабной федерации, а вместо этого продуцируют в высокой степени децентрализованные государства, в которых предусмотрена значительная местная автономия»[12].

Шесть провинций (фаритани) – Антананариву (29% всего населения страны), Анциранана (7,8%), Фианаранцуа (21,7%), Махадзанга (11,1%), Туамасина (15,8%), Тулиара (14,6%) подразделяются в свою очередь (по закону, принятому Национальным собранием в 1994 г.) на 28 районов (фаритра), 148 округов (филеувана) и около 1400 коммун (фарибухитра).

Во главе провинции стоит губернатор. Губернатор избирается Советом провинции из числа членов Совета сроком на 5 лет. Губернатор назначает комиссаров, число которых ограничено 12-ю. Губернатор является главой администрации провинции и вместе с комиссарами осуществляет исполнительную власть.

Совет провинции является законодательным органом, он избирается сроком на пять лет путем прямых всеобщих выборов. Президент Республики может декретом, принятым на заседании Совета министров, объявить о роспуске Совета провинции. Каждое из административно-территориальных подразделений провинции (коммуна, округ, район) имеет свой совещательный и исполнительный орган. 3 декабря 2000 г. на Мадагаскаре прошли первые выборы в провинциях. На них избирались 336 членов провинциальных советов, которые, в свою очередь, в июне 2001 г. выбирали губернаторов провинций. Рацираке удалось провести выборы в совет фаритани и правительство фаритани, но передать им расширенные финансовые и другие полномочия он не успел, будучи смещенным в 2002 г. М. Равалумананой.

М. Равалуманана, пришедший в 2002 г. к власти, мерина по этнической принадлежности, стремился к укреплению унитарного государства. Сначала он заменил губернаторов провинций своими прямыми назначенцами, потом в рамках существующих шести провинций создал 22 района, руководители которых подчиняются непосредственно президенту, а позже закрепил эти нововведения поправками к Конституции (принятыми на референдуме 2007 г.), отменяющими федеративное устройство: «Мадагаскар – суверенное, унитарное государство» (ст. 1)[13].

Последняя Конституция (2010 г.), принятая при А. Радзуэлине (мерина), сместившем М. Равалуманану в 2009 г., оставила без изменения положение об унитарном государстве, но вернула деление на все те же шесть провинций (ст. 143) и их права на административную и финансовую автономию (ст. 139)[14]. Таким образом, сегодняшнюю систему государственного устройства Мадагаскара можно классифицировать как унитарную, с существующей, однако, явной тенденцией к децентрализации, которой по причинам политической и экономической нестабильности не удалось реализоваться в полной мере.

Благодаря массовым миграциям, начавшимся в колониальный период, провинции во многом утратили первоначальную этническую идентичность. Тем не менее, она, видоизменившись, продолжает оказывать влияние на общественно-политическую жизнь и в настоящее время. Межэтнические отношения могут теперь «принять форму жесткого соревнования за контроль над существующими ресурсами социального воспроизводства такими, как земля в сельских районах, или места в правительстве…»[15]. Идеи федерализма сохраняются и поддерживаются региональными элитами в качестве необходимого инструмента для достижения своих политических и экономических целей. «Олигархия провинций используют федерализм в чисто технических целях, чтобы не сказать в узкокорыстных политических целях, для того, чтобы заморозить мифические этнические проблемы прошлого и искусственно оживлять их в нужном случае»[16]. Судя по истории Мадагаскара, эти случаи еще могут возникнуть в стране. К тому же, специалисты считают, что федеративные эксперименты в Африке будут продолжены в обозримом будущем и будут использоваться в качестве институционального решения проблем, связанных с преодолением тяжелых последствий колониализма, с особенностями политического лидерства и прочим[17].

---

[1] *Burgess M.* Federalism in Africa. An Essay on the Impacts of Cultural Diversity, Development and Democracy // The Federal Idea. A Quebec Think Tank on Federalism, January 2012. P. 3 – http://www.ideefederale.ca/documents/africa.pdf.

[2] *Буато П.* Мадагаскар. Очерки по истории мальгашской нации. М.: Издательство восточной литературы, 1961. С. 24.

[3] *Deschamps H.* Les Antaisaka: géographie humaine, coutumes et historie d'une population malgache. Tamatave, 1936. P. 44–45.

[4] *Буато П.* Указ. соч. С. 69.

[5] *Имбики А.* Национальное примирение: сложный случай Мадагаскара. М.: ИАфр, 2013. С. 8.

[6] *Rakotondrabe D.T.* Beyond the Ethnic Group: Ethnic groups, Nation State and Democracy in Madagascar [Transformation, 22, 1993] – http://archive.lib.msu.edu/DMC/African%20Journals/pdfs/transformation/tran022/tran022003.pdf P. 22.

[7] Ibid. P. 19.

[8] Ibid.

[9] *Burgess M.* Op. cit. P. 20.

[10] La Constitution de la République de Madagascar, 1998. P. 2–3 – http://www.simicro.mg/minjust/const1.htm

[11] Ibid. P. 4–8.

[12] *Burgess M.* Op. cit. P.4

[13] La Constitution de la République de Madagascar, 2007. P. 3.

[14] Madagascar's Constitution of 2010 – constituteproject.org

[15] *Rakotondrabe D.T.* Op. cit. P. 22.

[16] *Rakotondrabe D.T.* Essai sur les non-dits du discours fédéraliste // Madagascar Tribune, oct. 10–15, 1991. P. 56 – www/politique-africaine.com/pdf/052050.pd

[17] *Burgess M.* Op. cit. P. 20.

Роза Исмагилова

Эфиопия: федерализм и традиционные институты[*]

In the paper «Ethiopia: Federalism and Traditional Institutions» Roza Ismagilova analyzes the values, short-comings and perspectives of federalism in Ethiopia. In accordance with the Constitution that came into force in August 1995, Ethiopia introduced a new form of government – a federation. The main change was that the country was divided into nine ethnically-based states. The necessity of adopting such a model was dictated by the complexity of the ethnic composition and ethnic relations. For the first time ever all ethnic groups obtained equal rights, including the rights to participate in government at all levels, to use their own languages, and to develop their traditional cultures.

However, the ethnic factor continues to play a major role in the political life of the country. In most states, the situation remains conflict-prone. The vast majority of the ethnic groups are greatly dissatisfied with the leading position of the Tigray people, an excessive centralization of power, and the dominant role of the ruling Ethiopian People's Revolutionary Democratic Front.

The situation is also complicated by the remaining ethnic stereotypes and prejudices, the hierarchy of ethnic groups, social structures and institutions such as occupational castes, vestiges of domestic slavery, and clan hierarchy.

But with all the disadvantages of ethnic federalism there are some positive changes: the expansion and legislative enshrinement of the states' constitutional powers; the formation of local governments, which makes it possible to solve many problems both in the field of preservation of ethnic and cultural diversity and in the sphere of inter-ethnic relations; giving the federal center a multicultural character; granting the citizens the right to study their mother tongues and to apply them in education and in official documentation; the legislative enshrinement of the foundations of ethno-cultural autonomy by creating zones and woredas on a narrow ethnic basis.

В соответствии с Конституцией, вступившей в силу в августе 1995 г., в Эфиопии введена новая форма государственного устройства – федерация[1]. Ее особенность в том, что в основу созданных 9 штатов положен этнический принцип. Необходимость создания такой модели

---

[*] Статья доктора исторических наук, заслуженного деятеля науки РФ Р.Н. Исмагиловой публикуется в авторской редакции.

диктовалась сложностью этнического состава и межэтнических отношений.

Федерация является одним из важных механизмов решения этнических проблем в полиэтнических обществах. Существуют две основных точки зрения, касающиеся принципа создания федерации: одни ученые и практики считают, что в ее основу должен быть положен этнический принцип, другие выступают за территориальный (с учетом или без учета этнокультурного фактора). Эти концепции отражают существующую реальность.

Как известно, в мире имеется два типа федераций: в одних в основу административно-государственного устройства положен этнический принцип (Индия, Нигерия, Югославия, Чехия и Словакия, бывший Советский Союз); в других (США, ФРГ, Бразилия, Мексика и др.) этот принцип отсутствует. В некоторых странах федерации нет, но выделены автономии (Испания, Китай и др.). Каждое федеративное государство имеет свои особенности. Они обусловлены степенью гетерогенности-гомогенности этнолингвистической структуры, разнотипностью политических и социально-экономических систем субъектов федерации и т.д. Общим признаком всех федераций является разделение полномочий между центральной властью и субъектами федерации.

Федерализм означает расширение полномочий субъектов федерации, утверждение в них гражданского равноправия для всех жителей, независимо от их этнической и религиозной принадлежности, численности и уровня развития.

Определяющими принципами федерализма являются: принцип суверенитета федерализма; принцип единства государственной власти; принцип добровольности объединения субъектов; принцип разграничения властных полномочий между центром и субъектами; принцип единства экономического и правового пространства; принцип равноправия народов.

В отличие от унитарных государств, власть в федеративных государствах распределяется по вертикали и в них субъекты имеют свои конституции, свое законодательство. При федеративном устройстве и на уровне центра, и на уровне субъектов есть законодательная, исполнительная и судебная власть, государственный аппарат.

Федерализация дает более широкие полномочия регионам, защищая их права в экономической, культурной, языковой, религиозной и другой деятельности, сохраняет их этнокультурную самобытность.

Все субъекты федерации равны и участвуют в общегосударственном управлении. Они автономны, но при этом главенствующим является федеральное законодательство и общая конституция.

Другой важный вопрос – представительство в высших органах власти как в центре, так и на местах. Должна ли учитываться существующая этническая структура или нет. По этому вопросу также нет единого мнения. Более того, вопрос об этническом составе правительства или парламента считается деликатным и на него трудно получить ответ. Во всяком случае во многих африканских странах мне не удавалось получить эти данные из официальных источников, они просто не публикуются.

Федерализм должен сочетаться с сильным местным самоуправлением. Именно на местах должны решаться проблемы не только социально-экономического и иного характера, но и вопросы, связанные с межэтническими отношениями. Ведь большинство конфликтов возникает именно на местах, из-за нерешенности каких-то проблем или нарушения прав меньшинств.

Естественно принцип этнических квот и преференций не должен подменять профессионализм, но вместе с тем, его нельзя полностью игнорировать.

Однако, по-видимому, основным путем для улучшения положения этнических меньшинств (а они существуют практически в любой полиэтнической стране) должны стать реально действующие комплексные программы социально-экономического развития отсталых районов, специальные дотации, предоставления квот при найме в государственную службу и поступлении в учебные заведения, преимущественного владения землей в данном этноареале и другое.

За более чем двадцатилетний опыт существования этнической федерации в Эфиопии накоплен огромный опыт.

Рассмотрим систему федерализма в Эфиопии.

Правительство, пришедшее к власти после свержения в 1991 г. антидемократического режима, официально признало этнический фактор в качестве основного принципа или критерия организации государственного управления в мультиэтнической и мультилингвистической Эфиопии. Этничность стала государственной доктриной. Это привело к политизации этничности и этнизации политики.

По Конституции Федеративная Демократическая Республика Эфиопия (ФДРЭ) состоит из 9 штатов, которые являются субъектами федерации: Тиграй, Афар, Амхара, Оромия, Сомали, Бенишангул/Гумуз, Южные нации, национальности и народы, Народы Гамбелы, Народ Харари (The Constitution 1995, ст. 47).

Штаты создаются на основе территориального принципа,

идентичности, языка и согласия соответствующего народа (ст. 46, 2). Субъекты федерации – штаты – обладают равными правами и властью (ст. 47, 4).

Изучение этнического состава штатов показывает, что ни один из них не является однородным. Помимо «титульной» национальности, которая дает название тому или иному штату, в каждом из них имеются постоянно живущие там представители других народов. Так, например, в штате Оромия 88 % составляют оромо, 7,2 – амхара, 1 – гураге. В Гамбеле 46,7 – нуэр, 21 – ануак, 8,4 – амхара, 6 – оромо, 5,0 – кеффа, 4,8 – оромо, 4,0 – меджангир, 1,3 – тигре. В штате Бенишангул/Гумуз 26,0% составляют берта, 21,2 – амхара, 21,0 – гумуз, 13,0 – ньянегатоме, 7,6 – шинаша, 4,2 – агау; численность каждого из остальных народов не превышает 1,0%. В Южном штате самый многочисленный народ – хадийя – 8,0%, 7,5 – гураге, около 7,0 – гамо, по 5,0% – гедео и кэффа, 3,8 – кембата, 1,6 – оромо. Численность каждого из остальных 73 народов – менее 1,0%. И во многих других штатах этнические меньшинства составляют подавляющее большинство населения.

Каждый штат автономен в управлении своим регионом и использует свой язык в системе администрации и образовании.

Субъекты федерации должны «создавать такую систему управления в штате, которая бы наилучшим образом способствовала самоуправлению, установлению демократического порядка, основанного на господстве закона» (ст. 52(2)). Устанавливая самоуправление и демократию как организационные принципы штатов, Конституция устраняет сверхцентрализованную и недемократическую систему управления. Штаты создают такую систему, которая бы позволила народу напрямую участвовать в управлении (ст. 50, 4).

Низшим звеном в региональной системе управления является вореда (иногда переводится как «дистрикт»).

Конституция требует от федеральных властей и субъектов федерации уважения и обеспечения права «наций, национальностей и народов» на самоопределение (ст. 39). Это включает гарантию прав каждой этнической общности говорить и писать на родном языке; развивать свою культуру; сохранять свою историю. Она также подчеркивает обязанность федеральных властей предоставить каждой этнической общности права на самоуправление в полном объеме, что включает право создавать органы управления на местах и пропорциональное представительство на уровне штата и федерации.

В Конституции Эфиопии есть специальная статья, посвященная принципам решения этнических проблем: «права наций, национальностей и народов» (ст. 39). Ввиду её важности и для других полиэтничных государств есть смысл привести подробные выдержки из неё:

«1. Каждая нация, национальность и народ в Эфиопии имеет безусловное право на самоопределение, включая право на отделение.

2. Каждая нация, национальность и народ в Эфиопии имеет право говорить и развивать свой язык; способствовать развитию своей культуры и сохранять своё историческое прошлое.

3. Каждая нация, национальность и народ в Эфиопии имеет право осуществлять самоуправление, то есть право на создание местных институтов управления и равного представительства на региональном и федеральном уровне.

4. Нация, национальность или народ понимается в Конституции как группа людей, разделяющих в большой степени общность культуры или обычаи, имеют взаимопонимаемый язык, общую или близкую идентичность и населяют общую территорию».

В отличие от конституций других африканских стран, а большинство из них, насколько мне известно, вообще не употребляет этот термин, в Конституции Эфиопии имеется специальный раздел, в котором говорится не только о праве на самоопределение, но подчеркивается «включая отделение» и прописана процедура достижения этого.

Требование отделения должно быть одобрено 2/3 членов законодательного совета любой нации, национальности или народа. После получения решения законодательного совета федеральное правительство в течение трех лет должно провести референдум, на котором требование об отделении должно быть поддержано большинством голосов. Затем федеральное правительство передает полномочия народу или его совету, что подтверждается изданием соответствующего закона.

Не всегда ясны критерии создания штатов. Хотя в основу положен этнолингвистический принцип, только немногие достаточно крупные этнические общности получили свои штаты. В то же время небольшая по численности группа харари, насчитывающая 31 869 человек (0,04% населения страны), выделена в особый штат. Другая аномалия: в штате с весьма странным названием «Южные нации, национальности и народы» проживает свыше 80 этнических групп, значительно отличающихся друг от друга по языку, культуре, уровню социально-экономического и культурного развития. Ещё пример. При Переходном правительстве было 14 регионов (ныне 9 штатов) и сидама были выделены в регион. По численности населения, экономическим и любым другим критериям сидама (2 млн 966 тыс. человек) заслуживают того, чтобы иметь свой штат подобно бенишангул, харари и другим народам. Но ныне сидама входят в состав Южного региона. Почему? Не понятно.

В некоторых штатах со сложным этническим составом были созданы полуавтономные зоны и вореды на узко этнической основе. Существуют вореды у консо, у гидоле, у меджангир и др. В целом же административные границы в регионе и на уровне зон не соответствуют границам этнотерриторий и, как отмечалось выше, ни один штат не является гомогенным. Эти факторы осложняют процесс федерализации, делая неизбежными выдвижение меньшинствами политических требований.

Вопрос о защите прав меньшинств в эфиопской федерации весьма туманный.

По Конституции меньшинства имеют представительство в обеих палатах парламента – в Палате представителей и в Палате федерации.

Палата представителей – высшая законодательная власть в стране. Из 550 членов Палаты меньшинствам отводится лишь 20 мест (The Constitution 1995, ст. 50, 54(3)).

Палата федерации наделена большими законодательными полномочиями, определяет критерии налогово-бюджетных поступлений правительствам штатов и призвана способствовать урегулированию межэтнических отношений. Правительства штатов назначают 108 представителей на пятилетний срок. Каждая этническая группа имеет в Палате федерации по одному представителю. Этносы, насчитывающие 1 млн человек, имеют одного дополнительного представителя (ст.61).

Конституция относит к «меньшинствам» народы, насчитывающие менее 100 тыс. человек. Кроме этого из Конституции не ясно, какие народы Эфиопии являются меньшинствами? Каков критерий для определения статуса меньшинств? Каков механизм гарантии их интересов и прав и др.

В Эфиопии немало сделано за годы существования новой системы управления. Впервые все этнические группы получили равные права, возможность участвовать в управлении государством на всех уровнях, использовать свои языки, развивать свою традиционную культуру.

Однако этнический фактор продолжает играть серьезную роль в политической жизни страны. В большинстве штатов сохраняется конфликтогенная ситуация: Гамбелла, Южный (официальное название Южные нации, национальности и народы), Оромия, Сомали, Афар, Амхара, недовольные утратой господствующего положения, хотят возврата к унитарному государству, часть политической элиты оромо давно борется за создание независимого государства Оромия. Сомали Огадена поддерживают идею создания Великого Сомали и выступают за отделение от Эфиопии и воссоединение со своими соплеменниками в соседних Сомали. Существует идея создания большого штата Тиграй путем присоединения к существующему штату в Эфиопии тиграй, живущих в Эритрее.

Большое недовольство подавляющего большинства этнических групп вызывает господствующее положение тиграй, излишний централизм власти и доминирующая роль правящей партии Революционно-демократический фронт эфиопских народов (The Ethiopian People`s Revolutionary Democratic Front).

Население Эфиопии по переписи 2007 г. составляло 73751 тыс. чел.[2], в 2014 г. (оценка) – 96 633 тыс. человек. Этнолингвистическая структура отличается большой сложностью. По переписи 2007 г. в ней насчитывалось 85 народов. Кроме того, перепись выделяет: другие эфиопские группы; от разных родителей; а также жителей других африканских стран и других иностранцев.

Наиболее многочисленные народы (в %, оценка 2012 г.): оромо – 34,5, амхара – 26,9, сомали – 6,2, тиграй (тиграи, тыграй) – 6,1, сидама – 4, гураге – 2,5, уолайта (волайта, велайта) – 2,3, хадийя – 1,7, афар – 1,7, гамо – 1,5, гедео – 1,3, прочие – 11,3.

Таким образом, 11 народов составляют почти 88%. На остальные 74 народа приходится 12%.

Население говорит на языках нескольких языковых групп: семитской – амхара, тиграй, гураге, харари, аргобба (аргоба); кушитской – оромо, сидама, афар, сомали, гимирра, агау, консо, беджа, кефиччо (каффа, кэффа), уолайта (волайта, велайта); шари-нильской – нуэр, анья (аньва, ануак), берта, кунама и др.; кома – кома и др.

По религиозной принадлежности различаются: приверженцы эфиопской христианской церкви – 43,5%, ислама – 33,9%, протестанты – 18,6%, католики – 0,7%; традиционных верований и культов продолжают придерживаться 2,6%. К первым относятся амхара, тиграй в штатах Амхара и Тиграй, частично в Оромии, а также в городах. Мусульмане преобладают в штатах Афар, Сомали, Оромия, Харари. Протестанты – в Гамбелле и Южном штате, а также в Аддис-Абебе.

Введение системы этнического федерализма по разным причинам обострило противоречия между этническими группами. Конфликты происходят как на региональном уровне, так и на местах – в зонах, воредах и кебеле.

За прошедшие с 1991 годы межэтнические конфликты происходили и происходят по всей Эфиопии: между бенишангул и гумуз, оромо и сомали, оромо и харари, гарре и борана, сомали и афар, амхара и оромо, афар и исса, оромо и гумуз, гуджи и гедео, анья и нуэр, сидама и гуджи, керейю и афар и т.д. Борьба за власть и ресурсы приводит и к внутриэтническим конфликтам между отдельными кланами и большесемейными группами.

Так децентрализация усилила племенные различия среди субэтноса оромо – арси. Борьба ведется не только между кланами, но и между их подразделениями[3]. То же относится к нуэр в Гамбелле, уолайта и сидама в самом сложном по своему этническому составу Южном штате.

Наиболее конфликтогенными штатами являются Гамбелла и Бенишангул-Гумуз на западе Эфиопии. Гамбелла – один из самых бедных штатов с населением 307 тыс. человек. Межэтнические конфликты из-за борьбы за скудные ресурсы, прежде всего, за плодородные земли вдоль рек, здесь случались и ранее, однако с 2002 г. они приняли характер открытых вооруженных столкновений, сопровождавшихся убийствами мирных жителей, поджогами сотен домов. Анья (около 65 тыс. человек – 21% населения штата) были самой влиятельной в этом районе этнической группой и, естественно, традиционно возглавляли органы местной власти. Но с начала 1980-х годов в Гамбелле появилось большое число нуэр – беженцев из Судана. Кроме того, в 80-е годы в рамках масштабной программы расселения, предпринятой предыдущим эфиопским режимом в ходе борьбы с засухой, в Гамбеллу были переселены до 50 тыс. амхара, тиграй и оромо, которых местные жители равнинных областей называют «хайлендерами». Быстро изменившаяся этнотерриториальная ситуация привела к потере анья своего господствующего положения и конфликтам как между анья и нуэр (143 тыс. человек – 46,6% населения штата), так и между анья и переселенцами. В результате за полгода, с декабря 2003 г. по май 2004 г., погибло, по некоторым данным, свыше тысячи человек. Только в декабре 2003 г., по сведениям Human Rights Watch, в г. Гамбелла было убито 424 чел., преимущественно анья[4].

В соседнем с Гамбеллой штате Бенишангул-Гумуз, небольшом по численности населения (671 тыс. человек по переписи 2007 г.), основными участниками межэтнических конфликтов являются «титульные» национальности берта и гумуз, а также «нетитульные» – амхара, оромо, тиграй – хайлендеры – выходцы из центральных районов Эфиопии, которые в новых условиях превратились в меньшинства.

Берта насчитывают 174 тыс. человек (26% населения штата), гумуз – 142 тыс. (21,1%), хайлендеры – 35,4%, из которых на амхара приходится 21,2%, оромо – 13,3%.

Конфликты, начавшиеся в 1990-е годы, продолжались и в 2014 году. Основная причина – борьба за власть в региональных органах власти.

Этнополитическую ситуацию в штате крайне осложняет борьба партий на этнической основе. Предметом спора являются представительство в органах власти, территориальное размежевание, доступ к ресурсам и субсидиям федеральных властей. Причем ни одна из этнических групп не составляет большинства. Каждая из них требует независимой административно-территориальной единицы.

Первоначально администрация штата состояла преимущественно из лиц «титульной» национальности и господствующее положение занимала политическая элита бенишангул. Это объяснялось близостью к Народному фронту освобождения тиграй, Фронту освобождения эфиопских народов, их совместной борьбой против Дерга.

Движение за освобождение народа бенишангул (Benishangul People Liberation Movement) стало единственной доминирующей партией в штате. В первом национальном парламенте в 1995 г. бенишангул получили пять мест вместо одного[5].

Однако с 1996 г. ввиду разногласий с Народным фронтом освобождения Тиграй власть в штате перешла к гумуз и частично шинаша, что вызвало большое недовольство других этнических групп. Все бенишангул, занимавшие официальные посты в органах управления штата были смещены и объявлены «узкими националистами». 120 из них были арестованы по обвинению[6] в угрозе миру и развитию, в связях с Южным Суданом. Все это вызвало большое недовольство бенишангул и привело к ухудшению отношений с гумуз.

Некоренное население (более 35% по переписи 2007 г.) не было представлено ни в законодательных, ни в исполнительных органах власти штата[7] и таким образом лишено политических прав. Это касается в первую очередь переселенцев из других штатов, живущих здесь с 1984 года. Они были переселены Дергом в период голода. Все это создает межэтническую напряженность. Поселенцы протестуют против дискриминации и настаивают на предоставлении им политических прав, которые давали бы им возможность участия в органах власти штата, зоны, воред.

Однако требования поселенцев отвергаются официальными лицами иногда на том основании, что они не знают местного языка. Хотя их язык – амхарский – по-прежнему является официальным языком в штате.

Против поселенцев настроена и часть политической элиты коренных народов, поскольку они опасаются, что со временем поселенцы могут добиться прав, и им придется уступить свое господствующее положение. Отношения между поселенцами и бенишангул и гумуз напряженны и взрывоопасны.

Исследователи отмечают, что до 1991 г. этническая напряженность в районе Бенишангул-Гумуз вызывалась случаями захвата скота или другими бытовыми причинами. Незначительные стычки наблюдались между гумуз и поселенцами в Метекеле, между гумуз и оромо в южных районах. Ныне ситуация изменилась. Усилившиеся этнические маркеры привели к тому, что противоречия между коренными этническими группами и поселенцами, а также внутри этих групп умело используются властями и элитами в борьбе за политическую власть.

В 2008 г. произошли серьезные столкновения между гумуз и поселенцами оромо в районе Уоллега. В результате погибло более 130 человек.

Напряженная обстановка в штате и продолжающиеся межэтнические конфликты потребовали вмешательства Палаты федерации. Была разработана квота этнического представительства в местных органах власти и создана новая вореда – специально для амхара. Однако подобные меры не гарантируют надолго стабильность в штате.

С начала 1990-х, с введением новых регионов, заметно ухудшились отношения между оромо и не-оромо. Они подогревались элитой некоторых этнических групп, которые протестовали против разграничения между «титульными» национальностями и «не-титульными» – пришлыми. При этом ссылались на федеральную конституцию, гарантирующую равные права всем народам. Между тем в Конституции штата Оромия говорилось: «Суверенитет в регионе принадлежит оромо». Недовольство привело к многочисленным межэтническим конфликтам в 1991, 1992, 1995, 2000, 2001, 2005, 2008 гг. и в последующие годы, особенно в районах Харарге и Уоллега. Крестьяне-оромо выступали против амхара и других фермеров-«чужаков», обвиняя их в экспроприации земель и требуя их возврата. Столкновения сопровождались убийствами, изгнанием поселенцев, разрушением и поджогом целых деревень.

Существующие конфликты в штате Сомали можно разделить на три категории: межклановые/межэтнические; внутриклановые; борьба государства с мятежниками.

В июле 2012 г. столкновения из-за земельных споров произошли между борана и гарри в пограничных с Кенией районах. В результате несколько деревень были сожжены, более 20 человек убиты. По данным Кенийского Красного Креста, более 20 тыс. человек бежали в Кению. Волнения произошли в Арси, Хараре, Барли и других местах. Жители некоторых штатов не-амхара не хотели, чтобы амхарский был официальным языком в их штатах, зонах или воредах. По словам представителей оппозиции, в Эфиопии при Мелесе Зенауи и в апреле 2013 г. имели место этнические чистки, когда поселенцы-амхара изгонялись из многих штатов. Среди них: Гамбелла, Оромия, Бенишангул-Гумуз, Южный.

Конфликты в разных районах страны продолжаются.

Большинство штатов расположены на периферии и граничат с соседними государствами: Суданом, Южным Суданом, Кенией, Сомали, Сомалилендом, Джибути и Эритреей и представляют геополитическую значимость для Эфиопии. Наличие в приграничных районах вооруженных повстанческих этногруппировок и беженцев создает напряженность и здесь нередко происходят столкновения с местным населением.

Возросшая роль этничности приводит к тому, что споры из-за земельного участка или пастбища между фермерами-земледельцами и скотоводами, которые существовали на протяжении веков, ныне квалифицируются как конфликты межэтнические, если в них задействованы представители разных этнических групп. Ибо владение территорией означает для этнической группы (а в действительности для элиты) возможности требовать признания права на самоопределение, а значит – собственную административную единицу и все, что из этого вытекает: политическую власть, ресурсы и др.

Основными причинами межэтнических конфликтов по-прежнему остаются политизация этничности и соперничество за владение природными ресурсами, в первую очередь земельными, борьба политической элиты за власть, пограничные споры между штатами, зонами, воредами, плохое управление, социальное неравенство, угнетение меньшинств, сохраняющиеся этнические стереотипы и предрассудки, в том числе дискриминационное отношение к ремесленникам и потомкам рабов, кровная месть.

Общепринятое в литературе объяснение межэтнических конфликтов обычно сводится к борьбе за ресурсы. Это действительно так, но в Эфиопии после 1991 г. есть особенности. Конфликты приобрели многоликий характер и хотя они связаны с ресурсами, они вызываются либо неравным распределением экономической и политической власти или требованиями политических и экономических благ. В основе части из них вовсе не межэтнические противоречия, соперничество, противостояние. Но выглядят они как межэтнические столкновения. Хотя во многих случаях они действительно принимали и принимают форму кровопролитных столкновений.

Территориальные споры между этническими меньшинствами, сопровождающиеся конфликтами, приводят к тому, что федеральные власти вынуждены создавать «специальные вореды» внутри зон или между зонами, чтобы предоставлять этим народам автономию. В 2000 г. существовало пять Специальных воред: пять в Южном регионе, два – в Бенишангул-Гумуз и один в штате Афар и три Специальных зоны в штате Амхара[8].

Референдум 2004 г. предоставил 500 кебеле Оромии и 100 Сомали, однако границы до сих пор полностью не определены.

Продолжающиеся межэтнические конфликты свидетельствуют о том, что введение самоуправления само по себе недостаточно для смягчения напряженности и налаживания сотрудничества между этническими группами в том или ином штате, зоне, вореде или кебеле. По-прежнему, главным цементирующим фактором остаются родственные связи и этничность. Отсюда – укрепление собственных традиционных социальных институтов на фоне отсутствия доверия к государственным структурам.

Следствием конфликтных ситуаций и напряженности практически во всех штатах является усиление дезинтеграционных процессов даже среди многомиллионных этносов. Поскольку этничность стала основной идеологией, принадлежность даже к самой малочисленной национальности дает основания для требования права на самоопределение, создание собственной административно-территориальной единицы, а значит – власть и ресурсы.

Дезинтеграция принимает все новые формы, «спускаясь» на уровень не только суб-этносов или суб-кланов, но затрагивает социальные общности более низкого уровня (вплоть до большесемейных общин).

Еще одной важной причиной межэтнических конфликтов является разделение народов в штатах на «коренные» и «некоренные» («титульные» и «нетитульные» национальности). Штаты крайне неоднородны по своему этническому составу. Даже в таких штатах, как Амхара, Тиграй, Оромия, где большинство составляют многомиллионные народы, имеется большое число этнических меньшинств. А Южный штат, по официальным данным, населяют 45 народов. В соответствии с новой системой этнического федерализма вся полнота власти в штате, зоне, вореде, кебеле принадлежит «коренным» народам. Все пришлые, в том числе амхара, оромо, тиграй вне своих штатов испытывают дискриминацию, и не могут принимать участия ни в законодательных, ни в исполнительных органах власти соответствующих административных единиц, начиная с штатов и кончая кебеле. Естественно, такая ситуация вызывает недовольство и является немаловажной причиной межэтнической напряженности. Например, в Южном штате по переписи 2007 г. проживают более 80 народов. Однако власти штата «коренными» народами признают только 45. Все они представлены в Палате Федерации и Совете национальностей штата. Остальные отнесены к «некоренным народам».

Отношение к некоторым народам и их подразделениям складывалось исторически. Так например, некоторые субэтносы оромо, давно принявшие христианство и некоторые элементы амхарской культуры, были приняты в общество амхара. Они могли занимать высокие посты в органах управления, наделялись землей, им присваивались знатные титулы и у них не было никаких проблем с вступлением в браки с амхара. Из числа оромо были и некоторые правители Эфиопии. В то же время такие субэтносы оромо, как борана, райя или азебу, были презираемыми, и для них было абсолютно невозможно быть принятыми в общество амхара. До сегодняшнего дня в стране существует этническая стратификация. Самое высокое положение в обществе всегда занимали амхара. Ниже них на иерархической лестнице располагались не-амхарские народы: тиграй, оромо, гураге и другие. Ещё ниже – омотские и нилотские народы. Самую низшую ступень на социальной лестнице занимали негроидные народы: бенишангул, барейя, кунама, некоторые подразделения сидама. Очень низкий статус имели также кэффа, йем, агау, кемант, фаллаша и другие[9]. Именно эти народы были источником рабов, начиная с XV в., и названия «шанкелла», «барейя» стали синонимом слова «раб». Эти группы населения традиционно рассматривались как парии[10].

Некоторые авторы отмечают низкий статус гураге и связывают это с их занятиями[11]. До недавнего времени слово «гураге» в Аддис-Абебе было синонимом слов «носильщик», «чернорабочий».

Ситуацию осложняют также сохраняющиеся этнические стереотипы и предубеждения, иерархичность этнических групп, такие социальные структуры и институты, как профессиональные касты, пережитки домашнего рабства, иерархия кланов. Все эти архаические структуры и институты оказывают существенное влияние на осуществление политики этнического федерализма и в целом на этнополитическую ситуацию в стране.

До сих пор физический труд и ремесло (кузнечество, ткачество, крашение, обработка дерева и др.) считаются у некоторых народов унизительным занятием. Представители некоторых этнических групп, занятые физическим трудом, торговлей, ремеслами на заре своих миграций в города принадлежали к самым низшим слоям городского общества. Чтобы избежать этого, они скрывали свою этническую принадлежность и выдавали себя за амхара, сознательно подвергаясь аккультурации.

Исторически в стране наиболее престижными были сельское хозяйство, система управления, церковь и служба в армии. По данным некоторых исследователей, мусульмане традиционно не могли заниматься упомянутыми выше профессиями, как следствие этого, становились ремесленниками (ткачами, портными, красильщиками и др.), лавочниками, торговцами. До сих пор традиция презирает занятия физическим трудом.

В 1992 г. во время полевых исследований в Эфиопии я специально изучала архаичные традиционные структуры, такие, как касты, пережитки домашнего рабства, этническая стратификация, этнические стереотипы и их роль в современном эфиопском обществе. У многих народов существует внутриэтническая иерархия: до сих пор различаются высшие и низшие кланы (уолайта, сурма, бенч и др.). Представители низших кланов и ныне подвергаются дискриминации.

У сомали есть небольшая группа отверженных – саб. Они имеют в своем этногенезе негроидный субстрат. Есть у сомали и рабы – бон. Даже получив свободу, они не могут жениться на чистокровных сомали, принимать участие в делах общины и ездить на лошади.

В обществе гураге самая уважаемая часть населения – зера – фермеры. Они занимают высшую ступень социальной иерархии и свысока относятся к представителям ремесленных каст: кузнецам-нефуре, красильщикам-гизе, ремесленникам по дереву-фуга.

В качестве примера можно привести фуга. Фуга не имеют права владеть землей и возделывать основную продовольственную культуру этих мест – асат. Мои интервьюеры рассказывали, что традиция считает их способными нанести вред плодородию земли, повлиять на продуктивность скота и даже превратить молоко в кровь или мочу. До сих пор существуют неписанные правила поведения: фуга и зера никогда не едят вместе и не дают друг другу посуду. Зера никогда не будут есть пищу, приготовленную фуга. Если фуга случайно зайдет в дом к зера, он должен положить на пол лист асата и сесть только на него. Если же он не сделает этого, место, на котором он сидел, считается оскверненным, и должен быть совершен обряд очищения. Фуга строго сегрегированны и не могут принимать участия в жизни общины. На мой вопрос о причине подобной дискриминации был один ответ: такова традиция и такова воля Бога. Происхождение фуга неизвестно. У них сохранился свой язык, которым они пользуются при совершении некоторых ритуалов, однако восприняли язык гураге. Они придерживаются традиционных верований и культов, хотя некоторые из них перешли в ислам и христианство. Однако это никак не сказалось на их статусе[12].

К презираемым меньшинствам относятся также люди, занимающиеся охотой. Они считаются «нечистыми», поскольку едят мясо диких животных.

Для понимания современных процессов важно исследовать не только межэтнические, но и внутриэтнические отношения.

Этнические группы вовсе не всегда отличаются внутренней сплоченностью: у некоторых этносов (например, оромо) существует большое количество субэтносов, различающихся не только по уровню развития, но и по хозяйственной деятельности (скотоводы – земледельцы), а также особенностям культуры. У других этносов сохраняется социальная стратификация: наряду с иерархией кланов – ремесленные касты и потомки рабов (в качестве примера можно привести сидама, уолайта, гураге). Более того, в последние 20–25 лет наблюдается значительное усиление подобной стратификации.

В качестве примера роли традиционных институтов в современной Эфиопии в условиях этнической федерации можно перевести сидама и уолайта в Южном штате.

Сидама насчитывают 2908 тыс. человек – 19% населения штата (перепись 2007 г.). Большинство из них живут в Южном штате. У сидама до сих пор существуют касты ремесленников-гончаров – хадичо. Они считаются «нечистыми» и занимают низшую ступень иерархической лестницы. Они не могут входить в дома к своим соплеменникам, ни о каких браках с ними не может быть и речи. В поселениях они могут жить только в особых кварталах. Им запрещается использовать сельские кладбища и т.д.

В то же время хадичо не только не скрывают свое происхождение, но их активная борьба против дискриминации привела к тому, что они получили собственную землю в Дара и в 1992–93 гг. эта территория получила статус вореды. А административная единица предполагает создание органов законодательной и исполнительной власти. Таким образом, хадичо получили и политическую власть. Более того они создали свою политическую партию – Демократическую организацию сидама хадичо (Sidama Hadicho People's Democratic Organization). Все это в значительной мере способствовало их сплочению, а в результате к дезинтеграции этноса сидама.

Партия была создана правящей партией Революционно-демократическим фронтом эфиопских народов с целью организации противовеса оппозиционной партии сидама – Движению за освобождение сидама (Sidama Liberation Movement), состоящей из традиционно доминирующих кланов сидама – воллабичо. В начале своего появления в южном регионе правящая партия с трудом находила нужные кадры. Большинство политически грамотных были связаны с прежним режимом. Выбор пал на молодых малограмотных или вовсе неграмотных людей. Но, что самое интересное – первые партийные кадры рекрутировались из низших слоев общества – презираемых ремесленников хадичо.

Другая ситуация у соседнего народа уолайта (1611 тыс. человек – 10,7% населения штата). В обществе уолайта также существуют касты ремесленников – хилланча. Есть и большая группа потомков рабов –

айле. Обе эти группы занимают низшую ступень социальной лестницы. Они стыдятся своего положения и в отличие от хадичо у сидама стараются всячески скрыть его.

У уолайта исторически сложилась иерахия кланов (по некоторым данным, их насчитывается 150). Господствующее положение в обществе занимает клановая элита, особенно потомки так называемого королевского клана и аристократии. Существует острое соперничество между кланами за власть на всех уровнях. Кланы выражают интересы этнической группы в новых условиях и очень влиятельны (особенно кланы Уолайта Мало, Тигре Мало и Хизеа, к которому принадлежит нынешний премьер-министр Хайле Мариам Десалень). Этому способствовала политическая мобилизация и апелляция к историческому прошлому: у уолайта до конца XIX в. существовало сильное государство. Наличие социальной стратификации приводит к внутриэтнической напряженности между клановой элитой и так называемыми низшими слоями общества. На первых порах элита отказывалась сотрудничать с федеральными властями и правящей партией.

И в случае с уолайта правящая партия и федеральные власти обратили внимание на касты ремесленников и потомков рабов – айле. Но в отличие от сидама, айле не были организованы и не выступали активно против дискриминации. Попытки привлечь на свою сторону и представителей элиты были безуспешными, поскольку те отказывались иметь дело с «нечистыми» айле. Успешная борьба традиционной элиты против создания единого языка вагагода и создание в 2000 г. зоны для уолайта примирили ее с властями.

В прошлом существовало высокомерное отношение уолайта по отношению к сидама, хадийя и др. Уолайта, у которых существовало развитое государство, свысока смотрели на своих соседей. Стереотипы сохраняются и в наши дни. В интервью норвежской эфиопистке Ловиз Аален в июле 2007 г. старейшина уолайта сказал: «Мы никогда не женились на сидама. Мы всегда относились к сидама, и это продолжается ныне, как к своим слугам. Когда женщина сидама приходит, чтобы продать нам молоко, после ее ухода мы выкидываем листья, на которых она сидела. Сидама пахнут и они грязные»[13].

Прошло более 20 лет со времени введения системы этнического федерализма в Эфиопии. Этнофедерализм пока не привел к существенному улучшению межэтнических отношений. Напротив, происходит усиление роли этничности во всех сферах жизни и ее все большая политизация. Это выражается в том числе в борьбе этнических групп за самоуправление и власть, что приводит к осложнению этнополитической ситуации и межэтническим конфликтам. Политика этнического федерализма, направленная на развитие культур различных этносов, привела к возрождению многих институтов и традиций, не всегда соответствующих задачам сегодняшнего дня. Это относится, например, к усилению значимости в политической жизни таких отсталых социальных структур, как иерархия кланов, касты ремесленников, домашнее рабство (имеются в виду потомки рабов). Более того, в ряде случаев они узаконены (хадичо – каста ремесленников-гончаров у сидама).

Этнический федерализм способствовал усилению этнического самосознания и конфронтации. Как уже отмечалось выше, соперничество ведется за доступ к ресурсам, прежде всего, политическим, так как достижение власти обеспечивает и владение природными богатствами и другими благами. Но для этого необходимо, чтобы та или иная этническая группа получила собственную административную единицу. Именно этим объясняется требования создания новых штатов, зон, воред.

Существование штатов в составе Эфиопии является важнейшей формой этнотерриториального самоопределения, и дальнейшее развитие федерализма, разнообразных и разностатусных взаимоотношений с федеральным центром и другими субъектами федерации, по-видимому, должны не только формулироваться, как одна из приоритетных задач государственной этнической политики федерального уровня и штатов, но и претворяться в жизнь.

Вместе с тем, в условиях этнического многообразия, когда, естественно, не все народы могут иметь свои штаты, важное значение приобретает экстерриториальная этнокультурная автономия. Это – важная форма самоопределения.

Субъектом этнокультурной автономии могут быть любые этнические сообщества независимо от территории расселения, статуса и численности. Этнокультурная автономия – это не только право на сохранение этнокультурных особенностей того или иного народа и право общинной собственности, но, что очень важно, – право на особые формы политического представительства и на законодательную инициативу. Это право на участие, включая управление государством.

Из недостатков современной системы можно отметить также излишнюю централизацию власти и господствующую роль правящей партии.

Уникальный эфиопский опыт очень важен для всех полиэтничных государств.

Хотелось бы обратить внимание еще на один момент. Изучение многочисленных официальных документов эфиопского правительства, как и беседы с представителями центральной власти, свидетельствуют о существовании терминологической путаницы. Это, несомненно, связано с влиянием марксистско-ленинской теории, столь популярной в Эфиопии: деление на «нации», «народности» и «племена».

Так, во всех правительственных документах, в том числе и в Конституции, этнические категории делятся на нации, национальности и народы. Смешаны самые разные категории: «нация» («nation») – один из типов этно-социальной общности, «национальность» («nationality») обозначает этническую принадлежность вообще, наконец, понятие «народы» («peoples») объединяет все этнические общности. Подобная терминологическая неразбериха закрепляет существующую этническую иерархию и чревата возникновением конфликтных ситуаций, так как правом на самоопределение, развитие своих языков, культуры и т.д. обладают все народы независимо от их численности и уровня социально-экономического развития.

В официальных документах на данном этапе было бы правильно употреблять единый термин «народ» («people») или «этническая группа» («ethnic groups») применительно ко всем жителям Эфиопии. В том случае, когда речь идет о малочисленных группах в мировой практике существует термин «этнические меньшинства» («ethnic minorities»).

Хотя опыт Эфиопии показывает, что этнофедерализм пока не привел к существенному улучшению этнополитической ситуации и смягчению напряженности в межэтнических отношениях, имеются некоторые позитивные и важные достижения: законодательное закрепление и передача властных полномочий штатам; создание органов местного самоуправления, что дает возможность решать значительную часть проблем, как в области сохранения этнокультурного многообразия, так и в сфере налаживания межэтнических отношений; придание федеральному центру мультикультурного характера; предоставление гражданам возможности изучения и использования в обучении и делопроизводстве родных языков; законодательное закрепление основ этнокультурной автономии путем создания зон и воред на узкоэтнической основе.

Будущее Эфиопии как федерации, ее политическая стабильность во многом зависит от того, как сложатся отношения не только между амхара, тиграй и оромо, но и от того, насколько успешно правительству удастся вовлечь в процесс федерализации многочисленные этнические меньшинства, покончить с архаичными структурами, воплотить в жизнь принципы равенства всех народов, заложенные в Конституции.

---

[1] The Constitution of the Federal Democratic Republic of Ethiopia. Addis Ababa, 1995.

[2] Federal Democratic Republic of Ethiopia. Summary and Statistical Report of the 2007 Population and Housing Census. Addis Ababa, 2008.

[3] Ethiopia: Ethnic Federalism and its Discontents // Africa Report, 2009, № 153. P. 25.

[4] htpp://hrw.org/english/docs/2006/01/18/ethop12308.htm.

[5] *Balcha B.* Divide and Rule: Ethnic Federalism in Benishangul-Gumuz Region of Ethiopia // htpp://ethiopolitics.com/pdfiles/.

[6] Human Rights Watch. 1997. P. 21.

[7] *Balcha B.* Op. cit. P. 4.

[8] *Tronvoll K.* Ethiopia: A New Start // The Minority Rights Group. L., 2000. P. 20.

[9] *Shack W.A.* Urban Ethnicity and Cultural Process of Urbanization in Ethiopia // Urban Anthropology. N.Y., 1973.

[10] *Pankhurst R.* The History of Bareya, Shankella and Other Ethiopian Slaves from the Borderland of Sudan // Paper Submitted to the Conference on Ethiopian Feudalism. Addis Ababa, 1976. P. 41.

[11] *Lipsky G.A.* Ethiopia: Its People, Its Society, Its Culture. New Haven, 1962. P .67.

[12] *Исмагилова Р.Н.* Роль традиционных структур в этнокультурных процессах современной Эфиопии // Труды российской историко-этносоциологической экспедиции в Эфиопию в 1990–1992 гг. М., 1997. С. 131–132.

[13] *Aalen L.* The Politics of Ethnicity in Ethiopia. Actors, Power and Mobilization Under Ethnic Federalism. Leiden, 2011. P. 176.

Татьяна Денисова

Сенегамбия: уроки африканского конфедерализма

In the article «Senegambia: Lessons of African Confederalism» Tatyana Denisova reviews the attempts of creating a confederation on the African continent. Confederation is a union of sovereign states in which the uniting states retain full sovereignty and considerable independence, while transferring part of their own powers to the union authorities to coordinate certain actions, usually in the areas of foreign policy, communications, transport and defense. History has proven that a confederation is a very unstable association and often either falls apart or is transformed into a federation. In 1959, two former French colonies – French Sudan (now Mali) and Senegal – united in the so-called Mali Federation (in fact, confederation) that lasted just over a year, after which the individual parts of the union were granted full independence.

The most striking example of African confederalism was the Senegambia Confederation, founded in 1981. The preconditions for the formation of the union of two countries – Senegal and the Gambia – originated in the pre-colonial and colonial periods of development of the subregion. Even before the arrival of Europeans in West Africa (14th century), there was a visible intermingling of races and peoples: most of the ancestors of contemporary Gambians, for example, arrived in the territory of the modern Gambia from the east – from Mali and Senegal. One of the main preconditions for the union was the location of the Gambia, the territory of which is a narrow strip of land surrounded on all sides by Senegal. During the transition (from colonial to independent governing) and the initial post-colonial period Gambian authorities and the metropolitan country (the UK) discussed the probability of the survival of the tiny state with poor human and natural resources. In addition, the Gambia did not have a strong army and felt vulnerable in the event of deterioration of relations with the neighbour. In turn, for Dakar, the union of the two countries would address a number of critical issues relating to cross-border trade, the use of water resources of the Gambia river, and the access to the southern Senegalese province of the Casamance, practically separated by the Gambia from the main territory of the country. The article considers the preconditions for the emergence of the Senegambia Confederation and the reasons for its collapse in 1989.

Под конфедерацией понимается союз суверенных государств, в рамках которого объединившиеся государства полностью сохраняют суверенитет и значительную независимость, при этом передавая часть своих собственных полномочий общим органам власти для координации определенных действий, как правило, в области внешней политики, коммуникаций, транспорта и обороны. Государство может быть членом нескольких конфедераций одновременно. Исторический опыт показывает, что конфедерация – весьма неустойчивое объединение и зачастую либо распадается, либо преобразуется в федерацию.

Среди характерных признаков конфедерации – наличие общих для всех ее членов территории и государственных границ, законодательных органов и системы управления, конституции, законодательства и гражданства. Союз обладает суверенитетом при сохранении каждым из участников международного статуса. Конфедеративные органы состоят из представителей суверенных государств, при принятии решений используется принцип консенсуса. Участники сохраняют за собой право выхода из состава конфедерации[1].

Наиболее яркий пример конфедерации представляет собой Швейцария после того, как 1 августа 1291 г. три кантона подписали так называемое Союзное письмо. Впрочем, в 1798 г. Франция оккупировала Швейцарию и преобразовала ее в унитарную Гельветическую Республику, но унитарное устройство не прижилось в бывшей конфедерации и уже в 1803 г. Франции пришлось восстановить на территории децентрализованную систему управления[2].

Среди других примеров конфедерации можно назвать Австро-Венгрию (1867–1918), Канадскую конфедерацию (1867–1914), Объединенную Арабскую Республику (1958–1971), фактически существовавшую до 1961 г. в составе Сирии и Египта, Федерацию (фактически конфедерацию) Мали и Сенегамбию (о двух последних подробней будет сказано ниже).

Конфедеративный принцип государственного устройства в той или иной степени отражается в структуре многих международных (наднациональных) организаций, например, ООН и ЕС. Главное правило, которого придерживаются эти организации, – равенство участников.

Важная черта конфедерации в Африке – ее зачастую недолговременный и переходный характер. Причины распада этого государственного устройства или преобразования его в иную форму могут быть различными и зависят от конкретных исторических, политических, экономических и прочих обстоятельств.

«Достижение африканского единства» стало в конце 1950-х – начале 1960-х годов важным аспектом внешнеполитической риторики и деятельности таких влиятельных африканских лидеров, как Кваме Нкрума, Секу Туре, Модибо Кейта и других. В свою очередь, первый президент Танганьики, а позже Танзании, Джулиус Ньерере разделял панафриканские идеи Нкрумы, но как сторонник постепенных реформ верил, что они могут быть реализованы только в результате долгого и болезненного процесса. Поэтому Ньерере поддерживал создание региональных ассоциаций, например, Восточноафриканского сообщества (ВАС) с участием бывших британских владений – Кении, Танзании и Уганды[3] в качестве первого шага к объединению стран континента, в то время как Нкрума полагал, что такие промежуточные союзы стоят на пути достижения единства. Правда, Гана, с благословения Нкрумы, участвовала в Союзе африканских государств – кратковременном объединении в 1958 г. двух (Гана и Гвинея), а с 1961 г., после присоединения Мали – трех западноафриканских стран, но этот союз считался открытой ассоциацией. Его руководители – «столпы национализма» Нкрума, Секу Туре и Кейта – предлагали присоединяться к союзу всем африканским государствам: он мог быть легко расширен и стать ядром африканского единства, тем более что перебрасывал мостик между англофонными и франкофонными странами континента.

Несмотря на огромные нкрумовские инвестиции в ганскую дипломатию, к 1962 г. он стал единственным известным сторонником создания в Африке союзного правительства. Утопические идеи Нкрумы были озвучены в мае 1963 г. на конференции африканских лидеров, на которой была создана ОАЕ: он предложил независимым африканским государствам – «здесь и сейчас» – согласиться на основание нового, расширенного Союза африканских государств и Союзного правительства Африки. Британский исследователь Д. Остин таким образом описывал это событие: «Это было представление! Но Нкрума оказался в одиночестве. В Аддис-Абебе была принята Хартия Организации африканского единства, которая подчеркивала суверенитет отдельных членов и принципы невмешательства в вопросы территориальной интеграции существующих государств»[4]. То есть реальная политика возобладала над утопией. Но это было уже позже, а несколькими годами ранее утопический, авантюрный шаг к созданию союза – конфедерации – сделали М.Кейта и Л.Сенгор.

В 1959 г. две бывшие колонии – Французский Судан (ныне Мали) и Сенегал объединились в так называемую Федерацию (фактически конфедерацию) Мали (ФМ), просуществовавшую чуть более года, после чего отдельным частям союза была предоставлена полная независимость. Появлению ФМ предшествовали события, так или иначе обусловившие степень прочности, длительность существования, а также причины и предпосылки скорого распада федерации.

1 июня 1958 г. пал режим Четвертой Республики во Франции. Новый глава обширной колониальной империи генерал де Голль начал подготовку новой конституции – Основного закона Пятой Республики. Проект конституции предстояло утвердить 28 сентября 1958 г. на референдуме с участием и жителей заморских территорий, которым предлагалось ответить на вопрос: «Одобряете ли вы Конституцию, которая вам предложена правительством Республики?»[5]. Отрицательный ответ, получивший большинство в какой-либо заморской территории, означал бы предоставление ей немедленной независимости и разрыв связей с метрополией. Положительный – вхождение во Французское Сообщество (ФС) в качестве автономной республики[6].

Новая конституция была утверждена подавляющим большинством голосов как в метрополии, так и во всех заморских территориях, за исключением Гвинеи. Так, во Французском Судане, где в референдуме приняли участие 826 тыс. человек, «да» сказали 97% голосовавших[7]. В Сенегале 870 тыс. сказали «да», 21 тысяча участников была «против» новой конституции[8]. В результате были созданы автономные Суданская республика, Республика Сенегал, Республика Верхняя Вольта (ныне Буркина-Фасо) и другие.

Между тем, многие западноафриканские политические лидеры как первого, так и второго уровня, стремились сохранить тесные связи между странами, прежде входившими в состав Французской Западной Африки (ФЗА) (1895–1958), и создать федерацию из автономных государств – Судана, Сенегала, Верхней Вольты, Дагомеи (ныне Бенин), Мавритании и даже Гвинеи, проголосовавшей на референдуме против конституции и ставшей самостоятельной. Однако против этой идеи выступили влиятельный политический лидер Берега Слоновой Кости (ныне Кот-д'Ивуар) Ф. Уфуэ-Буаньи и гвинейский руководитель А. Секу Туре.

В декабре 1958 г. в столице Судана Бамако состоялась встреча представителей четырех стран – Сенегала, Суданской республики, Верхней Вольты и Дагомеи. В принятой ими резолюции провозглашалось намерение объединить эти страны в федерацию, остающуюся в составе Французского Сообщества. 17 января 1959 г. в Дакаре было объявлено о создании Федерации Мали, но лишь в составе Сенегала и Французского Судана. В апреле 1959 г. председателем

Федерального собрания ФМ был избран будущий президент Сенегала Леопольд Седар Сенгор, а главой федерального правительства стал председатель правительства автономной Республики Судан Модибо Кейта. Предполагалось, что федерация будет открыта для присоединения к ней других стран, в том числе и бывших британских колоний. Входившие в состав федерации территории сохраняли значительную внутреннюю автономию и должны были принять свои собственные Основные законы.

Однако реальное объединение двух государств шло с большими трудностями. Так, если суданцы с самого начала требовали независимости ФМ, то сенегальцы, выражая стремление к независимости в принципе, на деле затягивали решение этого вопроса и препятствовали разрыву тесных политических и экономических связей с бывшей метрополией. Однако лидерам двух стран удалось добиться хрупкого консенсуса, удовлетворявшего интересы обеих сторон: 4 апреля 1960 г. были подписаны соглашения о сотрудничестве ФМ с Францией в области внешней политики, обороны, экономики и финансов, а 20 июня 1960 г. была провозглашена формальная независимость федерации. Ее президентом стал М. Кейта, председателем Федерального собрания – парламента новообразованной федерации – Л. Сенгор.

Федерация продолжала оставаться в составе ФС, но решения последнего не являлись для нее обязательными. Отношения между ними осуществлялись на договорной основе, как между двумя суверенными сторонами. Франция обещала оказывать ФМ экономическую и военную помощь в обмен на сохранение на ее территории военных баз. В частности, в Судане продолжали функционировать военная база в Кати, военно-воздушные базы в Бамако, Гао и Тесалите.

ФМ просуществовала всего 506 дней. Еще до объединения Судана и Сенегала в единое государство проявились идеологическая несовместимость и политические разногласия между лидерами двух стран. Если М. Кейта идеализировал доколониальные порядки (недаром федерация была названа по имени империи Мали, существовавшей на территории современного Мали в XIII–XV вв.) и рассматривал Францию как символ колониализма, затормозившего развитие народов континента, то Сенгор, напротив, давал весьма положительную оценку роли Франции в Африке, вплоть до изображения ее врагом империализма[9].

Кроме того, между Суданом и Сенегалом возникли серьезные экономические противоречия. Народное хозяйство последнего было ориентировано на внешний рынок, прежде всего французский. В свою очередь, в Судане была проведена национализация важнейших отраслей экономики, в том числе внешней торговли, введено плановое управление экономикой, сделаны шаги в направлении коллективизации сельского хозяйства, – все это было неприемлемо для руководства Сенегала. Хотя политические элиты обеих стран высказывались за социализм, они вкладывали в это слово совершенно различный смысл. Сенгор и его сторонники защищали демократический социализм, соответствующий африканским реалиям, – с сохранением частной собственности и политического плюрализма. В Судане начался социалистический эксперимент, и революционная риторика на фоне установления однопартийного режима и подавления оппозиции не могли не напугать сенегальцев.

Большую тревогу французского и сенегальского руководства вызывала внешняя политика Федерации Мали, во главе которой стоял Кейта, бывший одновременно премьер-министром и министром иностранных дел ФМ. Малийская дипломатия выступала с критикой французской политики по таким важным проблемам, как война в Алжире, испытания атомного оружия в Сахаре, вмешательство западных держав в бывшем бельгийском Конго. Кейта последовательно поддерживал право алжирского народа на свободу и независимость[10], в то время как сенегальские стрелки сражались в рядах французской армии против повстанцев.

Конфликт между двумя частями союза достиг своего апогея при разделе постов в высших органах власти Федерации. В конце июля 1960 г. Кейта, не проконсультировавшись с министром обороны федерации Мамаду Диа, назначил начальником генерального штаба суданского полковника Сумаре. Однако наибольшей остроты конфликт достиг в связи с назначением президента Федерации. Еще мае 1960 г. была достигнута договоренность о том, что премьер-министром Федерации станет суданец, а президентом – сенегалец. Правящий Прогрессивный союз Сенегала выдвинул кандидатом на пост президента ФМ, выборы которого должны были состояться 27 августа 1960 г., своего лидера Сенгора, а суданцы предложили кандидатуру сенегальца – многолетнего соперника Сенгора – Ламина Гея. Противоборство усиливалось, стороны начали готовиться к вооруженному столкновению. Кейта стягивал к Дакару суданские воинские части, а министр обороны ФМ Диа под предлогом готовящегося государственного переворота вызвал в Дакар подчиненные ему отряды сенегальской жандармерии. Открытое столкновение произошло 19 августа 1960 года. Кейта в одностороннем порядке ввел на территории ФМ чрезвычайное положение, сместил с должности Диа (эти решения не имели законной силы, так как противоречили Основному закону федерации). Всю ночь с 19 на 20 августа в Дакаре происходили столкновения сторонников и противников федерального правительства. Радиостанция переходила из рук в руки, командование французских войск, размещенных в Дакаре, отказало в помощи Кейте и объявило о своем нейтралитете. Кейта пытался заручиться поддержкой де Голля и ООН, но его обращения остались без ответа. К утру сенегальская жандармерия и вооруженные отряды сторонников Сенгора захватили все ключевые пункты Дакара, закрыли границы и арестовали всех суданцев – членов правительства ФМ.

Той же ночью было созвано Законодательное собрание Сенегала, которое приняло решение о выходе из Федерации и о провозглашении независимости Республики Сенегал. Этим актом просуществовавшее всего два месяца единое федеративное государство объявлялось распущенным, а составлявшие его две части – Сенегал и Судан – вновь обретали самостоятельность. 20 августа 1960 г. было провозглашено создание независимой Республики Сенегал, а 22 сентября Суданская Республика стала Республикой Мали.

В распаде федерации Кейта обвинил сенегальцев. 22 сентября в речи на I Чрезвычайном съезде партии Суданский Союз – РДА (Африканское демократическое объединение), он заявил: «За исключением Объединенной Арабской Республики – о значении которой для Африки нельзя еще говорить с полной определенностью, но которую, однако, следует приветствовать как проявление воли Африки к достижению единства – и Федерации Мали, существование которой было недолговечным из-за предательства сенегальских руководителей, независимые африканские государства продолжают искать базу для сотрудничества в экономической и культурной областях». И дальше: «... я полагаю, что отделение Сенегала будет способствовать сплочению суданского народа. Оно позволит Суданской республике полностью осуществить свои политические, экономические, социальные и культурные задачи на основе подлинного социализма и исключительно в интересах наиболее бедных слоев населения. И сенегальские лидеры поймут, что Суданская Республика была основным рынком сбыта для сенегальской промышленности, что наша республика не была бедной страной и что Сенегал был богат благодаря нашим богатствам. Для дальнейшего экономического развития нашей республики мы умножим духовные и материальные богатства нашего народа»[11].

Между тем, распад федерации был тяжелым ударом для Мали и

лично для Кейты. В том же выступлении он предупреждает своих слушателей, что в течение определенного периода малийцам придется «пойти на некоторые жертвы», что страна может оказаться в изоляции. Именно «наша решимость построить настоящий социализм», по мнению Кейты, побудила «определенные французские круги заставить сенегальских руководителей пойти на отделение»[12].

Союз распался из-за политических, экономических и административных трудностей, которые обычно сопровождают подобные инициативы. Федерация просуществовала немногим более года, и «развод» оказался недружеским: стороны предъявляли взаимные претензии, создавали друг для друга немалые проблемы, но те, с которыми столкнулась Мали, оказались серьезней и обусловили дорогостоящий политический выбор, предопределивший переориентацию традиционных линий коммуникаций, транспорта и торговли в другую от Сенегала сторону. Мало того, что Мали утратила надежды на получение – благодаря объединению – легкого и дешевого выхода к морю, но и, не учитывая возможные экономические потери, обиженный Кейта после распада союза уничтожил железнодорожную линию, связывавшую Мали с Сенегалом, лишив страну главного, если не единственного, канала доступа на мировые рынки.

При поддержке стран Восточного блока и западных кредиторов в Мали была построена альтернативная магистраль – до железной дороги «БСК – Верхняя Вольта», но проект оказался настолько дорогим, что цена на малийский арахис заметно превысила (сделав его неконкурентоспособным на мировых рынках) цену на сенегальский. А в 1962 г. правительство решило покинуть зону западноафриканского франка (КФА) – с серьезными последствиями для экономики. Отказавшись от идеи сотрудничества с франкофонными западноафриканскими государствами, ориентированными на сохранение тесных связей с метрополией, Кейта преуспел лишь в обострении малийских проблем.

Еще одним примером утопического опыта «соединения несоединимого» стала история создания Конфедерации Сенегамбия.

Предпосылки для создания межтерриториального союза, который охватывал бы не только Гамбию, Сенегал, но и сопредельные Гвинею, Гвинею-Бисау и Мали, возникли в доколониальный и колониальный периоды развития субрегиона. Еще до появления в Западной Африке европейцев (XIV в.) здесь наблюдалось заметное «смешение рас и народов»: предки значительной части, например, сегодняшних гамбийцев прибыли на территорию современной Гамбии с востока – из

Мали и Сенегала, с юга – из Гвинеи и Гвинеи-Бисау, с севера – из Мавритании и даже с более отдаленных земель; волоф, мандинка, диола, фульбе, серер, бамбара и представители других этнических групп, проживавших и перемещавшихся с одной территории на другую, к побережью и в обратном направлении – в глубинку, нередко вступали в смешанные браки и оседали на земле приютившего их племени. Именно поэтому принято говорить об искусственности границ, проведенных колонизаторами. В наибольшей степени это относится к Сенегалу и Гамбии, которая, по словам исследователя Сенегамбии А. Хьюга, напоминает собой «кинжал, направленный в самое сердце Сенегала»[13].

Действительно, территория Гамбии представляет собой узкую полоску земли шириной от 10 до 50 км и длиной около 350 км, со всех сторон окруженной Сенегалом. Лишь на западе около 60 км береговой линии омываются водами Атлантического океана[14]. Естественное единство Гамбии и Сенегала осознавали даже европейцы, пользовавшиеся их удобным расположением для вывоза отсюда рабов для работ на плантациях Северной и Южной Америки. Отдельные части территории, оспаривавшейся британцами, голландцами, французами и даже прибалтийским герцогством Курляндия, постоянно переходили из рук в руки, а в 1765 г. в результате военных действий британцы захватили некоторые французские торговые посты и объявили о создании провинции Сенегамбия. Однако по Версальскому договору 1783 г. Сенегамбия была распущена, Франция отказалась от претензий на территории вдоль р. Гамбия в обмен на часть Сенегала. В 1816 г. капитан Джеймс Грант выкупил у одного из вождей района Комбо остров Банжул, который он назвал островом Святой Марии и на котором стали строить укрепления, причал, а поселение назвали Батерст (переименован в Банжул в 1973 г.). Постепенно Великобритания расширяла свои владения, но до 1843 г. гамбийским анклавом руководили из Фритауна, затем была создана самостоятельная администрация, которая существовала до 1866 г., когда Гамбия и Сьерра-Леоне вновь были объединены в одну колонию[15]. (Это обстоятельство, кстати, обусловило рассмотрение в период незадолго до и сразу после обретения Гамбией в 1960 г. самоуправления вопроса о ее присоединении именно к Сьерра-Леоне. По географическим соображениям вопрос не был решен позитивно.)

В марте 1866 г. французы изъявили желание выменять у британцев Гамбию на район Гранд Басам (на юго-востоке нынешнего Кот-д'Ивуара), но Британия запросила еще и Габон, и сделка не состоялась[16].

В 1888 г. Гамбия вновь стала отдельной британской колонией,

причем англичане приняли меры к определению четких границ между своими и французскими владениями. На Парижской конференции 1889 г. губернатор Сенегала предложил определить границы Гамбии, начертив их на карте на расстоянии 12–20 км от русла реки. Британцы согласились, но споры по демаркации границы продолжались еще долгие годы. В 1902 г. остров Святой Марии был провозглашен коронной колонией, а остальная часть страны стала протекторатом.

В 1960 г. в Гамбии было введено всеобщее избирательное право, в мае 1960 г. на выборах в Законодательный совет 7 мест получила Народная прогрессивная партия (НПП), но главным министром был назначен лидер получившей 5 мест Объединенной партии (ОП) П. Н'Джие. Руководители НПП настаивали на немедленной независимости. В условиях нарастания антиколониальной борьбы британские колониальные власти пошли на создание совета министров и досрочное проведение парламентских выборов, которые состоялись в мае 1962 г. НПП победила на выборах, и пост премьер-министра занял ее лидер Дауда Кайраба Джавара. В октябре 1963 г. Гамбии было предоставлено внутреннее самоуправление и начались переговоры о полной независимости. 18 февраля 1965 г. Гамбия была провозглашена конституционной монархией в рамках Содружества наций, то есть главой государства оставалась британская королева, а в стране ее представлял генерал-губернатор. После референдума 23 апреля 1970 г. Гамбия стала республикой, а Джавара – первым президентом страны.

В течение всего переходного (от колониального к независимому управлению) периода вопросы, связанные с предоставлением самоуправления, сопровождались обсуждением возможностей выживания Гамбии в качестве самостоятельного государства. Крошечная территория, незначительная (чуть более 300 тыс. человек[17] к моменту обретения независимости численность населения, бедные природные ресурсы и слаборазвитая монокультурная экономика вызывали как в самой Гамбии, так и за ее пределами большие сомнения по поводу независимого развития страны. Действительно, там почти полностью отсутствовали промышленность и ирригационная система, без которой сельское хозяйство зависело от объема выпадавших осадков. Но Джавара и не обещал гамбийцам чудес в результате обретения независимости, напротив, постоянно указывал на разнообразные трудности и необходимость их преодоления. Вопреки широко распространившемуся к началу 1960-х годов мнению, что Гамбия сможет оставаться жизнеспособной только в союзе с Сенегалом, первый президент видел перспективы страны в сохранении территориальной целостности и развитии местной экономики.

Между тем, на партийных митингах начала 1960-х годов обсуждался вопрос объединения не только с Сенегалом, но и с Мали. Даже Сенгор считал этот шаг логичным[18]. Многие гамбийские лидеры высказывали желание присоединиться к Федерации Мали, но этот вопрос обычно тонул в море других проблем. Впрочем, вопрос о присоединении Гамбии к ФМ в 1960 г., когда Сенегал объединился с Французским Суданом, не мог быть решен потому, что по конституции Федерации вступление в нее было открыто лишь независимому государству, а Гамбия в то время таковой не являлась. А к концу 1960 г. этот сценарий и вовсе утратил всякий смысл из-за распада ФМ. Для многих гамбийцев недружественное, как они считали, отношение сенегальцев к суданцам подтверждало общее представление о сенегальском высокомерии и о том, что им нельзя было доверять. Если Сенегал не мог успешно сотрудничать со страной, с которой он имел сходное колониальное прошлое, то как же будут устанавливаться отношения между ним и британской Гамбией?

Возможно, из-за личной поддержки последним британским губернатором Гамбии Д. Виндли идеи союза между Гамбией и Сенегалом[19] предоставление Гамбии независимости откладывалось до середины 1960-х годов. До 1964 г. в политических кругах страны бытовало мнение, что Великобритания добьется создания двусторонней ассоциации в какой-либо форме еще до наделения бывшей колонии суверенитетом, чтобы снять с себя бремя ответственности за нее и переложить его на Дакар, поддерживавшийся Парижем. Ситуация отчасти прояснилась в апреле 1964 г., когда помощник британского госсекретаря по вопросам колоний Найгел Фишер осудил в Палате общин материал, помещенный в газете «Таймс», в котором утверждалось, что Великобритания подталкивала Батерст к более тесному союзу с Дакаром[20]. А к июню 1964 г. стало известно, что Гамбия получит независимость отдельно от Сенегала и станет полноправным членом Содружества и ООН.

На самом деле политика Великобритании отличалась двойственностью. С одной стороны, она вовсе не желала втягивания Гамбии в зону французского влияния, что неминуемо произошло бы в случае союза с Сенегалом. С другой, – она действительно была заинтересована в том, чтобы избавиться от ответственности за маленькую страну со слаборазвитой экономикой, многие десятилетия жившую за счет британских грантов и субсидий. Даже накануне предоставления независимости Великобритания колебалась в выделении гранта на покрытие дефицита бюджета 1962–1963 гг. и в финансировании реконструкции аэропорта. Видимо, власти метрополии полагали, что аэропорт, наряду с морским портом Банжула и речными переправами, будет частью гамбийского «приданого» в случае, если «брак» с Сенегалом состоится. Судя по всему, британское правительство никак не могло решить, что ему выгодней: отдать Гамбию Сенегалу и предоставить ему и Франции оплачивать реконструкцию инфраструктурных объектов, или действительно профинансировать проекты, без реализации которых, как оно опасалось, Сенегал Гамбию «не примет». В результате Уайтхолл принял половинчатое решение: выделить средства, но не в том объеме, который требовался для полноценной реализации проектов.

Однако в начале 1960-х годов идея объединения подпитывалась тремя соображениями. Во-первых, как уже указывалось, сомнениями по поводу гамбийской экономической состоятельности. Во-вторых, неудобством для обеих стран проведенных в колониальные времена границ. Для Сенегала это означало частичную изоляцию южной провинции Казаманс от основной территории страны и неспособность использовать в полной мере водные ресурсы р. Гамбия, которые эксплуатировались неэффективно и из-за этого Банжул не мог служить портом для большого субрегиона. В-третьих, существовали опасения, что Гамбия может стать базой и укрытием для сенегальских (прежде всего казаманских) повстанцев и лидеров запрещенных политических партий, а также плацдармом для вторжения в Сенегал. В свою очередь, не имевшая армии Гамбия ощущала сильную уязвимость своей территории в случае ухудшения отношений с соседом.

В этих условиях возможность ассоциации начала рассматриваться довольно серьезно, и в конце 1961 г. был создан Межминистерский комитет (МК) для рассмотрения вопросов, в решении которых были заинтересованы обе стороны: развитие почтовых служб, средств связи, строительство дорог и так далее. Обсуждалась возможность – по достижении Гамбией независимости – создания союза в более совершенной форме. Однако уже в ходе ранних переговоров гамбийское правительство дало понять, что будет рассматривать вопрос об ассоциации лишь на условиях гарантии ей большого уровня автономии во внутренних делах, то есть даже обсуждаться могли только максимально гибкие конфедеративные отношения. Эти переговоры побудили ООН к формированию команды экспертов для выявления наиболее эффективных вариантов объединения двух стран. В начале 1964 г. группа представила доклад по политическим, экономическим и финансовым аспектам возможной ассоциации. Документ сопровождался предложениями Продовольственной и сельскохозяйственной организации ООН (ФАО) по интеграции сельскохозяйственного развития в бассейне р. Гамбия.

В докладе предлагались три возможные формы политической

ассоциации.

1. Полная интеграция Гамбии в Сенегал в качестве его восьмой провинции. Но это оказалось неприемлемым для Джавары и потому признано невозможным.

2. Федерация (по сути, конфедерация) Сенегамбия, в рамках которой власть федерального правительства будет ограничена вопросами обороны и внешнего представительства при полной автономии федерированных государств в других аспектах. Авторы доклада предпочитали этот вариант, хотя и сомневались в способности гамбийских лидеров участвовать в управлении таким объединением. Кроме того, в этом случае не решались экономические проблемы Гамбии.

3. Союз Сенегамбия. Это не привело бы к созданию нового государства, обе части союза сохранили бы полный суверенитет. То есть союз был бы не результатом, а средством постепенного сближения, создания основ для более тесного сотрудничества и в перспективе – федерации.

Однако в докладе признавалось, что на том уровне отношений, на котором находились две страны в начале 1960-х годов, наиболее целесообразным было бы заключение договора о дружбе[21].

В мае 1964 г. на переговорах в Дакаре гамбийские лидеры предложили создать конфедеративную структуру, в формате которой ответственность за оборону, внешнюю политику и дипломатическое представительство будет возложена на правительство Конфедерации. Но против выступили сенегальцы, понимавшие, что бремя финансирования и военные тяготы лягут на них, не принеся дивидендов в других сферах. В результате 18 февраля 1965 г., то есть в день обретения Гамбией независимости, были подписаны Соглашение о сотрудничестве во внешней политике, Соглашение о сотрудничестве в делах безопасности и обороны и Конвенция о совместном освоении бассейна реки Гамбия. То есть Джавара (а именно он в это время определял направления и скорость сближения) стремился к партнерству между двумя странами, регулирующемуся договорами.

Соглашение о внешней политике предполагало обмен министрами-резидентами и представительство Сенегалом Гамбии (по ее решению) в третьих странах; Соглашение об обороне – взаимопомощь перед лицом внешней угрозы и помощь Сенегала в подготовке гамбийских солдат и офицеров. Согласно Конвенции по освоению р. Гамбии, страны должны были рассмотреть проблемы развития ее бассейна. Считалось, что двусторонние соглашения сблизят два государства путем создания общих органов и будут способствовать постепенному размыванию националистических настроений[22]. Забегая вперед, можно сказать, что этого не произошло.

Специальные отношения, сформулированные в Соглашении по внешней политике, не реализовались ни в какой форме. Ни один из представителей сторон не участвовал в ее обсуждении на заседаниях кабинета в стране аккредитации, и Сенегал не представлял Гамбию в третьих странах. В течение нескольких лет после получения Гамбией независимости Великобритания (а не Сенегал) действовала от имени Банжула на международной арене. Имея свои представительства только в Лондоне и Дакаре, Гамбия не только нигде не использовала помещения сенегальских миссий, но и не просила Сенегал выполнять от ее имени консульские функции.

Предполагавшиеся обмен информацией и проведение консультаций по внешнеполитическим вопросам также не осуществлялись. Если подобные вопросы и обсуждались, они касались только двусторонних отношений, но никак не контактов с третьими странами. Если в первой половине 1965 г. внешнеполитические стратегии двух стран развивались примерно в одном направлении, то к концу года Гамбия заняла отличную от Сенегала позицию по вопросам о Родезии и о вхождении Китая в ООН[23].

До обретения Гамбией независимости Сенегал настаивал на том, чтобы любой союз между странами по крайней мере обеспечивал единство взглядов в области внешней политики и обороны. Однако после 1965 г. Дакар, казалось, утратил интерес к сотрудничеству в обеих сферах. Сенегальцы так и не начали обучать гамбийских военных, не предоставляли никакой военно-технической помощи. Довольно вяло на первых порах (позже произошла некоторая активизация) действовал и Комитет по освоению бассейна реки. Надо сказать, что Сенегал не ратифицировал ни одно из трех соглашений до апреля 1966 года[24].

Отсутствие прогресса во всех направлениях побудило Джавару заявить о том, что сотрудничество могло бы быть более плодотворным, по сути, обвинив в том, что происходило, сенегальцев[25]. Между тем, Джавара, безусловно, лукавил: сам он также не предпринимал никаких шагов к реализации договоренностей.

Изначально интерес Сенегала к подписанию указанных соглашений вырастал, как уже указывалось, из опасений, что независимая Гамбия могла стать убежищем для сенегальских диссидентов. Однако многочисленные заявления гамбийского правительства, что оно не допустит ничего подобного, отчасти убедили Дакар, что он может не опасаться коварства со стороны слабого соседа. Именно это и предопределило утрату Сенегалом интереса к военному сотрудничеству. Что касается внешней политики, то Банжул во многих аспектах не поддерживал политику Дакара в Африке, его открытую профранцузскую ориентацию и укрепление сотрудничества почти исключительно с франкофонными государствами континента. Таким образом, перспективы оформления сколько-нибудь тесного союза в какой бы то ни было форме долгое время оставались туманными.

Тем не менее, определенные шаги в этом направлении были сделаны: 19 апреля 1967 г. в Банжуле был подписан Договор об ассоциации, в частности, предполагавший ежегодные встречи глав государств для обсуждения различных аспектов двустороннего сотрудничества. Кроме того, был создан Межгосударственный министерский комитет (ММК), который, в отличие от его предшественника – Межминистерского комитета, чьи функции были ограничены техническими вопросами, должен был обращаться ко многим проблемам сотрудничества[26].

В июне 1967 г. Джавара возглавил гамбийскую делегацию на первой встрече ММК в Дакаре, где было решено, что штаб-квартирой Комитета будет Банжул, а исполнительным секретарем – сенегалец, который будет назначаться общим решением двух правительств. Впрочем, создание ММК также не привело к сближению в отношениях. А в 1967 г. Сенгор еще больше обострил разногласия, заявив в своем выступлении в Палате представителей Гамбии, что решение о создании союза не поддерживается многими сенегальцами, но… «у нас нет выбора. В мире нет места для минигосударств, и будущее неминуемо за большими группировками». Джавара в ответ указал на то, что далеко не все объединения, наблюдавшиеся в мире, привели к положительным результатам[27].

В 1967 г. Британское министерство заморского развития подготовило отчет о ситуации в Гамбии и перспективах ее отношений с Сенегалом, в котором было отмечено, что объединение создаст серьезные проблемы с точки зрения адаптации Гамбии к сенегальским порядкам и не принесет ей выгоды. Несомненно, доклад усилил опасения гамбийцев, что в союзе было больше негативных сторон, нежели позитивных. А с 1968 г. в результате ряда инцидентов отношения, и без того непростые, еще больше обострились.

Первый инцидент был связан с назначением сенегальца Сейдины Умара Сая исполнительным секретарем ММК. О его назначении было публично объявлено в Дакаре 31 января 1968 г. без предварительных консультаций с гамбийцами, которые, ничего не имея против Сая персонально, восприняли порядок назначения как оскорбление.

Ситуация была усугублена тем фактом, что Джавара в момент назначения находился в Дакаре[28].

Дальнейшее ухудшение отношений произошло в связи с состоянием морских границ обеих стран. В 1968 г. начались работы по их уточнению в связи с оптимистическими высказываниями экспертов американской компании «Стандарт Ойл», работавшей по контракту с Дакаром, по поводу обнаружения больших запасов нефти неподалеку от территориальных вод обоих государств. К тому времени эта компания уже нашла нефть на мавританском шельфе, немецкая фирма «Esso» активно занималась поисками «черного золота» на гамбийском оффшоре, а еще одна компания – французско-голландская – в 1967 г. обнаружила доказательства наличия нефти у берегов Казаманса. В 1968 г. «Esso» расширила район поисков. По предположениям экспертов, гамбийский шельф включал часть нефтеносной полосы, протянувшейся от берегов Мавритании до Казаманса и дальше. Гамбия, которая, естественно, была заинтересована в каждой капле найденной на ее шельфе нефти, но имела очень короткую береговую линию, стремилась использовать любую возможность расширить свои территориальные воды.

Гамбийское правительство выступило с идеей объединенных территориальных вод, а особое расположение Гамбии между двумя частями Сенегала давало бы ей в рамках совместной собственности права на район, по площади намного превосходящий тот, который она имела прежде. С одной стороны, выгода Сенегала состояла в том, что он смог бы ловить рыбу у побережья Гамбии, и конфигурация его территориальных вод больше не обуславливалась бы разорванной береговой линией, что создавало определенные неудобства. С другой стороны, «Esso» предложила бурить скважину у берегов именно Сенегала, где по гамбийской схеме были бы общие воды.

В 1969 г. Сенегал выступил с заявлением, что общие воды находятся за пределами 6-мильной зоны, одобренной Женевской конвенцией 1958 года. Гамбия, по контрасту с ее предыдущей позицией, ответила тем, что уведомила ООН о самовольном расширении ее территориальных вод еще на 6 миль от побережья. К 1976 г. Сенегал расширил свои территориальные воды на 150 миль, а Гамбия – на 50, но некоторое примирение между двумя странами по этому вопросу было достигнуто лишь тогда, когда выяснилось, что нефти в спорном районе нет[29].

Самый серьезный кризис в двусторонних отношениях, однако, возник в 1969 году. 11 января министр финансов Сенегала Жан Колин в обращении к Национальному совету Прогрессивного союза Сенегала

(ПСС, в 1976 г. преобразован в Социалистическую партию Сенегала, СПС) заявил, что объем контрабанды реэкспортных товаров и арахиса из Гамбии приобрел характер «экономической агрессии». Сенгор добавил к этому, что «расширение гамбийской контрабанды подвергает опасности само существование сенегальской нации»[30].

Джавара отрицал ответственность Банжула за незаконную трансграничную торговлю. Более того, он доказывал, что контрабанда была организована заинтересованными в ней сенегальцами и что Дакар должен контролировать поведение своих граждан. Кроме того, он выразил озабоченность тем, что лидеры, подписавшие Договор об ассоциации 1967 г., теперь прибегают к публичным обвинениям в адрес руководства дружественной им страны.

Вопрос о контрабанде был рассмотрен на заседании ММК в феврале 1969 года. Было принято решение заключить таможенное соглашение и принять меры по пресечению незаконной торговли, а пока подготовить текст устава таможенного союза. Однако подписанное в феврале 1970 г. соглашение о взаимопомощи между таможенными органами двух стран практически не выполнялось, так как в Дакаре был принят закон, согласно которому гамбийцам, прибывающим в Сенегал, было запрещено провозить спички, табак и табачные изделия. Кроме того, гамбийцы, пересекающие границу, подвергались всяческим унижениям со стороны сенегальских таможенников, а зачастую и грабежу[31].

Соглашение между таможенными департаментами не превратилось в таможенный союз отчасти и из-за сопротивления гамбийской оппозиции вообще какому-либо союзу с Сенегалом.

Кроме проблем контрабанды и демаркации экстерриториальных вод возник вопрос о трансгамбийской дороге, связывавшей Казаманс с остальной частью Сенегала. Путь в Казаманс давно был источником раздражения для сенегальцев, так как альтернативой была не имеющая твердого покрытия дорога вокруг восточной границы Гамбии. Существовала и проблема паромной переправы через р. Гамбию в Бамбатенда-Йелитенда, которая обычно занимала несколько часов ожидания и 20 минут пересечения. Решением проблемы могло бы стать строительство моста через реку, но переговоры о нем потонули в бесконечных спорах о долях в финансировании, собственности и стоимости обслуживания. К тому же гамбийцы, которые могли потерять доход от паромной переправы, затягивали переговоры, хотя публично поддерживали идею.

Надо сказать, что Джавара был великим мастером интриги. Делая предложения или открыто поддерживая чужую идею, он легко находил возможности замедления ее реализации, при этом ловко перекладывая ответственность за это на других. Можно предположить, что неплохо знавшие его и не полностью доверявшие ему сенегальцы в значительной степени из-за этих особенностей его личности постепенно утратили интерес к созданию союза.

Несмотря на разногласия, нередко выливавшиеся в открытую конфронтацию, в конце 1960-х – начале 1970-х годов было заключено еще несколько соглашений. В 1968 г. – подписана Конвенция по делам персонала ММК, в 1970 г. Сенегал предоставил Гамбии права на рыболовство в его территориальных водах, до этого такой привилегией пользовалась только Франция. После нескольких отсрочек в феврале 1970 г. Джавара и Сенгор встретились в Дакаре, где подтвердили свою приверженность делу создания ассоциации. Во время заседания ММК в июне того же года было заключено торговое соглашение[32]. Но уже к концу 1970 г. стало ясно, что разрыв между странами, расширенный кризисом 1969 г., преодолеть будет крайне сложно.

Об отношении гамбийцев к идее союза говорит тот факт, что в 1969–1970 гг. Джавара старался не касаться проблемы создания Сенегамбии из-за того, что это могло неблагоприятно сказаться на результатах референдума, назначенного на апрель 1970 г., на котором жители страны должны были решить, быть или не быть Гамбии республикой. Сенгор также ждал результатов этого референдума, сохраняя сдержанное отношение к более тесному союзу.

Гамбийцы проголосовали за то, чтобы Гамбия стала республикой, и Джавара занял пост президента. Однако вопреки ожиданиям, что произойдет сближение двух республик со сходными конституциями, Гамбия приступила к расширению контактов с третьими странами, в том числе со старым недругом Сенегала – Гвинеей. Так, в октябре 1970 г. гамбийские силы безопасности арестовали на своей территории 38 гвинейцев, двое из которых – Мамаду Самба Диалло и Бубакар Ба, как предполагалось, были членами оппозиционной группировки Национальный фронт освобождения Гвинеи (НФОГ) и обвинялись в мобилизации людей в свою организацию. Арестованные были частью группы, начавшей боевые действия на территории Гвинеи в 1970 году. Джавара передал оппозиционеров гвинейским властям под обещание последних, что они не подвергнутся слишком суровому наказанию (еще один пример лукавства Джавары). В ответ «Радио Конакри» отметило, что Гамбия, одна из самых маленьких стран Африки, доказала, что существуют меры против наемников, в то время как другие «братские страны» (возможно, имелся в виду Сенегал) допускают формирование гвинейских антиправительственных организаций на своей территории.

Сенегал не только не одобрил сближение отношений между Гамбией и Гвинеей, но и выразил недовольство попыткой гвинейцев использовать дружбу с Гамбией для того, чтобы позлить Дакар.

Еще в сентябре 1970 г. в одном из интервью Джавара отметил отдаленность друг от друга двух стран и невозможность союза в тот момент. Это вызвало бурную негативную реакцию в Дакаре, где начались разговоры о возможном вторжении в Гамбию[33]. Это спровоцировало рост недоверия гамбийцев к Сенегалу, хотя, безусловно, сенегальское вмешательство при «демократическом», «просвещенном» правлении Сенгора представлялось почти невероятным.

Между тем опасения гамбийцев подогрел инцидент, произошедший в январе 1971 г.: сенегальские полицейские и таможенники, преследуя контрабандиста, пересекли границу и на гамбийской стороне были задержаны местными жителями и отправлены в Банжул, где их допросили и позже отпустили. Как бы в отместку подразделение сенегальской армии перешло границу, выстрелами напугало жителей приграничных гамбийских деревень и, захватив четырех заложников, отступило в Казаманс. Гамбийцы были отпущены через несколько дней, но жаловались на избиения в заключении.

Банжул направил в Дакар протест с требованием адекватной компенсации за захват, нелегальное задержание и плохое обращение с гамбийцами, а также наказания виновных. Кроме того, Джавара отправил письмо генсеку ООН У Тану, в котором выражал серьезные опасения по поводу намерений Сенегала и просил проинформировать о случившемся СБ[34]. Однако несмотря на серьезность пограничного инцидента, он не имел важных последствий для отношений между двумя странами. В 1971 г. даже были подписаны новый Договор об обороне (усовершенствованный вариант 1965 г.) и ряд соглашений, в том числе касавшихся строительства моста через р. Гамбию, развития системы коммуникаций, демаркации территориальных вод и другое. Торговое соглашение предполагало ряд двусторонних торговых преференций, распространявшихся на сенегальские (цемент, лекарства, фрукты) и гамбийские (арахисовое масло, рис, газированная минеральная вода) товары. Возможно, эти соглашения представляли собой компенсацию за нелицеприятные слова и действия, которыми обменивались лидеры двух стран в предшествовавший период. Хотя ни одно из этих соглашений не было полностью реализовано, они способствовали некоторому потеплению отношений, которые вновь были омрачены пограничными инцидентами 1974 года.

В июле 1974 г. подразделение сенегальской армии, видимо, преследуя контрабандистов или казамансских боевиков, нашедших убежище на территории Гамбии, пересекло границу и захватило 20 человек. Джавара сделал формальное заявление Сенегалу через сенегальского посла в Банжуле Сахера Гюйе. Гамбийский президент охарактеризовал инцидент как «акт бандитизма и жестокости, напоминавший тактику Гитлера, использовавшуюся против тех, кто был слабее…»[35]. Инцидент продемонстрировал военную уязвимость Гамбии. После нескольких месяцев переговоров Сенегал принял на себя ответственность за вторжение и пообещал выплатить компенсации пострадавшим. Впрочем, обещание он не выполнил, и Джавара выплатил их из гамбийской казны – в знак примирения с сенегальцами, таким образом еще раз проявив политическую мудрость, граничившую с хитростью.

Период 1965–1974 гг. оказался чрезвычайно важным этапом развития внешней политики Гамбии. Хотя формальный союз с Сенегалом рассматривался в Банжуле как нежелательный, Джавара старался избегать каких-либо действий, которые могли бы показаться Сенегалу враждебными. Различные соглашения, заключенные в те годы, практически не были реализованы (можно смело предположить, что Джавара и не ставил перед гамбийским правительством этой цели), но они позволили Гамбии выиграть время для расширения контактов с другими странами – Гвинеей, Сьерра Леоне, Ганой, Нигерией, поддержкой которых в случае угрозы безопасности можно было заручиться.

Интересно, что соглашения о сотрудничестве между Гамбией и Сенегалом заключались и возобновлялись всякий раз, когда отношения между ними ухудшались. Так было в 1968, 1970 и 1974 годах. Если в Дакаре эти договоренности рассматривались как очередной шаг к союзу, то Банжул использовал их как средство умиротворения «большого брата» и обеспечения безопасности своего режима. Немалую роль в отношениях между двумя странами сыграл и «комплекс малой нации», ощущение пренебрежения, проявлявшегося по отношению к ней сенегальскими собратьями-африканцами.

Период 1975–1980 гг. стал поворотным в гамбийской внешней политике. Напряженность, которая характеризовала отношения Банжула с Дакаром с конца 1960-х годов, к 1975 г., несомненно, благодаря стараниям Джавары, уступила место «взаимопониманию» и более тесному сотрудничеству. Кроме того, произошла заметная диверсификация и интенсификация международных контактов гамбийской администрации. Наблюдалось расширение и углубление отношений с нефтедобывающими арабскими странами Ближнего Востока, с Китаем, Северной и Южной Кореей, с государствами Восточной Европы, СССР.

Экономическое развитие и проблемы безопасности были движущими силами гамбийской внешней политики, которая была прежде всего направлена на поиск источников финансовой помощи и установление дружеских отношений с теми, кто мог обеспечить защиту гамбийского режима. Одновременно Джавара успешно создавал благоприятный имидж Гамбии на международной арене. В результате в Банжуле разместились Африканский центр изучения демократии и прав человека и Африканская комиссия по правам человека и народов.

Если в первые десять лет после обретения независимости Великобритания была, по сути, единственным крупным донором Гамбии, то к 1975 г. страна заметно диверсифицировала источники иностранной помощи.

Между тем, в конце 1970-х – начале 1980-х годов Гамбия и сопредельные страны пережили тяжелые природные катаклизмы – жесточайшие засухи, уничтожавшие один урожай, и несвоевременные дожди, убивавшие следующий. Урожаи отдельных продовольственных культур снижались в 2–3 раза, наблюдался падеж скота. Именно эти проблемы сблизили страны региона, а гамбийские лидеры решение вопроса обеспечения населения продовольствием связывали с созданием ирригационных систем, поэтому новым шагом к сближению Банжула и Дакара оказалось основание в 1978 г. Организации государств бассейна реки Гамбия (ОГБГ).

Стержнем ОГБГ стало соглашение между Гамбией и Сенегалом о создании моста через р. Гамбия. Переговоры по вопросам финансирования, прав собственности и обслуживания были завершены во время визита в Банжул в апреле 1975 г. премьер-министра Сенегала Абду Диуфа. Стороны договорились начать строительство, как только получат ожидаемое финансирование из внешних источников. Сенегал согласился на функционирование моста на платной основе с передачей средств Гамбии. Великобритания и ЕЭС обещали оплатить большую часть работ, которые должны были начаться в 1980 году.

Однако засуха, охватившая Гамбию в 1977 г., вынудила руководство страны пересмотреть политику в области сельского хозяйства: наибольшее внимание получило орошаемое земледелие. Именно поэтому в ноябре 1977 г. гамбийское правительство предложило построить вместо обычного моста мост-дамбу. Новое предложение мотивировалось и тем, что обычный мост, несмотря на получение Гамбией средств от его эксплуатации, в большей степени удовлетворял бы интересы Сенегала, а на это гамбийцы не могли пойти. Тем более что своих доходов лишались паромщики. Между тем, дамба могла бы решить проблему орошения дополнительно 24 тыс. га гамбийских сельхозугодий, одновременно расширив и транспортные возможности для Сенегала. Дакар поддержал предложение, но сомневался в получении дополнительных к 7 млрд франков КФА еще 7 млрд, которые потребовались бы для строительства дамбы. (Переговоры затянулись на десятилетия: лишь в 2013 г. было принято решение о строительстве моста (а не дамбы) и Африканский банк развития выделил средства на проект[36], реализация которого началась в 2015 году[37].

В сенегальской прессе, однако, выражалось недовольство новым проектом и утверждалось, что и обычный мост был бы выгоден Гамбии, так как связал бы регион Фарафенни с основной частью страны. Кроме того, заметно вырос бы трафик – предположительно с 88 тыс. автомашин в 1973 до 870 тыс. в 2003 г., и это тоже было бы к выгоде Гамбии. Доказывалось также, что 24 тыс. га под посевы риса – меньше, чем могло бы быть создано в результате реализации проектов развития речного бассейна, которые уже обсуждались. В конечном счете, после долгих дискуссий, был принят проект дамбы, отвечать за который была уполномочена ОГБГ[38].

Эта организация изначально была создана Гамбией и Сенегалом, но позже в нее вошли Гвинея и Гвинея-Бисау. Хотя к середине 1970-х годов отношения между двумя странами достаточно улучшились, это улучшение не было настолько прочным, чтобы уничтожить все последствия напряженности. Поэтому стремление Гамбии расширить состав организации в значительной степени обусловливалось желанием получить противовес Сенегалу. В качестве наиболее приемлемой «третьей стороны» рассматривалась Гвинея, в которой, к тому же, находились истоки реки Гамбия.

Однако отношения между Сенегалом и Гвинеей в 1970-е годы не были дружескими, в то время как у Банжула в тот период были хорошие контакты с Конакри. В 1975 г. Джавара предложил себя в качестве посредника между Гвинеей и Сенегалом, чтобы позволить Гвинее войти в состав ОГБГ и придать «речному проекту» региональный характер. Восстановление отношений между Конакри и Дакаром заняло несколько лет, и в июле 1980 г. Гвинея стала членом организации; одновременно было принято решение построить еще одну дамбу на р. Гамбия на гвинейской территории.

Гвинейское членство представлялось важным по целому ряду причин. Так, Джавара рассматривал этот шаг как дополнительный импульс деятельности организации, как интегрированный подход к освоению речного бассейна. ОГБГ превратилась из двустороннего в многосторонний орган, что, по вполне понятным причинам, не могло не приветствоваться Банжулом. Это повысило доверие к организации гамбийцев, которые, несмотря на определенное сближение с Дакаром, по-прежнему были скептически настроены по поводу двустороннего сотрудничества, а третий участник мог бы способствовать выживанию ОГБГ в случае возникновения новых разногласий между Гамбией и Сенегалом.

Надо сказать, что Гвинея стала активным членом организации. В 1981 г. она провела саммит глав государств-членов, на котором гвинейский лидер квалифицировал ОГБГ как основу дальнейшего трехстороннего сотрудничества. Естественно, Туре не избежал и парадной риторики, его речь перемежалась призывами к дружбе и солидарности, построению общества социальной справедливости, созданию «базы народного счастья» и так далее. Впрочем, энтузиазм Туре не разделялся Джаварой и Диуфом, который стал президентом Сенегала 1 января 1981 года. Гамбийский и сенегальский руководители убедили Туре в своем намерении расширять сотрудничество, но не смягчали слов, выражая нежелание распространять деятельность ОГБГ на другие сферы, так как это могло бы отвлечь внимание организации от ее основной цели[39].

Решение включить Гвинею-Бисау в состав ОГБГ последовало за заметным улучшением в отношениях между Банжулом и Бисау, которые в свое время ухудшились из-за отказа тогдашнего бисайского лидера Ж.Б. Виейры передать Гамбии мятежников, нашедших в Бисау убежище после провала переворота 1981 года. Гвинея-Бисау стала членом ОГБГ в августе 1983 года.

В основе отношений между Гамбией и Сенегалом после 1975 г. по-прежнему оставались стремление Дакара к основанию политического и экономического союза и намерение Банжула сохранить независимость страны и обеспечить безопасность режима. Разные интересы предопределили содержание будущего договора о создании Сенегамбии. Сенегал по-прежнему опасался, что Гамбия станет убежищем для сенегальских диссидентов и базой для повстанцев Казаманса, тем более что Гамбия из-за ее географического положения и осознания того факта, что она может играть роль в разрешении конфликта, использовала его в качестве рычага давления на Сенегал, когда дело доходило до политических маневров, в том числе попыток разрешить конфликт.

Представляется, что Сенегал не нуждался в союзе с Гамбией, чтобы достичь этой цели. Достаточно было бы установления дружеских отношений с соседом, который, к тому же, прекрасно осознавал свою уязвимость перед внешней угрозой. Проблемы безопасности были намного важнее для Гамбии. Возникал замкнутый круг: стремление сохранить независимость мешало Банжулу вступить в полноценный политический и экономический союз с Дакаром, но опасение за свою безопасность побуждало его любой ценой поддерживать дружеские отношения с единственным непосредственным соседом.

Если необходимость в получении материальной помощи определяла политику Джавары в большинстве регионов мира, то на отношения Гамбии с Сенегалом этот фактор влиял незначительно. Действительно, в 1975–1980 гг. было подписано несколько двусторонних соглашений в области экономики, но они так и остались на бумаге, что, однако, никак не повлияло на тональность отношений, в отличие, скажем, от пограничных инцидентов. Для Джавары важность отношений с Сенегалом по-прежнему связывалась с выстраиванием доверия и чувством безопасности. Соглашения, подписанные в 1975–1980 гг., Дакаром рассматривались как шаги к союзу, а Банжулом – как средство для обеспечения национальной безопасности. Причем Джавара достиг своей цели: в 1980 и 1981 гг. Сенегал выступил на стороне гамбийского правительства. А вмешательство в 1981 г. напрямую привело к созданию в ноябре того года конфедерации. Однако страны играли разные роли в союзе.

Для сенегальцев создание Сенегамбии должно было послужить сокращению незаконного реэкспорта товаров из Гамбии и получению разрешения ловить рыбу в гамбийских территориальных водах. Для Банжула конфедерация означала большую безопасность, тем более что политический кризис 1980–1981 гг. показал хрупкость гамбийского режима, а Сенегал был единственной страной, обладавшей средствами и мотивацией для того, чтобы взять на себя роль защитника. То есть Джавара был готов формально «подчиниться» Дакару, но лишь в обмен на стабильность его режима. Это объясняет легкость, с которой и ранее подписывались оборонные и другие неэкономические соглашения. Однако экономические и финансовые соглашения достигались с большим трудом и на деле не выполнялись. Именно это и привело позже к развалу союза.

Улучшение отношений во второй половине 1970-х стало возможным благодаря молчаливому согласию обеих сторон игнорировать спорные экономические вопросы. Так, из многочисленных встреч, которые состоялись в этот период, только две были между министрами экономики и финансов. Объем торговли между странами оставался низким и для Гамбии составлял менее 5% всего импорта и экспорта страны, а для Сенегала – около 2%.

Именно политический кризис в Гамбии привел к созданию Сенегамбии. Ухудшение экономического положения, распространение коррупции, ограничение права на забастовки обусловили рост недовольства политикой режима Джавары и возникновение в Гамбии нескольких оппозиционных партий. К концу 1970-х годов законные формы деятельности оппозиции, представленной, например, Национальной партией конвента (НПК), рассматривались радикальными элементами как неэффективные. Начали создаваться новые, в основном молодежные, организации, в том числе Движение за справедливость в Африке (МОДЖА-Г) и Гамбийская революционная рабочая социалистическая партия (ГРРСП), которые могли бы, с правительственной точки зрения, представлять опасность для режима.

В стране участились случаи вандализма, например, были подожжены президентская яхта и судно, находившееся в распоряжении правительства. На стенах домов появились антиправительственные лозунги. 27 октября 1980 г. был убит Эммануэль Макони – второй по рангу в Полувоенных полевых силах (ППС). В результате обе партии были запрещены, шесть членов МОДЖА, включая его лидера Коро Саллаха, – арестованы и обвинены в организации подрывного движения и незаконном ношении оружия. Джавара попросил помощи у Сенгора, который отправил 150 солдат – в соответствии с договором об обороне 1965 года. Сенегальцы заняли позиции вокруг президентской резиденции в Банжуле, казармы полевых сил в Бакау, аэропорт и оставались в стране в течение двух недель[40]. Однако событием, сыгравшим большую роль в отношениях между двумя странами, стала попытка государственного переворота в Гамбии 30 июля 1981 года.

Попытка переворота, организованного так называемыми марксистскими революционерами, была осуществлена в отсутствие Джавары – он находился в Лондоне на свадьбе принца Чарльза и леди Дианы Спенсер. Мятежники захватили арсенал и средства связи. Был создан Революционный совет во главе с Кукли Саньянгом, провозгласивший установление в стране «диктатуры пролетариата». Узнав о случившемся, Джавара вылетел в Дакар, где опять попросил военной помощи в соответствии с оборонным пактом[41]. Переворот стал одной из первых проверок отношения недавно пришедшего к власти Диуфа к Гамбии и ее лидеру. Диуф, судя по всему, рассматривал ситуацию таким образом: очаг нестабильности находится в сердце Сенегала (и в географическом смысле это так) и может дестабилизировать весь регион, поэтому любой ценой нужно было предотвратить приход к власти в Банжуле «левацкого» правительства. Сохранение Джавары на посту президента становилось приоритетной стратегией Диуфа. В результате он отправил на территорию соседа около 2 тыс. солдат, которые объединились с горсткой гамбийской полиции и ППС. В течение восьми дней все очаги мятежа были подавлены, правда, число жертв противостояния превысило 500[42].

Ответом правительства на события 1980–1981 гг. стало проведение ряда реформ: были созданы новые армейские подразделения, полевые силы распущены. Хотя гражданская полиция осталась нетронутой, она начала подчиняться новому министерству внутренних дел, также созданному в результате реорганизации силовых структур. Но самое главное – мятеж сблизил Гамбию и Сенегал.

Во время поездки по провинциям в сентябре 1981 г. Джавара начал открыто говорить о намерении его правительства создать союз с Сенегалом. Не исключено, что создание Сенегамбии было оговорено как условие направления сенегальских войск в Гамбию в июле 1981 года. А может быть, решение заключить союз было принято во время визита благодарного Джавары в Дакар в августе 1981 г., когда две стороны обсуждали формы дальнейшего сотрудничества.

Конкретно с идеей Сенегамбии Диуф выступил во время официального трехдневного визита в Банжул 12–14 ноября 1981 г. То, что сенегальцы надеялись на более тесный союз, нежели конфедерация, стало ясным из выступлений сенегальского лидера во время поездки по стране, которую он предпринял вместе с Джаварой. Диуф объявил гамбийцам, что Гамбия и Сенегал имеют общую судьбу и что процесс объединения должен начаться немедленно. В конце визита в гамбийском городе Кауре был подписан документ, который стал называться «Каурской декларацией». Основные положения декларации включали создание конфедерации «Сенегамбия», интеграцию силовых структур, защиту территориальной целостности и независимости объединения, формирование экономического и валютного союза, координацию внешней политики и так далее. Во главе конфедерации должны были стоять президент (сенегалец) и вице-президент (гамбиец). Каждое из конфедерированных государств сохраняло собственные независимость и суверенитет[43]. Сенегал «по-братски» поделился с Гамбией местами в совете министров (4 из 9 мест были отданы гамбийцам) и в ассамблее конфедерации (Гамбии достались 20 мест из 60)[44].

Соглашение было формально подписано 17 декабря 1981 г. в Дакаре и единогласно ратифицировано сенегальским парламентом в том же месяце. Однако сенегальское вмешательство во внутренние дела Гамбии не поддерживалось оппозиционными партиями страны. Еще в августе 1981 г. лидер самой сильной оппозиционной партии – Сенегальской демократической партии (СДП) Абдулай Вад и председатель Народного демократического движения (НДД) Мамаду Диа объявили о своем неодобрении сенегальской военной интервенции в Гамбии в связи с тем, что оборонный пакт, по их мнению, касался внешней угрозы, а не внутренних дел[45].

Соглашение о Конфедерации официально вступило в силу в феврале 1982 года. Обсуждение вопросов внешней политики и интеграции вооруженных сил началось сразу после ратификации основного соглашения. Так, протокол по безопасности и вооруженным силам был подписан в январе 1983 г. и предполагал создание конфедеративной армии. Протокол по координации внешней политики предусматривал взаимные консультации и дипломатическое и консульское представительство одного государства другим в тех странах, где один из членов конфедерации не имел миссии. Техническое и культурное сотрудничество, то есть контакты в сферах образования, спорта, информации, туризма, здравоохранения, молодежных обменов развивались наиболее динамично.

Как и ожидалось, самым трудным оказалось договариваться по финансовым и экономическим вопросам – наиболее важным для Дакара. Они оставались слишком сложными для решения из-за различных экономических систем и принадлежности к разным валютным зонам. Происходил бесконечный сбор информации, проводились исследования, формировались группы экспертов для выявления выгод и издержек экономического и финансового союза. В конце концов дело замерло на мертвой точке. Гамбии было предложено отказаться от своей валюты – даласи – и присоединиться к зоне франка КФА. Однако Дакар и Банжул не могли договориться по форме гамбийского членства в Западноафриканском экономическом и валютном союзе (ЗАЭВС). Сенегал предпочитал членство в нем Гамбии как части Конфедерации, что было бы дешевле, а Гамбия хотела присоединиться отдельно, по-прежнему не желая поступиться ни крупицей автономии.

Комитет по таможенным и фискальным делам завершил свои обсуждения в 1985 г. рекомендацией создания в 1987 г. зоны свободной торговли в пограничных районах, что с энтузиазмом было одобрено Диуфом.

В 1985–1987 гг. было достигнуто еще несколько соглашений в других сферах, в частности о пользовании дорогами, совершенствовании портовых служб и использовании речных паромных переправ. Наконец, было принято решение скоординировать сельскохозяйственную политику, так как разница в ценах на арахис и удобрения способствовала росту контрабанды этого продукта из Гамбии в Сенегал. Однако соглашения по отдельным мелким вопросам не могли замаскировать тот дискомфорт, который испытывали обе стороны. К 1987 г. стало ясно, что Конфедерация не состоялась. Совет министров Сенегамбии не заседал в течение года – с октября 1987 г. по октябрь 1988 г., хотя оба правительства не рассматривали это как проблему. Джавара объяснял это проведением в обеих странах президентских и парламентских выборов, которые отнимали много времени и средств.

Хотя и Джавара, и Диуф указывали на достижения союза в их обращениях по случаю Дня Конфедерации в январе 1989 г., разлад был очевиден. 12%-е сокращение бюджета 1989 г. по сравнению с предыдущим периодом также высвечивало проблемы объединения. Едва бюджет был принят, как Сенегал начал вывод (из-за растущей напряженности в отношениях с Мавританией) 300 солдат, расположенных в Гамбии, без предварительного уведомления правительства Джавары. Причина вывода была объявлена Диуфом в телеобращении в сентябре 1989 года. Попутно он заявил, что семь лет существования Конфедерации не смогли реально объединить две страны и что продолжать не имело смысла. А потому Сенегал и Гамбия должны «иметь храбрость» заморозить деятельность Конфедерации и сконцентрироваться на менее амбициозных соглашениях[46]. Терпение Сенегала, недовольного неэффективной деятельностью правительства Сенегамбии прежде всего в экономической сфере, окончательно лопнуло из-за требования, высказаного Джаварой и касавшегося ротации сенегальцев и гамбийцев на посту президента Конфедерации. В результате Сенегамбия прекратила свое существование в октябре 1989 г.

Отношения между двумя странами заметно ухудшились в следующие месяцы. Сенегальцы установили жесткий контроль на границах, гамбийцы, пересекавшие границу в ту или другую сторону, жаловались на дурное обращение с ними сенегальских пограничников. Кроме того, учитывая, что Гамбия зависела от соседа в поставках газа и смазочных масел, Сенегал закрыл границы перед гамбийскими торговыми транспортами. В ответ гамбийское правительство запретило использование сенегальских транспортных средств для перевозок.

15 декабря 1989 г. Джавара и Диуф встретились в Дакаре, чтобы «растопить лед и снизить напряженность». Интересно, что политик до

мозга костей Джавара продолжал твердить о мелких недопониманиях, которые не должны препятствовать нормальным отношениям. И он действительно преуспел в снижении напряженности. Гамбийский министр иностранных дел Омар Сей посетил Дакар в апреле 1990 г., и Диуф ответил на поздравление Джавары с Национальным днем Сенегала, пожелав гамбийскому лидеру успехов в его усилиях способствовать единству и солидарности в Африке. Посредничество Джавары в достижении мира между Сенегалом и Мавританией в 1989 г. также привело к потеплению в отношениях. Сенегальская делегация во главе с министром внутренних дел Фамарой Ибрагимом Санья посетила Банжул в июле 1990 г., и две стороны провели переговоры по сотрудничеству в сфере безопасности. Усилия, прежде всего Джавары, по улучшению отношений вылились в подписание в январе 1991 г. Договора о дружбе и сотрудничестве[47].

* * *

Конфедерация провалилась, как и сформировалась, – неожиданно и случайно, главным образом из-за неспособности правительств обеих стран достичь соглашения по экономическим и валютным проблемам. Сложность достижения взаимопонимания в этих сферах в значительной степени была обусловлена дисбалансом в развитии экономик и разными валютными режимами. Неравенство в промышленных потенциалах двух стран неминуемо должно было привести к «игре в одни ворота». Сенегал располагал крупными цементными, нефтеочистительными предприятиями, заводами по производству удобрений, пластмассовых изделий, не говоря уже о легкой и пищевой промышленности, поэтому товарный поток в любом случае шел бы в одну сторону. Кроме того, Дакар намеревался прекратить реэкспорт того, что не было произведено в Гамбии (а там почти ничего и не производилось), а ведь именно реэкспорт был главным источником доходов как простых гамбийцев, так и правящей элиты страны. То есть создание союза должно было негативно повлиять на гамбийскую «перевалочную» экономику, за счет которой жила значительная часть населения. Тем более что реэкспорт, который мог бы осуществляться в другие страны региона, был сильно ограничен из-за специфического географического положения Гамбии.

Тарифные и валютные различия препятствовали координации цен на местную продукцию, прежде всего арахис. Если гамбийская реэкспортная торговля создавала проблемы для Сенегала, то гамбийские фермеры пострадали, когда гамбийское правительство в середине 1980-х годов ограничило вывоз их продукции в Сенегал, где они получали франки КФА, которые можно было с выгодой продать в Гамбии.

«Ценовая война» началась в 1985–1986 гг., когда правительство Джавары вынуждено было по требованию Дакара поднять – в середине закупочного сезона – закупочные цены на арахис и взять на себя бремя выплаты разницы тем фермерам, которые уже продали свою продукцию гамбийскому закупочному агентству по низким ценам. Повышение приблизило официальную цену на арахис в Гамбии к установленной в Сенегале, где она стала ниже, что ударило по карману гамбийских фермеров. А поскольку гамбийское агентство платило наличными, в то время как сенегальцы часто делали закупки в кредит, привлекательность франка для гамбийцев резко снизилась. Теперь гамбийское агентство зачастую оплачивало продукцию сенегальских фермеров в даласи, на которые они приобретали дешевые товары в Гамбии. Уникальность союза состояла в том, что он угрожал снизить, а не расширить объем легальной трансграничной торговли, в то время как поток незаконных товаров из Гамбии в Сенегал после создания конфедерации даже увеличился.

Проблемы возникали и из-за присутствия в Гамбии сенегальских войск, защищавших важные объекты – правительственные здания, аэропорт и радиостанцию. То есть становилось очевидным, что правительство не доверяет своим гражданам, и это подогревало недовольство гамбийцев.

Ни политическая элита, ни СМИ не генерировали общественной поддержки союза. В Сенегале его создание почти не привлекло внимания масс-медиа. В Гамбии конфедерации уделялось больше внимания, но оно в основном выражалось в ее критике.

Народы, проживающие в Сенегале и Гамбии, имеют общие социокультурные традиции, что, кстати, послужило одной из причин возникновения самой идеи конфедерации. Население обеих стран было на более чем 90% мусульманским и представляло собой смесь пересекающихся и лингвистически связанных между собой групп. В Соглашении о конфедерации указывалось, что граждане двух стран имеют общее религиозное и культурное наследие и составляют единый народ, разделенный на два государства зигзагами истории. Можно говорить о существовании сенегамбийского культурного пространства, сформированного географией и историей. Даже довольно пестрый этнический состав не наносил большого ущерба конфедерации: поднятый оппозицией, настроенной против союза, вопрос о коллизии «волоф-мандинка» (в 1960-е годы в Гамбии пропорция волоф-мандинка составляла примерно 1:3, а в Сенегале – 3:1, то есть при численности населения Сенегала, превышавшего гамбийское примерно в 8 раз, в рамках союза волоф, которых гамбийцы и без того считали высокомерными, абсолютно доминировали бы во всех сферах жизни), нацеленный на разъединение, не превратился в источник политических разногласий. Однако заметную роль в процессе распада союза сыграли несоответствия в общественных порядках и сформировавшихся в колониальный период традициях двух стран.

От колониализма Сенегал и Гамбия унаследовали два различных общественных устройства – французское и британское, которые определили особенности функционирования современных обществ, специфику политических и экономических систем, сводов законов, характера взаимоотношений между людьми и так далее. В Гамбии существовала система косвенного управления, в Сенегале – прямого. Кроме того, сенегальцы, на которых распространялась политика ассимиляции, введенная французскими властями, испытали на себе большое влияние французского республиканизма, тем более что и связи между Францией и Сенегалом были очень давними: уже в 1789 г. колония Сенегал направляла своих африканских представителей в Париж на различные политические мероприятия. Позже, в XX веке, Сенегал, как и другие французские колонии в Африке, имел своих представителей в Национальном собрании Франции. Эта практика отчасти была введена в целях подготовки местного руководства для независимого управления страной. Ничего подобного не было в Гамбии, так как в рамках системы косвенного управления британцы позволяли традиционным вождям и главам местных органов власти самим решать локальные вопросы, и никто из них не ездил в Вестминстер.

Можно отметить и существование различных судебных систем в двух странах – Кодекса Наполеона в Сенегале и Общего права – в Гамбии. С этим также связаны серьезные проблемы, например, разное отношение к процессу экстрадиции преступников, диссидентов, боевиков и так далее.

Для интеграции между странами важна культурная составляющая. Народы, проживающие в Сенегале и Гамбии, имеют сходные или аналогичные обычаи, традиции, религиозные ценности, ритуалы, обряды, фольклор, стиль одежды, кулинарные и медицинские рецепты. Большинство населения по обе стороны границы не знает официальных языков – английского и французского, по сути, волоф стал «лингва франка» на обеих территориях, но ни в той, ни в другой стране не было сделано заметных усилий по развитию местных языков – фула, мандинка, серер и других, что могло бы способствовать сближению их носителей. Кроме того, элита и чиновники обеих стран, как правило, изъясняются одни – по-французски, другие – по-английски, и уже это само по себе препятствует интеграции.

Многие гамбийцы и сенегальцы связаны кровным родством, вступают в смешанные браки и переезжают на соседнюю территорию, но из-за слабости транспортной инфраструктуры контакты между родственниками сильно ограничены.

История Сенегамбии показала, что союз между двумя странами не может быть прочным, если он окрашен взаимным недоверием, опасением, что крупный и сильный сосед «проглотит» мелкого и слабого. Можно было бы говорить о «маленькой гордой Гамбии», сопротивлявшейся «дружественной оккупации» Сенегалом, если бы не политика Джавары, направленная на использование соседа в своих интересах. Впрочем, аналогичной была и политика Сенгора. По сути, Джавара выигрывал время, создавая видимость поддержки идеи объединения в целях обеспечения безопасности даже не Гамбии, на которую никто не покушался, а своего режима, одновременно разыгрывая карту главного защитника прав человека в Африке и устанавливая отношения со многими странами мира ради получения внешней помощи. Вместе с тем, даже если бы на месте Джавары был менее искусный, менее прагматичный и менее склонный к лукавству лидер, отношения, скорее всего, развивались бы тем же путем, хотя и отличным в деталях. Сенегамбия могла бы не возникнуть вообще или просуществовать дольше, но объективные обстоятельства (несопоставимые размеры и уровни социально-экономического развития, различные интересы и ориентации и др.) неминуемо встали бы на пути формирования прочного и продолжительного союза.

Кроме перечисленных, можно назвать еще множество причин распада Конфедерации. Но можно сделать и очень простой вывод – Сенегамбия распалась из-за того, что никто серьезно не занимался ее делами, в любом случае – не в результате умышленного и запланированного выхода из нее той или иной стороны. Просто когда возможность для «развода без потери лица» появилась, обе стороны не замедлили ею воспользоваться. Как отмечал Диуф, у интеграции не было перспективы, все ее институты действовали бесцельно[48]. Кроме того, если говорить о Гамбии, элита и общественность страны были против союза, поскольку политическая и экономическая интеграция угрожала привилегиям государственных чиновников и процветанию деловой общины. По сути, за пределами президентского дворца конфедерация не имела никакой поддержки.

Сенегальские правящие группы и общество изначально испытывали больше энтузиазма по поводу союза, чем их гамбийские контрпартнеры, но их поддержка конфедерации снизилась, когда основные цели оказались недостижимыми. В сфере безопасности союз преуспел в восстановлении и стабилизации гамбийского режима, поддерживавшего дружеские контакты с Дакаром, но планы сенегальского правительства использовать свое военное присутствие для подавления повстанчества в Казамансе не реализовались. В 1980-е годы повстанчество даже укрепилось, то есть существование конфедерации не привело к его нейтрализации.

Неудовлетворенные ожидания лишили конфедерацию большей части политической поддержки, которую она изначально имела в Сенегале, и ни в одной из стран-членов не было влиятельных групп давления, заинтересованных в ее выживании.

Представляется, что такая форма государственного устройства, как конфедерация, не имеет будущего в Африке, где, напротив, преобладают сепаратистские тенденции. Ведь конфедерирование, кроме всего прочего, предполагает отказ политических лидеров по крайней мере одной из стран-членов потенциального союза от своего верховного положения и колоссальных (независимо от размеров страны) доходов, возможности получения которых, будь то от контроля над природными ресурсами, или в результате присвоения экономической и гуманитарной помощи, это положение обеспечивает. Конфедерирование в Африке было возможным на волне национально-освободительного движения, но не в наш прагматичный век.

Случай Сенегамбии показал противоречия между концепциями африканского единства и его воплощением в жизнь. Опыт конфедерации указывает на проблемы, которые возникают в условиях интеграции стран с разным колониальным прошлым. Более того, интеграция оказывается более проблематичной после создания независимого государства, потому что выгоды независимости – непосредственные, а интеграции и единства – отдаленные и неопределенные.

---

[1] http://borisvolhonin.livejournal.com/115229.html

[2] *Hueglin T., Fenna A.* Comparative federalism: a systematic inquiry. Toronto. 2006. P. 34.

[3] *Турьинская Х.М.* Федерализм в Восточной Африке: «Один народ, одна судьба»? // Азия и Африка сегодня. 2014, № 4. С. 29–30.

[4] *Austin D.* Politics in Ghana, 1946–1960. L., 1970. P. 399.

[5] *Новиков С.С., Урсу Д.П.* История Мали в новое и новейшее время. М., 1994. С. 141.

[6] *Витухина Г.О., Низская Л.О., Смирнов Е.Г.* Республика Сенегал. Справочник. М., 2011. С. 92.

[7] *Новиков С.С., Урсу Д.П.* История Мали… С. 141.

[8] *Витухина Г.О., Низская Л.О., Смирнов Е.Г.* Республика Сенегал… С. 92.

[9] *Новиков С.С., Урсу Д.П.* История Мали… С. 148.

[10] *Кейта М.* Речи и выступления. М., 1964.

[11] Там же. С. 10, 11.
[12] Там же. С. 12.
[13] http://standard.gm/site/history/3846-The-historical-perspective-Senegambia-The-prospects-and-the-way-forward.html
[14] *Смирнов Е.Г.* Гамбия. Справочник. М., 1996. С. 3.
[15] Там же. С. 22.
[16] http://standard.gm/site/history/3846-The-historical-perspective-Senegambia-The-prospects-and-the-way-forward.html
[17] *Смирнов Е.Г.* Гамбия... С. 6.
[18] *Lang P., Senghor J.C.* The Politics of Senegambian Integration 1958–1994 // Africa in Development. Vol. 1. Bern, 2008. P. 100.
[19] *Touray O.M.* The Gambia and the World. A History of the Foreign Policy of Africa's Smallest State, 1965–1995. Hamburg, 2000. P. 31.
[20] Ibid.
[21] *Robson P.* Problem of Integration Between Senegal and Gambia // African Integration and Disintegration: Case Studies in Economic and Political Union. L., 1967. P. 120.
[22] Ibid. P. 126.
[23] *Momen W.C.* The Foreign Policy and Relations of the Gambia. L., 1978. P. 165.
[24] *Touray O.M.* The Gambia and the World... P. 35.
[25] Ibid.
[26] *Hughes A.* From Colonialism to Confederation: The Gambian Experience of Independence, 1965–1982 // African Islands and Enclaves. L., 1983. P. 76.
[27] *Momen W.C.* The Foreign Policy and Relations of the Gambia... P. 172.
[28] *Touray O.M.* The Gambia and the World... P. 38.
[29] Ibid.
[30] *Momen W.C.* The Foreign Policy and Relations of The Gambia... P. 179.
[31] *Hughes A.* Senegambia Revisited or Changing Gambian Perceptions of Integration with Senegal // Senegambia: Proceedings of a Colloquium at the University of Aberdeen. Aberdeen, 1974. P. 13.
[32] *Touray O.M.*, The Gambia and the World... P. 40.
[33] *Momen W.C.* The Foreign Policy and Relations of the Gambia... P. 197.
[34] Ibid.
[35] Ibid.
[36] http://www.afdb.org/uploads/tx_llafdbpapers/SenegalGambiaIntegration.pdf
[37] http://allafrica.com/stories/201502232166.html
[38] *Touray O.M.* The Gambia and the World... P. 81.
[39] Ibid. P. 84.
[40] *Смирнов Е.Г.* Гамбия... С. 33.
[41] *Loum M.* Bad Governance and Democratic Failure: A Look at Gambia's 1994 Coup // Civil Wars. Vol. 5, № 1 (Spring 2002). P. 145–174. L. P. 163.
[42] http://www.csmonitor.com/1983/0106/010652.html
[43] Agreement Between The Republic Of The Gambia and The Republic Of Sen-

egal Concerning The Establishment Of The Senegambia Confederation – http://www.gambia.dk/senegambia_confederation.html

[44] *Kupchan Ch.* How Enemies Become Friends: the Sources of Stable Peace. Princeton (NJ), 2010. P. 355.

[45] *Touray O.M.* The Gambia and the World... P. 109.

[46] Ibid. P. 115.

[47] Ibid. P. 116.

[48] *Kupchan Ch.* How Enemies Become Friends... P. 357.

Христина Турьинская

Квазифедерализм в Африке: Объединенная Республика Танзания

The paper «Quasi-federalism in Africa: United Republic of Tanzania» by Khristina Turinskaya deals with the phenomenon of quasi-federalism as a political structure widely practiced in African countries. The notions «quasi-federalism» and «regional state» describe a unitary, by constitutional law, and at the same time a de facto federal structure in terms of the relationship between a center and a region. Under quasi-federalism the latter may have autonomy, and decentralization and devolution are in use. Federation only in form and by name, but not in content, could also be classified as a quasi-federal system.

Apart from the Republic of South Africa, the Republic of the Sudan, as well as Kenya, Cameroon, and the Democratic Republic of the Congo, the author investigates the case of the United Republic of Tanzania as a case study of that «hybrid» experience. The objectives of the constitutional reform in Tanzania as a quasi-federal state is to transform a de jure unitary system into a de jure federation in order to resolve the «Union question» and to prevent Zanzibar`s secession.

Существующий в научном дискурсе термин «квазифедерализм» и его содержание представляются не менее противоречивыми, дискуссионными, чем собственно «федерализм». Это симптоматично и вполне объяснимо. Ученые-правоведы, политологи, историки до сих пор не достигли общего понимания феномена федерализма. Квазифедерализм – настолько же «плавающее», подвижное понятие, как то явление, которое оно описывает. Одни и те же государства в определенный промежуток их истории в разных исследовательских традициях могут называться унитарными, федеративными или квазифедеративными. Причины подобной путаницы – разница в подходах, неопределенность рассматриваемых критериев, различная степень оценочности суждений.

В федералистике теория и словоупотребление часто не совпадают с практикой, что усложняет задачу описания и анализа конкретного примера. Именно трудности в поисках определения федерализма и установления градации между унитаризмом и федерализмом привели исследователей к идее о квазифедерализме как об особом «подпункте» в типологии систем государственного устройства[1]. Термин «квазифедерализм» употребляется в отношении политико-территориальной организации, которая свойственна т.н. «региональному» государству, понимаемому как «крайняя форма децентрализованного унитарного государства» либо как разновидность государства, находящегося «на полпути от унитарного к федеративному»[2].

Таким образом, о квазифедерализме говорят в ситуации, когда де юре унитарные государства по фактическому содержанию отношений между центром и регионами приближаются к федеративным: Основной закон страны гарантирует региональную автономию; конституционно оговариваются и вступают в силу на практике принципы децентрализации, деволюции. Реже квазифедерализм рассматривают как федерализм по букве конституции, но как унитаризм по духу политического устройства. Эта точка зрения граничит с рассуждениями по поводу того, насколько «подлинным, настоящим», а не «поверхностным, мнимым» является федерализм в каждом конкретном случае. Принято считать, что в Африке у федерализма негативный имидж: в борьбе за власть политические элиты не только «употребляют» федеративную идею, но и «злоупотребляют» ею[3]. Все африканские де юре и де факто федеративные государства можно охарактеризовать как квазифедеративные системы[4], поскольку на «Черном континенте» мы видим либо «федерацию без федерализма», либо «федерализм без федерации», либо динамичное перетекание из одной формы в другую.

Опыт «классических», конституционных африканских федераций – при том что формально федеративные Нигерия и Эфиопия, а также Союз Коморских островов и Сомали по сути представляют собой квазифедеративные политические образования – показывает, насколько неоправданны попытки прямолинейно выстраивать взаимосвязь федерализма и демократии. Федерализм имеется в виду в тех случаях, когда особое, принципиальное значение придается культурным и историческим «образам» регионов в составе государства, либо когда федерализм расценивается как путь разрешения «этнических конфликтов» и «национального вопроса», единственно возможный способ сохранить культурные различия, понимаемые в качестве безусловной самоценности. Федерализм априори считается более демократичной моделью, особо предпочтительной для культурно сложных государств, поскольку в них «автоматически» возникает проблема меньшинств, а разнообразие рассматривается как конфликтогенный фактор, который требует институционального «ответа». Вместе с тем, очевидно, что любую современную страну можно отнести к разряду культурно сложных. При этом «калейдоскоп языковых, культурных, конфессиональных идентичностей провоцирует конфликты лишь в определенных ситуациях, в частности, в ситуации обострения социальной конкуренции»[5].

В других случаях федерализм видится как прямой путь к сепаратизму и дезинтеграции государства, отсюда – намеренное избегание использования федеративных механизмов. И если к федеративной модели вынужденно прибегают, то предпочитают не называть ее федеративной, опасаясь «раздавать авансы» региональным элитам. В таких ситуациях и заходит речь о квазифедерализме. При всестороннем анализе проявлений квазифедерализма подобная оценочная часть общественно-политического и правового дискурса не менее важна, чем формальные характеристики системы и ее функционирование на практике.

Один из примеров концептуального и терминологического плюрализма при описании территориально-политического устройства на Африканском континенте – Южноафриканская Республика (ЮАР). Страну классифицируют в качестве унитарного государства, поскольку федерализм получил для значительной части политического спектра ЮАР (а именно для Африканского национального конгресса и его союзников) негативные коннотации в связи с апартеидом, а в Конституции 1996 г. нет упоминаний о федеративном статусе этого политического образования[6]. Либо в качестве квазифедерации, «регионального» или «регионалистского» государства, учитывая самостоятельные интересы регионов в его составе и признавая гибридный, промежуточный его характер, переходный от унитарного к федеративному. Либо как федерацию, имея в виду широкие права автономии, предусмотренные для провинций[7]. В Южноафриканской Республике исследователи видят признаки федерации, хотя и сильно централизованной[8]. В конституционно-правовой доктрине ЮАР модель политико-территориального устройства предстает в образе «кооперативного федерализма, разработанного с учетом практики германского федерализма», на основе принципов взаимозависимости и взаимосвязи национального, провинциального и местного уровней власти[9].

Также к квазифедерациям или региональным государствам исследователи относили Судан в период до его распада и образования в 2011 г. Южного Судана в качестве нового субъекта международного права. Во время существования единого Судана южный регион с 1972 г. приобрел права широкой автономии, что позволяло говорить о фактическом введении федеративной модели[10]. Ее принятие рассматривалось как вынужденный компромисс во взаимоотношениях культурно и исторически отличительной территории с центральной властью, как попытка мирного разрешения конфликта между «мусульманским» севером и «христианским и анимистским» югом страны. Отдельный регион, как в случае с Южным Суданом, получает особый, по сравнению с другими регионами, автономный статус федеративного типа. Однако Судан как государство не трансформируется вследствие этого в федерацию, по крайней мере, формально и по названию. Не случайно официальные источники избегают термина «асимметричная федерация», делая упор на автономном статусе территориальной единицы в рамках унитарной системы и таким образом маскируя, путем признания широкого самоуправления, фактически функционирующий федерализм[11].

В ситуации с Суданом можно заметить ту же «подвижность» понятий. В конституции 1998 г. Судан именуется федеративной республикой (ст. 2), и в то же самое время некоторые правоведы и историки называли его региональным государством. И наоборот, игнорируя букву Основного закона 2005 г., где страна именуется децентрализованным государством (ст. 1.1), некоторые источники квалифицируют Судан как федерацию. Причиной этого представляется наличие в тексте конституции отдельных глав, посвященных Южному Судану (часть 11), а также разделу доходов от добычи нефти между центральным правительством и югом как основным нефтедобывающим регионом (часть 13, главы 3, 4)[12].

В Демократической Республике Конго (ДРК), с ее недолгим федеративным опытом 1960-х годов, также проводится постконфликтный квазифедералистский эксперимент, обозначающий «подвижное состояние» системы государственного устройства и текущие процессы реформирования взаимоотношений между центральной властью и регионами. Если Временная конституция 2003 г. провозглашала ДРК «унитарной децентрализованной» (ст. 5)[13], то действующая ныне конституция 2005 г. уже не называет Республику унитарной. Она вводит административное деление страны на «провинции и децентрализованные территориальные единицы» («les provinces et les entités territoriales décentralisées»), к которым относятся города, коммуны, округа, а также управляемые вождями территории (ст. 3)[14]. Вместо прежних 10 должны быть образованы 26 провинций, включая столичный город Киншаса, который по статусу приравнен к провинции. Реализация оговоренного в Основном законе нового административно-территориального устройства осложнена различными трудностями социально-экономического и политического характера[15] и по-прежнему находится «в процессе».

Руководство Камеруна в ответ на требования англоязычной оппозиции воссоздать федеративную систему проводит политику децентрализации, сознательно не называя это «федерализацией». Воссоединение бывших французского восточного и британского западного Камерунов в новое государство в 1961 г. происходило на федеративных началах в период президентства Ахмаду Ахиджо (1960–1982). В 1972 г. федеративная система была упразднена, и Камерун провозглашен унитарным государством. Переход к унитарной системе представлялся средством укрепления единства камерунской нации как политического сообщества и формирования национальной идентичности камерунцев, которая бы соответствовала месту и роли Камеруна в качестве «катализатора африканского единства». Курс на сохранение унитаризма как принципа организации государства сохранялся и при следующем президенте Поле Бийя (с 1982 г.). Однако с введением многопартийности и либерализацией общественно-политической жизни камерунский лидер оказался перед необходимостью поиска сбалансированного решения давнего конфликта, который исследователи описывают как противостояние «англофонной федералистской» и «франкофонной имперской» версий государственного устройства Камеруна[16].

«Англофонная проблема», которая проявляется в активизации регионалистских, автономистских и сепаратистских движений в западной части страны, является одним из ключевых аспектов федералистского дискурса в Республике. Именно англоязычные камерунцы видят себя в статусе маргинализируемого меньшинства и требуют вернуть в стране федеративную систему. Каким был «прежний» федерализм? При Ахиджо федеративная модель была использована вынужденно, с целью объединить территории двух Камерунов, федерализм воспринимался как временный и в значительной мере формальный институт. Как результат, федерация в Камеруне была жестко централизованной и служила консолидации власти в руках Ахиджо. Очевидно, децентрализация как ипостась федерализма в изменившихся условиях должна получить новое содержание. В соответствии с законом 1996 г., вносящим поправки к тексту Конституции 1972 г., Камерун – «унитарное децентрализованное государство» (ст. 1.2)[17]. Этот принцип подтвержден биллем от 2004 г.[18] и закреплен в тексте Основного закона с поправками от 2008 года[19].

Терминологические дебаты, за которыми скрываются разногласия по концептуальным вопросам, продолжаются и в Кении, где принцип деволюции как разновидности децентрализации закреплен в новой конституции (2010 г.). Это означает, при сохранении де юре унитарного устройства, превращение этой страны в региональное государство. Деволюция в Кении выглядит как очередной вариант постконфликтного сценария. Новый порядок призван лишить кикуйю и «имперский Найроби» прежней неограниченной власти, передать полномочия регионам и таким образом исправить «исторические несправедливости», которые многими кенийскими политиками ассоциируются с унитаризмом. Для описания модели взаимоотношений центра и округов (counties) в неформальном и публицистическом дискурсе применяется термин «маджимбо» (суах. majimbo, множ. число от «jimbo» – регион, штат). Он понимается как регионализм, федерализм или децентрализация и отсылает к тому короткому историческому периоду, когда на заре независимости Кения испытала федеративный опыт[20]. Впрочем, противоречивому и «исторически нагруженному» термину «маджимбо» современные кенийские администраторы и политики предпочитают понятие «деволюция», что и отразил текст Основного закона[21].

Случай Объединенной Республики Танзания (ОРТ) представляется едва ли не самым «запутанным». В литературе встречаются обозначения ОРТ и как унитарного, и как федеративного государства, в то время как по действующей конституции Танзания – это «одно государство» (one State) и «суверенная Объединенная Республика»[22]. Иногда этот союз независимых в прошлом политических образований – Танганьики и Занзибара – называют асимметричной федерацией[23], региональным государством или квазифедерацией, учитывая автономный статус архипелага (Занзибар) по отношению к материковой части (Танганьика) страны. «Аномальный» статус Занзибара в союзе может трактоваться в смысле асимметричной автономии федеративного типа. При этом государство в целом продолжает считаться унитарным, но может получить определение «federacy», или «федератизм»[24].

Асимметрия заключается в наличии разностатусных субъектов, а именно в том, что в союзном государстве лишь Занзибар располагает набором институтов, обеспечивающих его правовой статус как субъекта объединения. Джулиус Ньерере, инициатор создания

Объединенной Республики в 1964 г. и ее первый президент, специально подчеркивал, что Танзания – это не федерация[25]. Структуру с двумя – для союза и для островной части – правительствами, а не с одним союзным глава государства объяснял желанием избавить занзибарцев от ощущения, что «Танганьика проглотила Занзибар». Аргументом против федерации с тремя правительствами – для материковой и островной частей в отдельности и для союза в целом – был вопрос финансов. Ньерере полагал, что содержание еще одного правительства легло бы дополнительным тяжелым грузом на бюджет Танганьики[26].

Собственно характер и смысл союза, по выражению Дж. Ньерере, оставался «самым неправильно понятым аспектом» политического развития Танзании[27]. «Оформление отношений» между «мейнлендом» и архипелагом оказалось сложной задачей, и действующие лица видели его по-разному. Фрэнк Карлуччи, в 1964 г. генконсул США на Занзибаре, полагал, что и после подписания документа об объединении Занзибара с Танганьикой занзибарский президент Абейд Амани Каруме находился под впечатлением, что соглашается на создание федерации двух автономных государств, а не на централизованный союз, который предполагали «Статьи о Союзе» («Articles of Union»)[28].

Динамика союзных отношений выглядела как череда административных экспериментов. На протяжении истории союзного государства Занзибар сопротивлялся инкорпорации в общее танзанийское пространство в качестве равного среди равных, «лишь одного из» регионов Объединенной Республики. Назначение Каруме первым вице-президентом Танзании интерпретировалось защитниками занзибарского суверенитета как понижение в должности, ущемление в статусе («Karume was demoted to first vice-president...»)[29]. На протяжении истории союзных отношений в Танзании сущность, «наполнение» автономного статуса Занзибара менялись, и вектор этих изменений – вопрос дискуссионный. Занзибарцам представлялось, что автономия архипелага постоянно сужалась. Их оппоненты на материке полагали, что Занзибар, наоборот, постепенно добился положения де факто суверенного государства в рамках союза.

Абейд Каруме и его соратники, соглашаясь на объединение архипелага с «мейнлендом», преследовали двоякую цель: они рассматривали союз с Танганьикой не только как средство обеспечения безопасности Занзибара, но и как гарантию его самостоятельного развития. При этом они не желали, чтобы Занзибар «растворился» в союзном государстве, став одной из его провинций. В отличие от Каруме, Ньерере не скрывал надежд на быструю интеграцию обеих частей Танзании. В сентябре 1965 г. он отмечал, что это «проблема психологическая, но не конституционная. Мы должны понять, почему такая маленькая страна, как Занзибар, боится, и мы должны добиться ее доверия»[30].

Динамика статуса Занзибара была разнонаправленной: утрачивая одни опции или атрибуты автономии, архипелаг обретал другие. До 1977 г. правящая занзибарская АШП (Партия Афро-Ширази/Afro-Shirazi Party) сохраняла независимость от ТАНУ (Африканский национальный союз Танганьики/Tanganyika African national union), и политическая «абсорбция» Занзибара была затруднена. При втором президенте Занзибара Абуде Джумбе, с объединением ТАНУ и АШП в единую Революционную партию (Чама ча Мапиндузи, ЧЧМ/Chama cha Mapinduzi) и признанием правящей партии главным действующим субъектом политики в стране, начался новый этап включения Занзибара в политическую и экономическую систему Объединенной Республики и ее движения «к демократии и социализму».

Вся политическая деятельность в Танзании, согласно конституции, осуществлялась непосредственно партией или под ее руководством и контролем. ЧЧМ обладала правом выносить «окончательное решение по любому вопросу»[31] внешней и внутренней политики, включая союзные отношения. Однопартийная система, таким образом, служила одним из столпов союза двух субъектов Объединенной Республики. Это стало еще очевиднее, когда с введением многопартийности в Танзании в 1995 г. и с утратой ЧЧМ монопольного положения союз стал «трещать по швам». В 1979 г., по-прежнему располагая собственными парламентом и правительством, Занзибар получил конституцию, предусматривавшую создание отдельного законодательного органа – Палаты представителей. До этого времени, в течение всего послереволюционного периода, архипелаг управлялся декретами Революционного совета.

Представители нового поколения занзибарских руководителей стремились к более тесной интеграции с «мейнлендом». Но раздавались и голоса критиков политики на сближение архипелага с материковой Танзанией, которую они считали ответственной за деградацию, как им казалось, некогда процветавшей аграрной экономики Занзибара. Это в известной мере миф. Экономика Занзибара всегда была уязвима и в связи с особенностями ее структуры – имеется в виду опора на монокультуру, и в связи с внешними факторами. При этом население на архипелаге с начала 1960-х годов к середине 2000-х выросло в 4 раза, до 1,3 млн человек. Доходы от гвоздики – главной экспортной культуры Занзибара – во многом зависят от колебания мировых цен. Так, падение цен на гвоздику в послереволюционные годы осложнило экономическую ситуацию на архипелаге, что привело к социальной нестабильности. В последние годы заметна тенденция к снижению производства гвоздики. На сегодняшний день Занзибар, как и вся Танзания, испытывает недостаток ресурсов, экономические трудности и острую зависимость от внешней помощи.

В середине 1980-х годов на фоне экономического кризиса и в условиях обострения политической обстановки продолжались дискуссии по вопросу о природе союзных отношений Танганьики и Занзибара. Абуд Джумбе заявил, что союз носит федеративный, а не унитарный характер и должен управляться не двумя, а тремя правительствами. То есть, помимо существующих союзного и занзибарского, должно быть сформировано правительство и для Танганьики – континентальной части страны. Джумбе собирался представить на рассмотрение Специального конституционного суда вопрос о том, следует ли интерпретировать оговоренную в «Статьях о Союзе» структуру ОРТ как состоящую из трех или из двух правительств[32].

Суть кризиса 1983–1984 гг. заключалась в том, что власти островной части Объединенной Республики открыто потребовали большей самостоятельности для Занзибара. Ньерере как глава партии и государства не мог допустить подобного «загрязнения политической атмосферы»[33]. Считая необходимым сохранять в Танзании статус-кво, то есть существующую структуру государственного устройства с двумя правительствами, он расценивал действия занзибарского президента как угрозу союзным отношениям. Джумбе был смещен со своего поста.

При том, что позиция официальных лиц ОРТ, отраженная в официальных документах, отрицает федеративный характер союза, некоторые танзанийские правоведы ищут и находят федеративные черты в танзанийской модели. Так, Исса Шивджи обнаруживает в устройстве Танзании федеративное начало, поскольку занзибарский парламент не подчинен союзному[34]. По мнению ученого, объединение Танганьики и Занзибара осуществлено путем распределения власти по горизонтали, а не деволюции, или делегирования, по вертикали. Федерирующиеся субъекты координируют (co-ordinate) свои полномочия в соответствии с концепцией «разделенного суверенитета». В унитарном же государстве территориальная единица подчиняется (subordinate) центральному правительству[35]. Другие авторы, наоборот, в федерализме и децентрализации, а не в унитарных системах, видят механизм разделения властей по вертикали между разными уровнями управления[36].

Симптоматично, что в литературе существуют противоположные оценки статуса Занзибара: одну и ту же систему по состоянию на один и тот же короткий промежуток времени эксперты видят абсолютно по-разному. Так, в первый год существования Объединенной Республики одни авторы считали автономию Занзибара широкой, а союз – слабо централизованным политическим образованием, другие характеризовали автономию Занзибара как весьма ограниченную, а союз – сильно централизованным. Эти разночтения отражают сложность и динамичность танзанийской системы, оценочность и дискуссионность подходов и неустойчивость самой терминологии, которой оперируют историки, политологи, правоведы[37]. Эксперты сходятся лишь в одном – интеграция островной части ОРТ в политическое, экономическое, социокультурное пространство союзного государства на всем протяжении его истории протекала с большими трудностями. Занзибарский сепаратизм «вошел в традицию» и воспроизводится, чему находятся культурные и исторические объяснения и политико-экономические обоснования. Многие занзибарцы ставят под сомнение легитимность образования Танзании.

Региональные экономические интересы в конечном счете определяют развитие политической ситуации на Занзибаре, на материковой части, а также в отношениях между участниками союза. Именно они скрываются за внешней формой занзибарского национализма, за дискуссиями о структуре правительства и неравном распределении полномочий в союзе, о справедливом разделе издержек и выгод, включая сферу государственных доходов и зарубежной помощи. Между тем, рассуждая о «диспропорциях», «перекосах» и «асимметрии» в союзе важно иметь в виду формальные показатели. Представляя примерно 3% от общей численности населения Танзании, которая составляет почти 45 млн человек[38], Занзибар получает 4,5% от доходов ОРТ, а требует 10%[39].

Занзибар располагает такими атрибутами автономии, как собственные конституция, президент, правительство, парламент, флаг, Высокий суд. Президент Занзибара возглавляет Революционное правительство Занзибара, в его полномочиях – решение вопросов, касающихся внутренних дел Занзибара, в соответствии с non-union matters, то есть не относящихся к компетенции союза.

Островная часть Танзании автономна в решении внутриполитических вопросов, внутренние же дела «мейнленда» регулируются союзной конституцией и законодательством ОРТ.

Однопалатное Национальное собрание (Bunge) ОРТ «законодательно обслуживает» не только Объединенную Республику, но и Танганьику, для которой в политической системе союзного государства отсутствует такой институт как парламент, не предусмотрена и должность президента. Полномочия президента ОРТ распространяются на все вопросы, касающиеся ОРТ, а также на все другие вопросы, относящиеся к материковой Танзании. С 1964 г. по 1995 г. фактически существовали должности первого и второго вице-президентов. Это были, соответственно, президент Занзибара и премьер-министр Танзании (в 1964–1985 гг.), премьер-министр Танзании и президент Занзибара (с 1985 г. по 1995 г.). Премьер-министр Танзании помогал президенту ОРТ в осуществлении исполнительной власти на материковой части страны[40].

Актуальна тема разграничения вопросов общего, союзного значения (union matters) и non-union matters. Количество union matters менялось с течением времени. Согласно Временной конституции ОРТ 1965 г., к компетенции Объединенной Республики было отнесено 11 вопросов: внешняя политика, оборона, полиция, чрезвычайные полномочия, гражданство, иммиграция, внешняя торговля и займы, государственная служба Объединенной Республики; подоходный налог, налог на корпорации, таможенные пошлины и акцизные сборы; порты, воздушный транспорт, почта и телеграф; денежное обращение, монетная чеканка, банки и банковское дело, иностранная валюта и контроль за ее обменом. В тексте союзной конституции 1977 г. в дополнение к прежним появляются такие вопросы общего значения, как промышленные лицензии и статистика, высшее образование, нефтяные ресурсы и природный газ, Национальная экзаменационная комиссия и прочие. Затем, в соответствии с принятыми поправками к действующей конституции 1977 г., число union matters возросло до 22.

Проблемы статуса Занзибара, введения системы трех правительств, компетенции союзного правительства и полномочий исполнительной власти – среди важнейших в нынешних дебатах вокруг разработки новой конституции ОРТ. По июньскому 2013 г. проекту планировалось оставить 7 union matters: внешняя политика, оборона, гражданство, денежное обращение, регистрация политических партий, подоходный налог, налог на корпорации, таможенные пошлины и акцизные сборы. Из данного, первого варианта проекта Основного закона следует, что по форме государственного устройства Танзания будет федерацией не с двумя, а с тремя президентами и тремя правительствами – для союза в целом, для Занзибара и для Танганьики. В тексте также упоминается о независимом прошлом партнеров по объединению: к моменту появления «Статей о Союзе» и образования ОРТ Танганьика и Занзибар были суверенными государствами[41].

Вторая редакция проекта Основного закона была представлена председателем Конституционной комиссии президенту ОРТ 30 декабря 2013 года. Этот текст по-прежнему содержал предложение о введении трех правительств. Однако затем 1-я и 2-я редакции были подвергнуты кардинальным изменениям. Оппозиция полагает, что подобный исход конституционного процесса в 2013–2014 гг. был предопределен доминированием делегатов от ЧЧМ и недостаточным представительством занзибарцев среди участников Учредительного собрания[42].

В обнародованном в сентябре 2014 г. третьем, окончательном варианте конституции, который планировалось вынести на референдум 2015 г., положение о трех правительствах отсутствует. Остается в силе двухуровневая структура (союзное и занзибарское правительства), но при этом сохранен появившийся в 1-й редакции термин «федерация». Добавлены новые union matters (воздушный транспорт, полиция, Высокий суд и Апелляционный суд, высшее образование, Национальный экзаменационный совет, метеорология, правительственные служащие Объединенной Республики), и в результате их количество достигает 14[43]. Заметим, что нефтегазовые ресурсы не предполагаются в числе вопросов союзного ведения, чего и добивались занзибарцы[44]. Возвращается в практику назначение президента Занзибара вторым вице-президентом Танзании (ст. 96)[45]. Также Занзибар получает возможность самостоятельно привлекать внешние финансовые заимствования, а также вступать в региональные и международные организации. Прежде подобные попытки признавались неконституционным: в 1993 г. закончилась неудачей попытка вступления Занзибара, подавляющее большинство населения которого составляют мусульмане, в ряды Организации Исламская конференция[46].

Изъятие принципа трех правительств из конституции вызвало как в материковой, так и островной частях страны волну протестов оппозиционных сил, недовольных тем, что Танзания опять получает «не тот» федерализм, который требовали оппоненты правящей партии[47]. Прежняя система с двумя правительствами, которую ранее в официальных кругах отказывались называть федеративной, сохранена и в тексте новой конституции называется федеративной. Таким образом, власть признает то, что раньше отрицала: система ОРТ была и остается де факто федеративной. Термин «федерация» в Танзании отныне получает формальное признание.

Введение системы трех правительств – не единственный вариант переустройства Танзании. В настоящее время территория союзного государства состоит из 30 областей, 25 из которых составляют материковую часть, 5 – островную (3 на о. Унгуджа/Занзибар и 2 на о. Пемба). Эти административные образования управляются комиссарами, назначаемыми Президентом ОРТ. Высказывалась идея федерации с созданием правительств для всех регионов страны, с одновременным пересмотром и сбалансированием административного устройства континентальной части Танзании[48]. Таким образом, предлагалась федерализация и территории «мейнленда», на сегодняшний день унитарной. В каждом регионе были бы сформированы собственные органы власти, и асимметрия, связанная с особым статусом Занзибара, была бы ликвидирована. Однако эта идея так и остается маргинальной, представляясь еще менее реализуемой и технически, и финансово, чем план создания трех правительств.

С момента образования ОРТ танзанийское руководство убеждает общественность страны, что федерализм – предприятие более затратное, чем нынешняя система управления союзным государством. По данным опроса, проведенного в марте–апреле 2014 г. танзанийской газетой «Дэйли мэйл», почти 54 % респондентов ответили «да» на вопрос, согласны ли они с мнением действующего президента Джакая Киквете о том, что «система с тремя правительствами – более дорогостоящая для бюджета». 42% опрошенных дали отрицательный ответ[49]. Эти цифры отражают нынешние противоречия в танзанийском обществе по вопросу о дальнейшей судьбе союза. Часть жителей островной части ОРТ отстаивает необходимость самостоятельного развития Занзибара, ностальгируя по временам султаната, когда континентальная часть страны находилась на положении периферии по отношению к архипелагу. Другая – тяготеет к материку и считает нужным сохранить союз. Африканцы на материке также не едины: одни выступают за сохранение союза, с возможным его реформированием, другие согласны на отделение Занзибара.

Обстановка на Занзибаре на протяжении всей истории Танзании являлась определяющим фактором политической динамики в союзном государстве. С середины 1990-х годов ситуация на архипелаге определяется противостоянием ЧЧМ и оппозиционного Гражданского объединенного фронта (ГОФ – Civic United Front). Обострились конфликты по поводу статуса архипелага, участились демонстрации и столкновения по политическим и религиозным мотивам, вследствие нарушений на парламентских и президентских выборах и недовольства их результатами. Начиная с первых многопартийных выборов 1995 г. электоральные кампании на островах проходили в напряженной обстановке. Результатом очередного кризиса и попытки добиться «национального примирения» в 2001 г. стало мирное соглашение (суах. – *Mwafaka*) между ЧЧМ и ГОФ. В соответствии с договоренностями, в конституцию и избирательное законодательство Занзибара внесены поправки, на которых настаивала оппозиция. В частности, на архипелаге была создана независимая избирательная комиссия, началась работа по составлению постоянного регистра избирателей[50].

В 2009 г. было заключено устное соглашение о взаимопонимании (суах. – *Maridhiano*) между занзибарским президентом Амани Каруме и лидером занзибарской оппозиции Сейфом Шарифом Хамадом[51]. Оно открыло дорогу к всезанзибарскому референдуму в июле 2010 г., по результатам которого на архипелаге было сформировано правительство национального единства[52]. В состав ПНЕ вошли деятели оппозиции. Учреждение ПНЕ и порядок его формирования оговорен в одобренной Палатой представителей Занзибара в августе 2010 г. 10-й поправке к занзибарской конституции 1984 г.

Значение этой новации выходит за рамки рутинной процедуры, касающейся внутренних дел Занзибара. Самостоятельно, в одностороннем порядке изменив конституцию в ее важнейшем пункте – об исполнительной власти, Занзибар позиционировал себя в качестве суверенного государства в составе ОРТ. В очередном раунде политического «перетягивания каната» победа осталась за архипелагом[53]. Основной закон Занзибара вошел в противоречие с союзной конституцией, что порождает юридическую коллизию и фактически аннулирует союз. ЧЧМ требует пересмотреть 10-ю поправку, поскольку она подрывает примат союзной конституции[54]. В свою очередь, оппозиция в континентальной части Танзании увидела в политическом маневре занзибарцев пример, которому должны последовать танганьикцы. «Материковые» противники правящей партии предложили использовать сложившуюся ситуацию как повод для реформирования союзной конституции, создания самостоятельного правительства для Танганьики, что превратило бы Танзанию в конфедерацию, состоящую из двух равностатусных партнеров[55]. Впрочем, то, что ОРТ – «страна, состоящая из двух государств» («A two state country»), кажется для некоторых оппозиционных политиков свершившимся фактом[56].

Таким образом, идея Дж. Ньерере и ЧЧМ об одной стране с двумя правительствами подвергается нападкам со стороны политической оппозиции не только на Занзибаре, но и в Танганьике. В свое время первый президент ОРТ подчеркивал важность давних контактов двух территорий: именно благодаря этим связям единство Танганьики и Занзибара считалось «естественным»[57]. Близость эта, указывал Ньерере, – не только географическая, но и историческая, лингвистическая, культурная, а также политическая. В свое время архипелаг и прибрежная часть Танганьики управлялась из одного центра – власть принадлежала султану Занзибара. Лишь по «случайному стечению исторических обстоятельств» эти территории перестали быть одним политическим целым: британцы сохранили за собой Занзибар, а вся континентальная Танганьика, включая побережье, отошла к Германии. И даже когда после Первой мировой войны британцы завладели всей Восточной Африкой, Танганьика и Занзибар остались разделенными и развивались отдельно друг от друга. Ньерере полагал, что получение обеими территориями независимости давало возможность исправить эту «ненормальность». И если два дружественных, близких, братских государства смогут создать союз и сохранить его, то есть надежда на объединение и всех стран континента[58]. Эта идея соответствует официальной точке зрения на смысл и перспективы союза, отвечая духу танзанийского национализма.

В то же время содержание танзанийского национализма не остается неизменным и требует новой формы. На современном этапе мы видим Танзанию в качестве квазифедеративной системы, де юре унитарной, де факто федеративной, которая меняется в сторону официального принятия федеративного принципа, уже не только «по духу», но и «по букве» закона. Цель преобразований, проводимых под контролем правящей партии, – консолидировать власть ЧЧМ, а также путем конституционного признания федерализма нейтрализовать сепаратизм, удержать Занзибар в составе Объединенной Республики. Сохранение союза для политического истеблишмента равнозначно следованию заветам Мвалиму Ньерере. Вместе с тем Ньерере перестает быть безусловным авторитетом для всех танзанийцев. Если на «мейнленде» его по-прежнему считают «отцом нации», то для многих на Занзибаре он – «враг нации»[59]. Речь идет о разных пониманиях нации (танганьикской, танзанийской, занзибарской), что отражается в дебатах о суверените и лояльности национальному сообществу, в гражданском его понимании.

Асимметричный федерализм иногда применяется как «последнее» правовое средство для «умиротворения регионов» и предотвращения сецессии. В случае с Суданом этот механизм не сработал. В ряде стран децентрализация существует лишь на бумаге, в тексте Конституции, однако не получает практического воплощения. С точки зрения теории и практики федерализма важно проследить дальнейшее развитие событий в Танзании: будут ли в дополнение к формальным использоваться и неформальные способы сохранения союза.

По-прежнему обсуждаются планы экономического и политического объединения африканских государств. Будущее панафриканизма политики связывают с идеей не только меж-, но и, прежде всего, внутригосударственной интеграции. Отсюда – живучесть и популярность унитаризма и квазифедеративных сценариев постконфликтного урегулирования на Африканском континенте. Оборотной стороной «унитаристского мышления» («unitary mindset») становится нежелание лидеров жертвовать суверенитетом руководимых ими государств ради идеи африканского единства, что превращает перспективу объединения стран континента в утопию. В любом случае, прежде чем «делить» суверенитет и передавать его часть надгосударственным структурам (типа «Соединенных Штатов Африки»), необходимо определить, что такое суверенитет вообще и в понимании африканских элит в частности. Танзанийский квазифедерализм – иллюстрация зыбкости концепции суверенитета.

---

[1] См., например: *Watts R.L.* Typologies of Federalism // Routledge Handbook of Regionalism and Federalism. *Loughlin J., Kincaid J., Swenden W.*, eds. London and New York: Routledge, 2013. P. 19–30.

[2] Региональное государство // Федерализм: теория, институты, отношения (сравнительно-правовое исследование). М.: Юристъ, 2001. С. 318–319.

[3] *Burgess M.* Federalism in Africa. An Essay on the Impacts of Cultural Diversity, Development and Democracy // The Federal Idea. A Quebec Think Tank on Federalism, January 2012. P. 3.

[4] *Steytler N., de Visser J.* «Fragile Federations» and the Dynamics of Devolution // Federalism as Decision-Making: Changes in Structures, Procedures and Policies. *Palermo F., Alber E.*, eds. Leiden, Boston: Brill, 2015. P. 80–81.

[5] *Филиппов В.Р.* Трансграничные миграции на Черном континенте // Дневник Алтайской школы политических исследований № 30. Современная Россия и мир: альтернативы развития (Трансграничные мигранты и общество страны пребывания: взаимное восприятие и проблемы межкультурного взаимодействия): сборник научных статей. Барнаул: Изд-во Алт. ун-та, 2014. С. 94.

[6] The Constitution of the Republic of South Africa. 1996. S.l., s.a.

[7] *Westhuizen J. van der.* South Africa // Handbook of Federal Countries, 2005. Ed. by *Griffiths A.L.*; coordinated for the Forum of Federations by *Nerenberg K.* Montreal & Kingston, London, Ithaca: McGill-Queen's University Press, 2005. P. 313.

[8] *Murray Ch., Simeon R.* Promises Unmet – Multi-Level Government in South Africa // Varieties of Federal Governance: Major Contemporary Models. Ed. by *Saxena R.* New Dehli, India: Cambridge University Press (Foundation Books), 2011. P. 232.

[9] Региональное государство... С. 320.

[10] *Elazar D.J.* Exploring Federalism. Tuscaloosa: University of Alabama Press, 1987. P. 245.

[11] Asymmetric Autonomy and the Settlement of Ethnic Conflicts / Ed. by *Weller M., Nobbs K.* Philadelphia: University of Pennsylvania Press, 2010. P. 6.

[12] The Interim National Constitution of the Republic of the Sudan, 2005.

[13] Constitution de la transition adoptée le 1er avril 2003 et promulguée le 04/04/2003 – http://confinder.richmond.edu/admin/docs/DRCongoTranstion.pdf

[14] Constitution de la République Démocratique du Congo. Kinshasa, février 2006.

[15] Демократическая Республика Конго. Отв. ред. *Ю.Н. Винокуров*. М.: Институт Африки РАН, 2014. С. 190–191.

[16] Victor Le Vine`s Shorter Cameroon Writings, 1961–2007 / *Krieger M.*, ed. Bamenda: Langaa RPCIG, 2014. P. 2.

[17] Constitution of the Republic of Cameroon Law No. 96-06 of 18 January 1996 to Amend the Constitution of 2 June 1972.

[18] Republic of Cameroon. National Assembly. 7th Legislative Period. Legislative Year 2004. 2nd Ordinary Session (June 2004). Bill No 762/PJL/AN on the Orientation of Decentralization No 51/AN – http://www.ccdhr.org/cameroon-laws/Law%20on%20the%20Orientation%20of%20Decentralization%20in%20Cameroon.pdf

[19] La Constitution de la République du Cameroun. Loi N. 96/6 du 18 janvier 1996. (Modifiée par la loi N. 2008/001 du 14 avril 2008).

[20] *Турьинская Х.М.* Федерализм в Восточной Африке: «Один народ, одна судьба»? // Азия и Африка сегодня. 2014, № 4. С. 31.

[21] Kenya's Constitution of 2010 – www.constituteproject.org. P. 76.

[22] The Constitution of the United Republic of Tanzania of 1977: Chapter 2 of the Laws. Dar es Salaam, 2010. P. 14.

[23] *Møller B.* Pan-Africanism and Federalism // Perspectives on Federalism. Vol. 2, issue 3. 2010. P. 46.

[24] Asymmetric Autonomy... P. 8.

[25] *Nyerere J.K.* Freedom and Unity: Uhuru na Umoja: a Selection from Writings and Speeches 1952–65. L., 1967. P. 293.
[26] *Nyerere J.K.* Our Leadership and the Destiny of Tanzania. Harare, 1995. P. 34, 35.
[27] *Nyerere J.K.* Freedom and Development: Uhuru na Maendeleo: a Selection from Writings and Speeches 1968–1973. L., 1973. P. 176.
[28] *Wilson A.* US Foreign Policy and Revolution: The Creation of Tanzania. L.: Pluto Press, 1989. P. 79.
[29] *Yeager R.* Tanzania: An African Experiment. Boulder: Westview Press, 1982. P. 24, 52.
[30] *Тетерин О.И.* Абейд Амани Каруме // История Африки в биографиях. М.: РГГУ, 2012. С. 853.
[31] Конституция Объединенной Республики Танзания. М.: Юридическая литература, 1980. С. 29.
[32] Constitutional and Legal System of Tanzania: A Civics Sourcebook / *Issa G.Shivji, Hamudi I.Majamba, Robert V.Makaramba, Chris M.Peter.* Dar es Salaam: Mkuki na Nyota Publishers Ltd., 2004. P. 72.
[33] *Shivji I.G.* Pan-Africanism or Pragmatism? Lessons of the Tanganyika-Zanzibar Union / OSSREA. Dar es Salaam: Mkuki na Nyota Publishers, 2008. P. 206–212.
[34] *Shivji I.G.* Tanzania: The Legal Foundations of the Union: Second Expanded Edition. Dar es Salaam, 2009. P. 34, 37.
[35] Constitutional and Legal System of Tanzania… P. 39–40.
[36] *Norris P.* Driving Democracy: Do Power-Sharing Institutions Work? Cambridge, New York: Cambridge University Press, 2008. P. 157.
[37] *Турьинская Х.М.* Политическая система Танзании: от союза к федерации? // Азия и Африка сегодня. 2014, № 7. С. 60–61.
[38] Tanzania in Figures 2012 – http://www.nbs.go.tz/nbs/takwimu/references/Tanzania_in_figures2012.pdf
[39] *Шлёнская С.М.* Танзания: 50 лет социально-экономического и политического развития // Азия и Африка сегодня. 2014, № 7. С. 56.
[40] Leaders Who Held the Position of the Vice President since 1964: Government of the United Republic of Tanzania: The Vice President's Office, 2010 – http://www.vpo.go.tz/document_storage/leaders.pdf
[41] The United Republic of Tanzania Draft Constitution 2013 – http://www.salan.org/wp-content/uploads/2013/07/Draft-CONSTITUTION-English-Version.pdf
[42] Political Battle Heats up in Tanzania over Constitutional Review Bill [September 30, 2013] –

http://sabahionline.com/en_GB/articles/hoa/articles/features/2013/09/30/feature-01

[43] The Proposed Draft Constitution of Tanzania [September, 2014] – http://www.constitutionnet.org/files/the_proposed_constitution_of_tanzania_sept_20 14.pdf

[44] Dar's CCM, CUF to Push for Gas, Oil to be Taken off Current Law [13.09.2014] – http://www.theeastafrican.co.ke/news/-/2558/2451588/-/5jmepqz/-/index.html

[45] The Proposed Draft Constitution of Tanzania [September, 2014]...

[46] *Шлёнская С.М.* Объединённая Республика Танзания: Справочник. М., Институт Африки РАН, 2014. С. 59.

[47] Zanzibar: Tanzania Opposition Party Calls for Protests after Rejection of Federalist Reform [September 25, 2014] – http://unpo.org/article/17551

[48] *Haule R.R.* Torturing the Union? An Examination of the Union of Tanzania and its Constitutionality // Zeitschrift für ausländisches öffentliches Recht und Völkerrecht: Max-Planck-Institut für ausländisches öffentliches Recht und Völkerrecht – http://www.zaoerv.de/66_2006/66_2006_1_b_215_234.pdf

[49] Daily News Polls – http://archive.dailynews.co.tz/index.php/polls/48-president-jakaya-kikwete-says-running-three-governments-is-more-expensive-do-you-agree-with-this

[50] *Шлёнская С.М.* Объединённая Республика Танзания... С. 58–67.

[51] *Uki A.* Maridhiano and the Government of National Unity, its Impact on Elections and Constitutionalism in Tanzania – http://www.kituochakatiba.org...pdf

[52] Zanzibar: 2010 Constitutional Referendum Results – http://www.content.eisa.org.za/old-page/zanzibar-2010-constitutional-referendum-results

[53] Constitution Has no Religion or Political Party – it Belongs to All of Us [19.12.2010] – http://www.ippmedia.com/frontend/?l=24210

[54] CCM Wants Zanzibar Constitution Reviewed [27.02.2014] – http://www.thecitizen.co.tz/News/CCM-wants-Zanzibar-Constitution-reviewed/-/1840392/2223398/-/x6x9g4z/-/index.html

[55] Zanzibar: New Constitution an Example for Tanzania as a Whole [30.03.2011] – http://unpo.org/article/12455

[56] Tanzania: CA Members Form Union to Defend Draft Constitution [03.2014] – http://www.constitutionnet.org/news/tanzania-ca-members-form-union-defend-draft-constitution

[57] *Shivji I.G.* Pan-Africanism or Pragmatism?.. P. 83.

[58] *Nyerere J.K.* Freedom and Unity... P. 292.

[59] *Fouéré M.-A.* Recasting Julius Nyerere in Zanzibar: the Revolution, the Union and the Enemy of the Nation // Journal of Eastern African Studies. 2014. Vol. 8. Issue 3.

PART TWO

The Challenges of Federalism in Nigeria

ЧАСТЬ ВТОРАЯ

Проблемы федерализма в Нигерии

Igho Natufe

The Amalgamation of Nigeria and the Quest for a Nation

В статье Игхо Натуфе «Объединение Нигерии и поиски государственности» приводятся критические суждения по проблеме слияния Севера и Юга в 1914 г. и установления федеративной системы в стране. Автор задается вопросом о смысле объединения и доказывает, что отдельные народы, которые британская администрация попыталась скрепить союзом, вовсе не утратили свой суверенитет. В работе также прослеживается эволюция федерализма и анализируется роль политиков в скатывании Нигерии от желаемой модели федеративной системы к карикатурному федерализму. Выявляется несогласованность между монолитными политическими и электоральными структурами в управлении якобы федеративной политической системой, в результате чего федерирующиеся единицы превращены в административные органы, подчиненные центральному правительству. Автор отстаивает необходимость перехода к искомой форме федерализма, основанной на принципе асимметрии, в соответствии с которым субъекты федерации осуществляют исключительную юрисдикцию в ключевых сферах социально-экономического развития и определяют объем полномочий, передаваемых субъектами центральному правительству.

Introduction

In 2014 (January 01) Nigeria and the United Kingdom celebrated the 100th anniversary of the amalgamation of Nigeria. For the United Kingdom it was viewed as a celebration of their colonial success in bringing together disparate nationalities in a new country they had christened «Nigeria». Unlike the other British colonial inspired federations that failed, the centenary of Nigeria must be regarded as a huge success in Westminster. On the other hand, Nigerians will use the occasion as another opportunity to contemplate the future of their country as they grapple with the problematics of establishing a Nation. At the beginning of the 20th century Flora Shaw, later Lady Lugard, the wife of Lord Frederick Lugard, christened the territories NIGERIA. Lord Lugard later played a significant role in shaping the contours of the country.

When Lugard amalgamated the Colony of Lagos, the northern and southern protectorates into a country called NIGERIA in 1914, it was not with the consent of the peoples of the two protectorates, including the nationalities of the Niger Delta. It must be stressed, however, that none of the treaties of protection extinguished the sovereignty of the protectorates. In all cases, the protectorate treaties recognized the sovereignty of the peoples of the territories with whom these treaties were signed, while they granted Britain a preferential status in trade vis-à-vis other European powers in those territories. The peoples and their leaders believed in the series of treaties of protection which, as it turned out, they were tricked to sign with the British Crown in the 19th century, as the British sought to retain exclusive trading relationships with the peoples of the protectorates, especially the peoples of the Oil Rivers Protectorate, at the height of European colonial scramble for Africa. The protectorates were never colonies of Britain. Thus, they were expecting that an end of British «protection» would mean a return to their pre-protectorate independence status.

It is interesting to note that the Fourteen Points of US President Woodrow Wilson that called for the self-determination and independence of peoples in Austria-Hungary and the Balkan states, at the end of World War l, excluded the non-European colonies and protectorates by definition. Even the Peace Treaty of Versailles, signed on June 28, 1919, by Germany and the Allied Powers, did not consider non-European colonies and protectorates worthy of self-determination and independence. In effect, the Peace Treaty of Versailles reinforced the decisions of the imperialist Berlin Conference of 1884/1885 on the partition of Africa, by entrenching the colonization of Africa via the sharing of German African colonies among the Allied Powers – England and France.

At the end of British rule in Nigeria, the British protectorate system unilaterally extinguished the independence of the peoples of the northern and southern protectorates and transferred their sovereignty to the Nigerian State, the successor to Britain. With this illegal transfer of sovereignty, the two protectorates, including the peoples of the Niger Delta lost their jurisdiction over their territories, their natural resources and critical elements of their political and economic administration. The current agitation for genuine federalism that will see the federating units of Nigerian federation exercise exclusive jurisdictions over their natural resources etc. is a consequence of that loss of sovereignty.

The concept of extinguished sovereignty as used above is deliberately framed to provoke an in-depth analytical discussion of the rights of the Nigerian nationalities covered by British protectorate treaties. Under what circumstances can the sovereignty of a people be said to be extinguished? Have the people ceased to exist? Are they extinct? Did they voluntarily extinguish their sovereignty? These are some of the vital questions of Law which need to be explored by Nigerian legal scholars.

For example, by demanding the restoration of the rights of indigenous peoples to their lands and natural resources, the Kaiama Declaration was arguing for the non-extinguishable sovereignty of the peoples of the Niger Delta. Minority ethnic groups the world over, who are the indigenous or aboriginal people of their territories, face discrimination as they are marginalized and dispossessed of their lands and natural resources. In declaring 1993 the Year of Indigenous Peoples, the United Nations (UN) began to grapple with this problem at the global level. For instance, on June 26, 2006, the UN Human Rights Council passed a resolution adopting the UN Declaration on the Rights of the Indigenous Peoples, recognizing their rights to their lands and resources. Does this Declaration apply to the indigenous peoples of Nigeria, including the Niger Delta? Many of us believe it does. The challenge therefore is for us to advance this thesis in our articulation of the rights of Nigeria's ethnic nationalities within the context of framing a new federal structure for Nigeria. As postulated in separate studies[1] by two reputable international organizations, the failure of governance and the absence of government were underlined as the major cause of the problems in Nigeria's Niger Delta region.

That Nigeria is a State is not questionable. But the building of a Nigerian Nation has been elusive since the amalgamation of 1914. This paper shall analyse the evolution of this process and propose options on how best to establish a durable foundation for a Nigerian Nation. The paper consists of three sections. The first section shall evaluate the pre-independence views of Nigerian leaders on the political structure of the country. While the section shall rely on the works of other scholars it shall, however, pay particular attention to the publications of Obafemi Awolowo (first Leader of Government Business and later first Premier of Western Nigeria from 1952–1959; and first Leader of Opposition in the Federal House of Representatives from 1959–1963) and Ahmadu Bello (first Premier of Northern Nigeria from 1954–1966)[2], whose perspectives on the political structure of Nigeria present inviting argumentations vis-à-vis their contending political philosophies. The second and third sections shall focus on the Quest for a Nation, especially after the series of military intrusions in the governance of the country since

January 1966, and provide options for a Nigerian Nation.

From Amalgamation to Independence

The British amalgamation of Nigeria occurred in stages. Prior to the christening of the territories by Lady Lugard, Britain had signed a series of «treaties of protection» with various ethnic nationalities across the territories that Lady Lugard christened Nigeria. All these «treaties of protection» took place just before and after the Berlin Conference of 1884/1885 on the colonial partition of Africa. British traders and missionaries had been active in the region. According to the British Government, it was in response to the «pressure from British traders and missionaries» in December 1851, that a «British naval force» was despatched to depose «the reigning Oba of Lagos, Kosoko, and installed his principal rival, Akitoye, who promptly signed a treaty with the British Government granting protection and support to Christian missionaries, free trade privileges to British subjects and most-favoured-nation status to the British Government...». However, facing increasing challenge of Kosoko's attempt to regain his throne and the emerging competition from other European countries, Britain decided to impose «direct political control through the annexation of Lagos as a colony. This was affected by means of the treaty of 30th July, 1861, wherein Docemo, Akitoye's successor, ceded Lagos to the British in return for an annual pension»[3]. A number of «protectorates» in the contemporary Niger Delta region were grouped to form the Oil Rivers Protectorate which, on May 13, 1893, was renamed the Niger Coast Protectorate which, in turn, «was amalgamated with part of the territory formerly administered by the Royal Niger Company to form the "Protectorate of Southern Nigeria"». The «greater part of the territory ostensibly under the control of the Royal Niger Company became the Protectorate of Northern Nigeria», while on May 01, 1906, «the Protectorate of Southern Nigeria absorbed the Colony and Protectorate of Lagos». On January 01, 1914, the Colony and Protectorate of Southern Nigeria was amalgamated with the Protectorate of Northern Nigeria to form the «Colony and Protectorate of Nigeria»[4].

The captains of British vessels plying the coast of contemporary Nigeria had in their pockets prepared pro-forma copies of the so-called «treaties of protection» which they presented to the Kings and leaders of the ethnic communities they came in contact with. The document alleged that the treaty was being signed at the «request» of the King and leaders of the particular ethnic community seeking the «protection» of Britain, in return for which Britain would be granted a «most-favoured-nation status»[5]. Obafemi Awolowo described these as British «treaties of dubious validity». He declared: «It is the documents which contain the terms of those enforced agreements that are now called treaties. Obviously, they were tainted with what English lawyers call duress and undue influence»[6]. Thus, it was on the basis of these «treaties of dubious validity» that Britain amalgamated the southern and northern protectorates of Nigeria in 1914.

For the British Government, the amalgamation was not intended to merge the peoples of the two protectorates into a single Nigerian community. As argued by Uma O. Eleazu, «the amalgamation was a farce. It was merely a way of relieving the British Treasury of the onus of having to finance the administration of Northern Nigeria» with revenues generated by the people of Southern Nigeria[7]. Since Northern Nigeria was a financial burden to the British Treasury, it was therefore expedient for Britain to transfer that burden to the people of Southern Nigeria. By amalgamating both territories, for example, the goods being transported from the North to the seaports in Southern Nigeria would not incur any cost, while the revenues from Southern Nigeria would be used to administer the North. The British Government imposed the amalgamation on the peoples of both protectorates and saddled the South with its financial responsibilities. In his dismissal of the amalgamation, Thomas Pakenham, a British historian, wrote: «After all, these haphazard blocks of scrub and desert, peppered with ill-matched tribes, had neither geographical nor political unity...»[8]. There was no concerted attempt by the British to establish a united political community.

Conceived as purely an administrative convenience via an institutional amalgamation with limited and/or controlled human interactions of Southern and Northern Nigerians, the British Government intended for both entities to be governed separately with the minimum of cross fertilization between them. It was on the basis of this that Hugh Clifford, Lugard's successor, was infuriated by the influx of Southern Nigerians «into the predominantly Moslem North» which he regarded as both «regrettable and harmful»[9]. Clifford was Governor of Nigeria from 1919–1925. British policy was based on «"protecting" the North from every Southern influence»[10]. It is noteworthy to observe that, almost three decades later, Clifford's views were echoed by Abubakar Tafawa Balewa. Speaking in the Northern House of Assembly in 1952, Balewa, who later became the Prime Minister of Nigeria (1960–1966), dismissed the amalgamation of Nigeria by the British Government. He declared as follows:

...the Southern people who are swarming into this region daily in large numbers are really intruders. We don't want them and they are not welcome here in the North. Since the amalgamation in 1914, the British Government has been trying to make Nigeria into one country, but the Nigerian people are different in every way including religion, custom, language and aspiration. The fact that we're all Africans might have misguided the British Government. We here in the North, take it that «Nigerian unity» is not for us[11].

It should be noted that, a decade before Balewa's statement, the Conference of Northern Chiefs (CNC) meeting in 1942 had made the case for the North. In its response to a letter from the West African Students' Union in London, the CNC posited that: «Holding this country together is not possible except by means of the religion of the Prophet... If they want political unity let them follow our religion»[12]. According to the Northern Chiefs, non-Muslim Nigerians would have to convert to Islam as a prerequisite for «political unity» between the North and the South. This view underlines the notion that Islam and Christianity cannot coexist under the bowel of a single state. Unfortunately, the force of this logic has left its mark in countries where both religions have been compelled to share the same territory, including Nigeria.

Irrespective of the «treaties of dubious validity» that laid the foundation for the «farce» amalgamation, pre-independence Nigerian political leaders continued to engage in discussions on how to structure the Nigerian political system. The fact that amalgamation did not result in any uniformed or unitary system of government merely underlined the differences of Northern and Southern Nigeria by making the case for federalism a powerful argument. Britain's attempt at addressing the issue came under the governorship of Arthur Richards (1943 – February 1948) in 1946 with the release of the Richards Constitution. Richards' predecessor, Bernard Bourdillon (1935–1943) had divided the country into three regions in 1939, by splitting the South into two – East and West – and leaving the North as a single entity. While the Richards Constitution established an expanded Legislative Council that presented a platform for Nigerians from the three regions to deliberate on the affairs of the country, neither it nor the accompanying regional houses of assembly had any powers. Though a marked improvement from the Hugh Clifford 1922 Constitution that excluded Northern Nigeria and with no Nigerians in the executive council, the Richards' variant failed to meet the expectations of Nigerians who were not consulted.

At the time the Richards Constitution was promulgated, the National Council of Nigeria and the Cameroons (NCNC) was the only national political party in the country. Established in 1944 with Herbert Macaulay as its President and Nnamdi Azikiwe as the Secretary, the NCNC condemned the Richards Constitution and took its protest to London. The Northern People's Congress (NPC) was formed in 1949, while the Action Group (AG) was established in 1951. The NCNC changed its name to the National Council of Nigerian Citizens in 1961, following the plebiscite in Southern Cameroon that resulted in re-uniting of Southern Cameroon with former French Eastern Cameroon forming a country. While the NCNC perceived itself as a pan-

Nigerian political party, the AG was confined to the West, and the NPC, as indicated by its name, was a Northern party. Perhaps the choice of the name Northern People's Congress as opposed to, for example, a *Nigerian People's Congress*, was informed by the belief of Northern political leaders that «Nigerian unity» was not for them, as articulated by Balewa.

Though the Richards Constitution recognized the federal principle on paper, it was basically a unitary system given that the respective regions (lieutenant governors) were subjugated to the centre (governor). Furthermore, Nigerian leaders, particularly members of the NCNC condemned the Richards Constitution for failing to consult them. Notwithstanding its defects, the Richards Constitution stimulated debates on the future of Nigeria. Nigerian political leaders were united on federalism as the most viable political system for the country. During a debate on the subject at the Legislative Council, Balewa expressed a strong preference for the federal principle and the need to allow federating units to develop at their own pace. He opined: «I am beginning to think Sir that Nigeria's political future may only lie in federalism, because so far as the rate of regional progress is concerned some of the other regions appear to be more developed than others, and I think that no region should be denied self-government because the others are not ready for it»[13]. He was in fact saying that the West and East were free to demand for their self-government and independence and go their separate ways, without waiting for the North. It must be stressed that Northern political leaders were very consistent on this issue. In fact, on several occasions, they presented an outlet for the West and the East to seek and obtain their respective independence from colonial rule, as they felt they were not ready for this.

The Richards Constitution was put aside, while a national constitutional conference was convened in Ibadan in January 1950. The outcome of this conference led to the MacPherson Constitution of 1951. John MacPherson was the governor of Nigeria from February 1948 – June 1955. To help focus the deliberations at the Ibadan Conference, H.M. Foot, the Chief Secretary posed two vital questions for the consideration of the delegates.

1. «Do we wish to see a fully centralized system with all legislative and executive power concentrated at the centre or do we wish to develop a federal system under which each different region of the country would exercise a measure of internal autonomy?»

2. «If we favour a federal system, should we retain the existing regions with some modifications of existing regional boundaries or should we form regions on some new basis such as the many linguistic groups which exist in Nigeria?»[14]

The conflicting regional responses to the above have contributed to the challenges Nigeria has been facing on this issue. While the North endorsed «a federal system of government in Nigeria», their support was predicated on «that all proposed legislation for enactment by the Central legislature should be considered first by Regional legislatures». Their precondition for «a federal system of government in Nigeria» is highly incongruous with the federal principle. The Northern response was convoluted as it did not offer a clear path to federalism. As stated by Balewa at the Conference, «the North is afraid of making this rapid, and if I may call it, artificial advance at this stage»[15]. The West, on the other hand, strongly favoured federalism with boundaries adjusted to reflect ethnic and linguistic homogeneity. This response echoed the position of Awolowo as he had argued for federalism when he wrote in 1947: «Under a true federal constitution each group, however small, is entitled to the same treatment as any other group, however large. Each group must be autonomous in regard to its internal affairs. Each group must have its own Regional House of Assembly». The Western position underlined the federal principle which recognizes the equality and independence of the federating units under what Awolowo referred to as «a true federal constitution». Unlike the West, the Eastern response was ambivalent. It was federalism on paper but unitary in structure. According to the East, «...the regional legislatures would exercise a measure of autonomy only on certain matters to be delegated to the regional legislatures by the central legislature»[16]. The North was «afraid», while the East preferred an admixture of federalism and a unitary structure. The fear of the North to make what Balewa referred to as an «artificial advance at this stage» reflected its position on the general question of independence for Nigeria.

However, the MacPherson 1951 Constitution recognized the need for a federal system in Nigeria. The regional houses had both executive and legislative powers within their areas of jurisdictions. A Federal House of Representatives was established, with federal ministers drawn from members of the regional houses of assembly. The federating units were the three existing regions – East, West, and North – which were dominated by the Igbo, Yoruba, and Hausa/Fulani, respectively. Though it was a marked progress from the Richards Constitution, the MacPherson Constitution did not consider the formation of regions to reflect the «many linguistic groups which exist in Nigeria», as contained in Foot's questions to the Ibadan Conference; a position which the West had strongly endorsed. It was obvious that this position did not receive the endorsement of the East and North. This was a grave omission as the MacPherson Constitution missed a golden opportunity to address a fundamental structural problem in Nigerian polity. It is, however, unclear if it was this omission that led Ayo Dunmoye to assert that «the advances made in the federal arrangement of the country by the 1951 Constitution seemed to have ushered in the era of ethnic nationalism and reinforce regional divisions»[17]. To argue that the 1951 Constitution «seemed to have ushered in the era of ethnic nationalism and reinforce regional divisions» because of «the advances made in the federal arrangement» is to falsely blame federalism for these phenomena. Would a con-federal or a unitary system have been a better alternative to federalism? First and foremost, ethnic nationalism predates the 1951 Constitution in Nigeria. Secondly, «regional divisions», which I prefer to refer to as *regional diversities* are congruous to a federal system. What is required is a coherent approach to manage regional diversities strategically as a goal of nation-building.

While Awolowo was making a case for «a true federal constitution» he, at the same time, presented conflicting thoughts on the issue of independence, some of which seemed to be an apology for British Empire and colonialism. He correctly observed that «the fire of nationalism cannot burn without fuel – and grievances (real and imaginary) are its readiest fuel»[18]. Perhaps forgetting that he had defined «grievances» as the «readiest fuel» of nationalism, he warned fellow nationalists: «We must not allow present grievances to blind us to the virtues of the Empire». He continued:

> Perhaps the strongest argument against the grant of self-government to Nigeria now is that, from the point of view of intellectual and practical qualifications, and public-spiritedness, there are not enough men in the country to cope with the responsibilities and exertions of a free modern state[19].

Though written five years before Balewa's statement of 1952 referenced above, Awolowo was of the view that Nigeria was not ready for self-government and independence. But his articulation of this premise could not have been argued any better by any British Colonial officer. The significance of his views dictates quoting in full. He opined:

> It is therefore reckless for Nigerians (or any other Colonials) to imagine that British rule could be terminated by bitter denunciation of imperialism, or sweeping generalizations about oppression, exploitation, and the like. In order to attain to self-government, Nigerian politicians must impress reasonable men both in British public life, and in other parts of the world, that they are qualified in all respects to maintain, and if possible improve upon, the present state of efficient and orderly government in the country. And the fact these «reasonable men» are unanimous in their open and strong support of the demands of India, Burma, Ceylon, and the West Indian Islands, while they believe we in Nigeria are asking too much by demanding self-government now, is indefeasible proof both of their wisdom and our rashness[20].

Considering that Awolowo and Jaja Wachukwu were among the 26 Africans that attended the 5th Pan-African Congress in Manchester, England, on

October 15–21, 1945, his views on the self-government and/or independence aspirations of Nigeria and other colonies in Africa vitiated the spirit of the Pan-African Congress, stretching back to the 1st Pan-African Congress of 1919 in Paris. Hastings Banda of Malawi and Jomo Kenyatta of Kenya also attended the 5th Pan-African Congress. That his views were published two years after the 5th Pan-African Congress can only suggest Awolowo's deep ideological gulf on this subject with, for example, Kwame Nkrumah who co-chaired the Congress, and the demand of the 5th Pan-African Congress for the end of colonial rule and racial discrimination in the colonies, including Nigeria. By stating that it was «reckless for Nigerians (or any other Colonials) to imagine that British rule could be terminated by bitter denunciation of imperialism, or sweeping generalizations about oppression, exploitation», it could be inferred that Awolowo was opposing the resolutions of the 5th Pan-African Congress that denounced racial discrimination, imperialism and colonialism. Not only did his views seem to condone the colonization of Nigeria and the subsequent amalgamation which he had condemned; they also seriously questioned the logic of his party's motion for «self-rule» leading to independence in 1956 that was moved by Anthony Enahoro in the Federal House of Representatives in 1953. What had changed materially in Nigeria between 1947 and 1953 that warranted the motion?

If, for example, the «reasonable men» whose consent Awolowo asserted to above had reached a «unanimous» decision that Eastern and Western Nigeria were ready for self-government and independence in 1953, the leaders of Northern Nigeria were convinced that the same «reasonable men» would find a demand for Northern «self-government now» a proof of «our rashness». The MacPherson Constitution by itself, or any constitution for that matter, could not conjure a magic wand to eliminate the fears of the North vis-à-vis what Balewa referred to at the 1950 Ibadan Conference as an «artificial advance at this stage» towards self-government and independence, even though they endorsed federalism. Balewa's 1952 speech at the Northern House of Assembly questioned the corporate existence of Nigeria. He referred to the «Southern people» who were «swarming» into the North as «intruders». He added: «We don't want them and they are not welcome here in the North». In castigating the British Government for «trying to make Nigeria into one country» he concluded: the «Nigerian people are different in every way including religion, custom, language and aspiration. The fact that we're all Africans might have misguided the British Government. We here in the North, take it that "Nigerian unity" is not for us». It was therefore preposterous for any political party or region to move a motion for independence without addressing the concerns expressed in Balewa's speech. As stated repeatedly by Northern leaders, and especially by Ahmadu Bello, the North «did not want any Region to wait for it»[21]. In simple terms, he was urging the regions to go their separate ways. Enahoro's 1953 motion for self-rule provided the basis for this postulation.

Ibrahim Iman called for the Enahoro motion to be «adjourned until the three Regions can form a national front with a view to agreeing among themselves, sinking their differences, grievances, prejudices, both tribal and political, suspicions and fears and agree on the fundamental principles of self-government»[22]. The failure of parliamentarians to debate the merits of this proposal culminated in Kingsley Mbadiwe and Awolowo leading their parties – NCNC and the AG, respectively – in walking out of the House of Representatives. Bello questioned «the mentality of those bodies who "walk out" from conferences and the like». Referring to the amalgamation of 1914, he declared: «The mistake of 1914 has come to light and I should like to go no further»[23]. Supporters of the other political parties barracked the Northern federal parliamentarians as they left the House of Representatives in Lagos; and all the way on their train journey back to Kaduna. Reflecting on this experience, Bello wrote:

We hoped that when we crossed the border that we should be alright, but all the way up the line, even to the last station before Kaduna, the railway people and Southern elements gave us no peace.

Frustrated by the ill treatment he felt Northern parliamentarians received, Bello pondered on the «kind of trouble» they had «let» themselves «in for by associating with such people». According to him «agitations in favour of secession» were very high in the North saying that «we should set out on our own; we should cease to have anything more to do with the Southern people; we should take our own way» and «the centre would have to hand over to us our share of Nigeria's accumulated sterling assets»[24].

However, two obstacles conspired against the «agitations in favour of secession». The first was Bello's recognition of the critical role played by the Southern seaports in the revenue generation of the North. Secondly, he feared for the safe passage of Northern goods through Southern territory to the seaports[25]. These considerations compelled Bello and his Northern colleagues «to take a modified line» as a strategic move in dealing with the South and Nigeria. He averred:

We must aim at a looser structure for Nigeria while preserving its general pattern – a structure which would give the Regions the greatest possible freedom of movement and actions; a structure which would reduce the power of the Centre to the absolute minimum and yet retain sufficient national unity for practical and international purposes[26].

The above postulation defined the Northern concept of federalism which they outlined in a subsequent 8 Point Programme on the subject, which we shall encounter later. Meanwhile, as a fall-out of the failed debate on «self-rule» at the Federal House of Representatives, an Igbo-Hausa ethnic riot took place in Kano in May 1953. Speaking in the Northern Legislature in May 1953, following the Kano riot and the debate on independence in Lagos, Yahaya Gusau focused on a vital aspect of nation-building. He observed «that in forming a nation, one should not solely aim at improving the intellectual and artistic attainments, the more visible ones, but one should also remember the traditions and the customs and moral training, which are undoubtedly the most important but which are usually trodden upon in haste». He continued:

> Is it not madness for the North to ask for self-government at a time when the majority of the Junior Services in the North are filled entirely by non-Northerners? The British Government will fail in its duty if it gives self-government to Nigeria as an integral part at a time when the North is still incapable of taking its full share in the educational, economical, political and administrative activities of the country and at a time when the common man in the North does not know his rights, much less how to ask for them[27].

The North had made a strong case against the granting of independence «to Nigeria as an integral part» at a time when they were not ready for it. This was one of the several opportunities presented to the South (the East and West of Nigeria) to go their separate ways. It was both intriguing and perplexing that while Nigerian leaders (East, West, and North) condemned the 1914 amalgamation as a «farce», a «fraud», and a «mistake» they were seeking for measures to legitimize the same «farce», «fraud», and «mistake». As we saw in the case of the British imposed federation of Rhodesia and Nyasaland, the peoples of Northern Rhodesia, Southern Rhodesia, and Nyasaland did not legitimize the British imposition. They sought and gained independence as three sovereign nations – the contemporary nations of Zambia, Zimbabwe, and Malawi, respectively. This option was there in Nigeria, but the southern political leaders, led by Awolowo and Azikiwe, forced the issue of a «Nigerian unity» which Balewa had said was «not for» the North. If Bello viewed the amalgamation as a «mistake», Azikiwe and Awolowo made a fatal mistake by failing to extricate the South from the original mistake of 1914 when presented with the opportunities.

The North was driving the process of Nigeria's constitutional reform and its time-table for independence. In a «compromise on the suggestion of secession from Nigeria», the Northern Legislature proposed amendments to the 1951 Constitution via their 8 Point Programme which was tabled at the

Northern House of Assembly for debate. Given the significance of this proposal it is vital that it be given full citation.

1. «Each Region shall have complete legislative and executive autonomy with respect to all matters except the following:
   (a) Defence;
   (b) External Affairs;
   (c) Customs; and
   (d) West African research institutions».

2. «There shall be no central legislative body and no central executive or policy-making body for the whole of Nigeria».

3. «There shall be a central agency for all Regions, which will be responsible for the matters mentioned in paragraph (1) (a) to (d) and any other matters delegated to it by a Region».

4. «The central agency shall be at a neutral place, preferably Lagos».

5. «The composition, power and responsibility of the central agency shall be defined by the Order-in-Council establishing the new constitutional arrangements. The agency shall be a non-political body».

6. «The services of the railway, air services, ports, electricity and coal mining shall be organised on an inter-Regional basis and shall be administered by public corporations. Such public corporations shall be independent bodies governed solely by the statutes under which they are created. The Boards of such corporations shall be composed of experts with a minority representation of the Regional Governments».

7. «All revenues shall be levied and collected by the Regional Governments, except customs revenues. Custom duties shall be collected at the port of discharge by the central agency and paid to each Region. The administration of the customs shall be so organised as to ensure that goods consigned to each Region are separately cleared and charged to duty».

8. «Each Region shall have a separate public service»[28].

Speaking in support of the motion at the Northern House of Assembly, Mohammad Lapai observed that «the present Constitution gives more power to the Centre...» and therefore proposed «that full autonomy be given to each Region so as to make the Centre weak or loose. Secondly, it is proper and constitutional that each Region should progress at its own pace so that no one territory will be a drag on the other»[29]. The Northern 8 Point Programme conformed more to a confederation than a federation. Nevertheless, it clearly articulated how Northern leaders expected to see the role of the regions in a Nigerian political structure.

It is interesting to note that the British Government took prompt action on this issue immediately following the passing of the motion by the Northern House of Assembly. The Secretary of State for the Colonies, Oliver Lyttleton informed the House of Commons in London that the British Government «had regretfully decided that the Nigerian constitution would have to be redrawn to provide for greater Regional autonomy and the removal of power of intervention by the Centre in matters which would, without detriment to the other Regions, be placed entirely within the Regional competence»[30]. Since the 1914 amalgamation British policy has been tailored to favour Northern Nigeria. For example, the splitting of Southern Nigeria into Eastern and Western regions in the Richards Constitution, leaving the North as a region, was without the consent of the South. Bello had revealed that the positions of the North «quite frequently… would coincide with those of the British officials, since both groups had the same objects in view»[31]. Even though the «regretful» decision of the British Government to redraw the Nigerian constitution was a reasonable action as the MacPherson Constitution was a poor admixture of federalism and unitarism, it is doubtful if they would have taken the same decision if the said resolution had emanated from either the East or West.

The process of «redrawing» the Nigerian constitution was in two stages, with the full participation of all the political parties – AG, NCNC, and NPC. The 1953 London Conference was reconvened in Lagos in 1954 where the parties agreed on a federal constitution for Nigeria, referred to as the Lyttleton Constitution. The federating units were the existing three regions – East, West, and North. While the Lyttleton Constitution helped to ameliorate interparty relations leading to the granting of independence to Nigeria on October 01, 1960, it failed to address a key question posed by Foot at the All Nigerian General Conference in Ibadan in 1950. He had asked delegates to the Ibadan Conference:

If we favour a federal system, should we retain the existing regions with some modifications of existing regional boundaries or should we form regions on some new basis such as the many linguistic groups which exist in Nigeria?[32]

Implicit in Foot's question was the recognition of «the many linguistic groups which exist in Nigeria» as Nigeria's federating units. Awolowo had endorsed this position three years before the Ibadan Conference when he stated: «Under a true federal constitution each group, however small, is entitled to the same treatment as any other group, however large. Each group must be autonomous in regard to its internal affairs. Each group must have its own Regional House of Assembly»[33]. Unfortunately, the failure of Nigerian politicians to resolve this vital issue at the 1954 Lagos Conference that produced the Lyttleton Constitution accounts for one of the reasons for the demand of «true federalism» by several Nigerian ethnic nationalities during the post-independence period. As succinctly argued by Abdul Raufu Mustapha:

The departing British colonial authorities, in collusion with aspirant hegemonic politicians from the majority ethno-regional blocs, rejected any attempt to restructure the federation to take account of the legitimate fears of the minority ethnic groups. Instead, sops were offered in the form of a Bill of Rights and the Willink Commission which sat in 1958 to investigate «minority fears». Its report and the resulting recommendations did not depart from the framework already agreed upon by the British and the hegemonic nationalist politicians[34].

The three political parties that dominated the Nigerian polity before the intrusion of the military in the governance of the country in January 1966 were the AG, NCNC, and the NPC. These parties were in turn ruled by the Yoruba, Igbo, and Hausa/Fulani majority ethnic groups, respectively.

We can identify three premises of Nigerian federalism. These are the equality of the federating units, for which Awolowo had argued in his «Path to Nigerian Freedom»; the Hausa/Igbo/Yoruba tripodal conspiracy; and the question of minority rights. If Nigeria were pursuing federalism based on the equality of the federating units, we would expect the first premise to be dominant in the polity. The fact that the Hausa/Igbo/Yoruba tripodal conspiracy determines the form and content of current Nigerian federalism is reflected in the way the political leaders of those three ethnic groups viewed the ethnic minorities within their provinces as their respective colonial possessions, just as European colonial powers regarded their African colonies. Mustapha referred to the Hausa/Igbo/Yoruba tripodal conspiracy as the «hegemonic politicians». It was a scramble for Nigeria by the Hausa, Igbo, and Yoruba to maintain their power over the ethnic minorities located in the regions that they controlled. This is vividly illustrated in Table 1 below; before the creation of the Midwest State from Western Nigeria in August 1963.

TABLE 1: GOVERNING PARTIES AND STATE CREATION, 1954–1966

REGION	PARTY IN POWER	STATE CREATION IN THE REGIONS		
		EAST	NORTH	WEST
East	NCNC	Oppose	Support	Support
North	NPC	Support	Oppose	Support
West	AG	Support	Support	Oppose

As shown in the above table, the demand for state creation in any particular region enjoyed the support of the opposing political parties in that region. For example, while the NCNC opposed the agitation for a COR State

(Calabar-Ogoja-Rivers) in the East dominated by the Igbo ethnic group, they strongly supported the agitation for a Midwest State in the West and a Middle Belt State in the North, which were dominated by the Yoruba and Hausa ethnic groups, respectively. Thus, each majority ethnic group supported the creation of states in other regions while retaining its ethnic hegemony in its own region, in a move reminiscent of preventive imperialism of the European powers in Africa.

It must be stressed that the AG crisis that began in May 1962, following the party's convention in Jos, fundamentally altered the alliance construct of Nigerian political parties in the 1962–1965 period, and significantly aided the creation of the Midwest State. It provided an ideal constitutional framework for the Midwest State movement. The crisis also presented the NPC–NCNC coalition government a golden opportunity to crush the AG. Deserters from the AG, led by Samuel Akintola and Ayo Rosiji, established a new political party – the United People's Party (UPP) – which in mid-1964 was renamed the Nigerian National Democratic Party (NNDP). As premier of the West, Akintola emerged as the leader of the party. In the Federal House of Representatives, Rosiji led the pack of former members of the AG to cross carpet to swell the cell of the NPC. The disarray of the AG, coupled with the impact of the treasonable felony trial against Awolowo, Enahoro and other leaders of the party, created ideal situations for the NPC. The NPC no longer seem to need its alliance with the NCNC, and thus became politically arrogant towards its coalition partner. Akintola, who as the premier of an AG-led government of the West had opposed the creation of a Midwest State, now began to view the creation of the state through the same ideological prism of the NPC, a party with which his NNDP was now aligned.

Thus, the governing parties of the East (NCNC), the North (NPC), and the West (NNDP) now all agreed on the creation of the Midwest State. The houses of assembly of the respective regions had little difficulty passing the required resolutions in support of the proposal to create the Midwest State. Irrespective of its growing schism with its coalition partner at the federal level, the NCNC voted with the NPC and the NNDP at the Federal House of Representative in favour of the creation of the Midwest State. With the above scenario, the subsequent plebiscite of August 09, 1963, became a mere formality as Midwesterners overwhelmingly voted for the creation of their State. While both the NPC and the NCNC achieved their state creation policy objectives as per the above table, it is instructive that the NNDP, though a Yoruba-based party, was prepared to dispense with the Yoruba opposition to the creation of Midwest State primarily to demonstrate its deep ideological schism with the AG, a situation which had direct impact on the 1965 political crisis and violence in Western Nigeria.

The agitation for state creation was primarily to assuage the fears of the minority ethnic groups and provide them with their respective regions/states in a polity dominated by Nigeria's three major ethnic groups. Thus, following the plebiscite of August 09, 1963, that resulted in the creation of the Midwest Region (later Bendel State, and now split into Edo and Delta states) from the Western Region, it was anticipated that ethnic minorities in Eastern and Northern regions would also have their respective regions/states. But this anticipation was jettisoned, firstly, by the military take-over of power on January 15, 1966, and, secondly, by the subsequent military imposed state creations of 1967, 1976, 1987, 1991, and 1996. The main motivation for the 12 states created by the Nigerian Military Government in 1967 was to isolate the Biafran secessionist movement of the Igbo in Eastern Nigeria, by denying them access to the seaports through the creation of two minority states – Rivers (now Rivers and Bayelsa) and Cross River (now Cross River and Akwa Ibom) – from the former Eastern Region. But the splitting of the major ethnic groups into several states was never envisaged in the original demand for state creation in Nigeria. This has significantly compromised the rationale for state creation which was meant to address the domination of Nigeria's minority ethnic groups by the Hausa-Yoruba-Igbo tripodal rule.

TABLE 2: NIGERIA: LOCATION OF MINORITY ETHNIC GROUPS

States by zones	«Majority» Ethnic Group with some presence	Minority Ethnic Groups
North West		**54**
Sokoto, Kebbi + Zamfara (Old Sokoto)	Hausa	12
Katsina	Hausa	1
Kano + Jigawa (old Kano)	Hausa	9
Kaduna	Hausa	32
North Central		**123**
Old Kwara (+ some parts of Kogi)	Yoruba, Hausa	20
Old Niger	Hausa	19
Old Benue (+ some parts of present Kogi)	Hausa	12
Plateau + Nassarawa (Old Plateau)	Hausa	72
North East		**205**
Borno + Yobe (old Borno)	-	29
Adamawa + Taraba	Hausa	112

(old Gongola)		
Bauchi + Gombe (old Bauchi)	Hausa	64
South West		**4**
Oyo + Osun (Old Oyo)	Yoruba	-
Ekiti + Ondo (Old Ondo)	Yoruba	2
Ogun	Yoruba	-
Lagos	Yoruba	2
South South		**59**
Edo + Delta (old Bendel)	Igbo	13
Rivers + Bayelsa (Old Rivers)	Igbo	10
Akwa Ibom	-	7
Cross River	-	29
South East		**1**
Anambra, Enugu + Ebonyi (Old Anambra)	Igbo	1
Imo + Abia (Old Imo)	Igbo	-

Source: Otite O. *Ethnic Pluralism and Ethnicity in Nigeria*. Shaneson, Ibadan, 1990. P. 44–57, as cited by *Mustapha A.R.*, loc. cit.

While it is popular and perhaps an oversimplification to condemn the military regimes for imposing state creation, it must be noted that civilian advisers, including academics offered the rationale for the various military dictatorships to create these states. For example, the military regime of General Ibrahim Babangida established a Political Bureau to *inter alia*, «review Nigeria's political history and identify the basic problems which have led to our failure in the past and suggest ways of resolving and coping with these problems»[35]. The Political Bureau, chaired by S.J. Cookey, included some prominent academics as members. The Political Bureau recommended the creation of 6 new states including «at least one» a «Wawa or Enugu state in Igbo land» which «should serve to re-assure the Igbo that they have been fully re-integrated into the Nigerian political scene and thereby end the profound sense of frustration which led to strident calls for a confederal arrangement by the Igbo»[36]. An intriguing recommendation of the Political Bureau, which the Babangida Government accepted, was on the rotation of the federal presidency and the state governorship. While the Political Bureau recommended rotation of these executive offices, it at the same time advised that there should not be «a constitutional provision for rotation, for it amounts to an acceptance of our inability to grow beyond ethnic or state loyalty»³⁷. It is interesting to note: most of the members of the Political Bureau who argued that rotation «amounts to an acceptance of our inability to grow beyond ethnic or state loyalty» are active advocates of rotation in their respective political parties in contemporary Nigeria. This is a clear doublespeak which is a spectre hunting the Nigerian politician.

Thus, as indicated in Table 2 above, «there are now roughly 7 states that can be said to be Yoruba dominated (the South West plus Kwara), 10 states dominated by the Hausa-Fulani (the North West plus Gombe, Bauchi and Adamawa), and 5 states dominated by the Igbo. This gives the three ethnic majority groups a control over 22 of the 36 states; the northern and southern ethnic minority groups are still left with the control of a minority of 14 states, often with poorer infrastructure»³⁸. This means that if a federal minister were to be appointed from each state, the Yoruba would have 7, the Hausa-Fulani 10, and the Igbo 5, leaving the ethnic minority states with plural ethnicity, for example, Edo, Delta, and Plateau states, to have 1 appointment each. Given the power of federal ministers (and federal board chairmen) to attract investment and funds to his/her state of origin, this multiplicity of states for the majority ethnic groups further increases the domination and disadvantages faced by the minority ethnic groups. As succinctly observed by Mustapha:

> While state creation was envisaged as creating equality between the majority and minority ethnic groups, in practice it has reproduced the extant inequalities that have been historically structured into the construction of the Nigerian state... Since resources – grants, jobs, scholarships, social infrastructure, public investments, etc. – are shared on the basis of territorially defined states and local governments, the ethnic majority groups who control the preponderant numbers of these units continue to enjoy a preponderant share, and this is coming on top of their already accumulated advantages[39].

The 1963 Republican constitution of Nigeria recognized the independence of the federating units. It was an example of how a federal constitution should look like. Unfortunately, we have witnessed a systematic erosion of that independence since the military intrusion in the governance of Nigeria. Nowhere is this more glaring than in the area of ***revenue allocation***. Table 3 below provides a snapshot on the evolution of revenue allocation in Nigeria. It is interesting to note that the decline of the amount due each state of the federation ***coincided*** with the growing significance of ***oil*** as the main stimulant of the Nigerian economy. The current revenue allocation formula, as defined in Section 162 (2) of the **Constitution of the Federal Republic of Nigeria, 1999**, discriminates against the minority ethnic groups of the oil producing areas of the country. We should also note that this formula is not applicable to other natural resources as *iron, hides & skins, cocoa, palm oil* which, again coincidentally, are situated primarily in the non-minority regions of Nigeria. When these products constituted the mainstay of Nigeria's economy, the revenue allocation formula favoured the respective federating units. But the game was changed when oil became the dominant single produce sustaining the Nigerian economy.

Who changed the rules of the game? The answer is simple: *the Hausa-Yoruba-Igbo tripodal group.* Not only did the change violate the principles of federalism as they were when Midwest State was created, it also demonstrates a gross misuse and abuse of the power of the majority to subjugate the minority. As argued elsewhere[40] the «federal revenue allocation to states should be made to correspond proportionately to the revenue generated within each state. It is only in this way that states will begin to be serious and strive to be independent and autonomous, instead of waiting for a national cake shared on a wrong formula whereby the bakers get less». In fact, it is our view that there should be no revenue allocation or federation account in a properly administered federalism. Federating units should keep the bulk of their resources, while paying a small percentage (20%) for running the Federal Government and maintaining a distribution account for assisting poorer states on a formula agreed upon between the Federal Government and the subsidising states. The application of this federal principle will put an end to arbitrary and irresponsible demand for state creation knowing fully well that the state being proposed has no means to sustain itself. It has been argued elsewhere that «A state government which depends on handouts through haggling and begging from and manipulation with a central government, but lacks the capacity to raise its own money, is a deficit to democracy»[41].

TABLE 3: EVOLUTION OF REVENUE ALLOCATION FORMULA IN NIGERIA

YEAR	FORMULA PERCENTAGE		
	DERIVATION	FEDERAL GOVERNMENT	FEDERATION ACCOUNT
1953	100	Nil	Nil
1954	50	20	30
1964	50	15	35
1970	45	25	30
1975	20	Nil	80
1979	Nil	Nil	100
1982–93	1.5 to 3	Nil	98.5
1999–	13	Nil	87

Quest for a Nation: Towards a Durable Foundation
The Nigeria that Ahmadu Bello referred to as the «mistake of 1914» has survived for a little over 100 years. Richard Akinjide, who served in the Cabinet of Abubakar Tafawa Balewa before the military illegally took-over power in January 1966, has described the amalgamation of Nigeria as «a fraud»[42]. As I indicated above, Northern leaders presented Azikiwe and Awolowo a number of opportunities to correct the «mistake of 1914» by allowing the East and West to pursue their respective paths to self-government and independence. For example, Balewa had declared that «Nigerian unity» was not for the North. Even though Balewa was from the Sayewa minority ethnic group, his position was perhaps influenced by his Islamic faith which determined Northern political thinking. Why did Awolowo and Azikiwe fail to do what the leaders of another British imposed federation of Rhodesia and Nyasaland did by leading their respective units – Zambia, Zimbabwe, and Malawi – to independence? Why have Nigerians decided to condone the «mistake of 1914» and the amalgamation that has been described as «a fraud»? Why live with «a fraud» and an eternal «mistake»?

One plausible explanation could be the attractiveness of living in a large country with a huge population that have led Nigerians to describe their country as the «Giant of Africa», even when the «giant» is in a state of permanent comatose. Thus, they recognize the virtues of federalism; but they remain perpetually dissatisfied with its dysfunctional architecture that is imposed by the three major ethnic groups. What is to be done? Two options present themselves to Nigerians. First, dissolve the Nigerian federation so that each ethnic nationality can decide on its respective independent existence as a state. Second, construct a renewed federalism that respects each ethnic nationality, no matter how large or how small, to paraphrase Awolowo, as a federating unit with equal constitutional powers. In the second option an ethnic nationality may elect to merge with a contiguous major or minor ethnic group to establish a federating unit. It is assumed that Nigerians will reject the first option. Therefore, it is imperative that serious considerations be given to the second option if the «mistake» and «fraud» of 1914 are to be corrected.

Nigeria is a collection of nations – large and small – that had enjoyed a measure of success in managing themselves as independent entities before the intrusion of British colonialism. With their different languages, customs, and traditions, these nations (or kingdoms) are the real federating units in a renewed Nigerian federalism. As a construct of governance, federalism is not imposed by a major ethnic group or a coalition of major ethnic groups, but negotiated by all parties – large and small – genuinely interested in establishing a federation. As a process of building a Nigerian Nation, it is vital that an environment be created in the polity that allows each ethnic nationality an opportunity to flourish and develop on its own and at its own pace. It is a given that each federating unit has its own reasons for wanting to construct a renewed Nigerian federalism. Whatever the contending reasons the federating units might have for joining a federation, the main determinant must be a recognition of the federal principle vis-à-vis the independent and coordinate relationship between the federating units and the centre. As a path towards a durable foundation for constructing a Nigerian Nation, the constitutional status of the ethnic nationalities as the federating units must be recognized.

Toward this end, we propose a critical review of the following: Federal Structure; Political Parties; Electoral Commission; and Traditional Rulers. While the current status of the first three exposes the military command structure of a supposedly federal system in Nigeria[43], the fourth element is incongruous with a *republican* political system[44]. The Constitution of Nigeria describes the country as a federal state. But a review of the document and the relationships between the President and State Governors – especially those that belong to the same political party as the President – portray the country as a unitary system of the military-command variant. As has been argued elsewhere[45] by allowing the President to interfere in the administration of their respective states, these State Governors «have not only abrogated the independence of the federating units but» aid the President «in subverting the fundamental tenets of federalism». This was vividly «exemplified by the role of President Obasanjo in determining when and how a state governor can be impeached». It seems that the President's interference is justified by the Constitution of the People's Democratic Party (PDP) which subordinates a State Governor to a PDP elected president, irrespective of the federal principle that describes the central government and the federating units as independent and coordinates, but not subordinates. We shall return to this later.

Federal Structure
The 1960 Independence Constitution and the 1963 Republican Constitution put Nigeria on a sound federalist track until the military struck on January 15, 1966. Nigerian federalism in the pre-January 1966 period respected the jurisdictions of the federating units in key areas, including revenue derivation, agriculture and local police force. Each Region had its own constitution, emblem and flag. As we indicated above, in a federal system, both levels of government – the central government and the states (federating units) – are independent, but never subordinate to one another, and the relationship between both levels of government is horizontal and not vertical. Itse Sagay has aptly noted that: «In a federation, each government enjoys autonomy, a separate existence and independence of the control of any other government.

Each government exists, not as an appendage of another government (e.g. the federal or central government) but as an autonomous entity in the sense of being able to exercise its own will on the conduct of its affairs free from direction by any government. Thus, the Central government on the one hand and the State governments on the other hand, are autonomous in their respective spheres»[46]. Based on this federal principle, federating units exercise exclusive jurisdictions over their economy and natural resources, and decide on which of their powers they would each concede to the federal government, excluding defense, customs, and foreign policy which reside under exclusive jurisdiction of the federal government. «There is a federation because federating units agree to federate»[47].

It is instructive to refer to section 92A of the Constitution of Canada on the distribution of legislative powers between the central government and the Provinces (federating units) of Canada. This section has been in existence since the independence of Canada in 1867. It stipulates that the legislature of each province «may exclusively make laws in relation to» (*a*) «exploration for non-renewable natural resources in the province; (*b*) development, conservation and management of non-renewable natural resources and forestry resources in the province, including laws in relation to the rate of primary production therefrom; and (*c*) development, conservation and management of sites and facilities in the province for the generation and production of electrical energy». It also recognizes the exclusive jurisdiction of each province to «make laws in relation to the export from the province to another part of Canada of the primary production from non-renewable natural resources and forestry resources in the province and the production from facilities in the province for the generation of electrical energy, but such laws may not authorize or provide for discrimination in prices or in supplies exported to another part of Canada».

While the 1960 (Independence) and 1963 (Republican) Constitutions did not grant the Regions exclusive rights on minerals, mining, and oil and gas, for example, since the federal government simply assumed this function as a carry-over from the British colonial Minerals Act of 1947, the derivation principle did however compensate for that by allocating 50% to the Regions of origin as well as these Regions sharing in the 30% distributable pool, while the federal government had 20%. This is a vital component of any discussion of the form and content of a federal structure. A renewed Nigerian federalism must return to the tenets of federalism as contained in the 1963 Constitution, with all the powers accorded the Regions and the derivation principle, including the right of a Region to establish its own Constitution, Police Force, emblem and flag. Secondly, a federal government has no jurisdiction to dictate the number of local government councils in a federal polity. This item is an exclusive jurisdiction of the federating units – State governments in Nigeria. Only a state government can establish local governments within its territory. The current practice whereby the Federal Government considers the number of local government councils in allocating revenue to respective states is therefore nebulous and moribund.

As we have observed above, since Nigeria is a collection of nations (ethnic nationalities) it is vital that a federal structure must reflect this imperative. The creation of the Midwest State was the first attempt at recognizing this fact. Unfortunately, the state creation imposed on the country by various military dictatorships (1967, 1976, 1987, 1991, and 1999) fatally distorted the federal structure by its balkanization of the major ethnic groups into states. By military fiat, the Yorubas have 7 states; the Hausa/Fulani have 10, while the Igbo have 5.

In restructuring Nigerian federalism serious thought must be given to the idea of basing it on ethnic nationalities. There is need to return to the second question posed by H.M. Foot to delegates at the 1950 National Conference in Ibadan. He asked: «If we favour a federal system, should we retain the existing regions with some modifications of existing regional boundaries or should we form regions on some new basis such as the many linguistic groups which exist in Nigeria?» The reluctance of the three major ethnic groups to accept the creation of states to reflect «the many linguistic groups which exist in Nigeria» remains a fundamental structural flaw in Nigerian federalism. It is foolhardy to expect that a Nigerian Nation can be constructed on the basis of the discrimination and disadvantages confronting the minority ethnic nationalities in a supposedly federal system that denies them their legitimate constitutional rights. A new federal structure that recognizes the constitutional rights of the minority ethic nationalities is the only viable strategic approach at managing ethnic and/or regional diversities as a goal of building a Nigerian Nation anchored on federalism. However, we are not suggesting that each ethnic nationality should constitute a State in a federal Nigeria, as this would result in Nigeria having between 250–619 states, depending on the sources for calculating the number of ethnic nationalities in contemporary Nigeria. As aptly stated by Adele Jinadu, «…it is best to view federalism as providing the underlying political philosophy or ideology for a group of political systems devised to bring about the unification of heterogeneous political communities», in which «local autonomy… defined in terms of ethnicity, language, religion, race or some other criteria are preserved and encouraged»[48].

Therefore, as a framework for a renewed federalism in Nigeria, we propose the construction of homogeneous federating units (states) for the top 15 most populous ethnic nationalities that have *contiguous* territories, respectively, and a maximum of 15 multi-ethnic federating units (states) for the other ethnic groups. Thus, the federating units will be 15 homogeneous ethnic-based states for the Hausa, Igbo, Izon, Kanuri, Yoruba, etc., while the others will constitute a maximum of 15 multi-ethnic states. An ethnic nationality in a heterogeneous (multiethnic) state will constitute an *autonomous region* with due constitutional jurisdictions. Furthermore, an ethnic group with multiple kingdoms in a heterogeneous state shall fuse into one kingdom to constitute an autonomous region in the given heterogeneous state. An autonomous region shall have concurrent jurisdiction with the heterogeneous state over natural resources (mines, minerals, oil and gas) found in its territory, but shall exercise exclusive jurisdiction over primary education, culture, language, and traditional institutions. Depending on its capability, an autonomous region may also establish its own Autonomous Regional Police Force. A Charter of Rights and Freedoms protecting minority rights will anchor this renewed federalism. The major appeal of federalism in a heterogeneous polity like Nigeria is «a desire to establish a democratic system of government»[49] wherein the constitute units exercise a measure of independence in their respective territories.

Political Parties

Since a political party, in a federal state, is a vehicle to contest for elective offices in the said federal state, it is imperative that such a political party is federalism complaint. That is to say, it must be a federation of the various associations of the federating units, and not a monolithic political party. The Communist Party of the Soviet Union (CPSU) was an example of a monolithic party governing a supposedly federal state, which was a gross distortion of federalism. Unfortunately, the PDP, as we briefly encountered above exemplifies this distortion of federalism in Nigeria. Like the CPSU, the PDP is a monolithic party. Our focus on the PDP as an illustration of this aberration of federalism in Nigeria is simply because it has controlled the federal executive and legislatures, as well as a majority of states since 1999. Under a PDP-led federal government, the President and the party's National Executive Committee (NEC) exercise jurisdiction over a PDP State Governor. The Constitution of the PDP, which is a unitary structure that is used to govern a federal polity, vividly underlines this point.

According to the Constitution of the PDP, the NEC shall «supervise and direct the work of the party and all its organs including the National, Zonal, State and Local Government organs», and «where necessary, dissolve a State Executive Committee and appoint a Care-Taker Committee to run the Party until another Executive Committee is elected». Furthermore, the National Convention «shall have supremacy in all matters pertaining to the Party and all officers and organs of the party shall be bound in the exercise of their functions by the directives of the National Convention». The National Convention shall also «examine the actions taken or legislation proposed by any government under its control whether federal, state or local government council and ensure that these are in conformity with the policies and programmes of the party»[50]. It is both incongruous and dysfunctional for a monolithic political party to govern a federal polity. This explains part of the internal crisis the PDP has been experiencing as a monolithic party governing a federal political system.

Just as a federating unit (the state) is independent of and not subordinate to the central government, political parties in the states must be independent of the parties' national executive committees that they are affiliated with. The unitary structure of political parties vis-à-vis a federating unit is injurious to the tenets of federalism. If we argue in favour of federating units (the states) maintaining their independence from the central government, and postulate that they are coordinates with and not subordinate to the central government, then it is incongruous for us to permit a national unitary command structure in political parties that govern those federating units. Irrespective of the fact that a state chapter of a political party shares similar philosophical positions with a particular national political party with which it is affiliated, the state party concerned must be governed by the core interests of the given state whose interests may conflict with those of the national executive committee of the party. Similarly, the state executive committee of the party is not obliged to endorse the presidential candidate of the party if, in its judgment, such a candidate espouses policies inimical to the core interests of the given state. Thus, the national executive committee of the party has no jurisdiction over the state executive committee. This is a core aspect of federalism. It also dictates that political parties do not need to satisfy any geographical spread as a criterion for contesting elections for any office in the polity. Respect for this fundamental principle will eliminate the interference of a party's national executive committee in the internal affairs of a state, and thus facilitate the prospect of good governance.

Electoral Commission

Our argument above in favour of the independence of a state's executive committee of a political party vis-à-vis the NEC of the same party also applies to the status of an electoral commission. Each state must have its own electoral commission whose responsibility it is to conduct and supervise elections for the offices of governor, deputy governor, state house of assembly, and local government council on a schedule different from or coinciding with national elections for the presidency and national assembly. As an independent entity in a federal system, federating units must possess exclusive jurisdiction over the institution that is responsible for conducting and supervising elections for political offices in their respective territories. To accord this function to a national electoral commission is to vitiate the independence of the federating units and to compromise federalism. There is an understandable concern that the state governors' manipulation of local government elections will manifest itself in state-wide elections if each state were to have a state electoral commission. But this concern must not allow us to acquiesce to the distortion of federalism by the injection of a unitary command system in a federal polity.

On June 18, 2003, President Olusegun Obasanjo established a Technical Committee of Local Government Reform to examine, *inter alia*, «the desirability of retaining» local governments «as the third tier of government». Obasanjo also urged the committee to consider «the adoption of a modified version of the current local government system». In presenting the report to President Obasanjo, Akin Mabogunje, the chairman of the Technical Committee said that the committee decided to retain the 774 existing local government councils for the «consolidation and continuity in the administration of the councils», and recommended «the adoption of a parliamentary system in the running of the local councils»[51].

Reactions to the report were varied. For example, while some perceived the proposal of a parliamentary system for the local government as a welcome return to the practice in pre-1966 Nigeria, others argued that its adoption will conflict with Nigeria's presidential system as contained in the 1999 Constitution of the Federal Republic of Nigeria. There is logic in both contending viewpoints. For those who endorse the committee's recommendation on this issue, like Anthony Enahoro, the adoption of a parliamentary system at this level of government could, in their minds, signal a gradual return of Nigeria to the parliamentary system. Our concern, however, should not be directed at any particular system of government – parliamentary or presidential – but rather to the concept of federalism which proponents of both contending views seemed to endorse, irrespective of the system of government.

Which level of government – federal or state – should exercise exclusive jurisdiction over local governments? In my view, this is the fundamental question which escaped the attention of reviewers of the Technical Committee's report. Those who had assumed that a State had exclusive jurisdiction over local government councils, by virtue of section 7 of the 1999 Constitution, may be directed to review part two of the second schedule (**Concurrent Legislative List**). While state governors may have relied on the former to create or contemplate creating more local government councils in their respective jurisdictions, the powers of the president in this sphere, as exemplified by the establishment of the Technical Committee of Local Government Reform, have rendered obsolete and moribund the powers of state governors on this matter. This concurrency with federal paramountcy on local government councils is one of the major flaws in the 1999 Constitution. It caricatures the concept of federalism, and depicts the federating units – the states – as mere administrative organs of the federal government. Simply put, state governors have been reduced to representatives of the president, just like the regional governors were to the governor general in colonial Nigeria. Similarly, and perhaps more damaging, local government chairmen have been reduced to the status of glorified office messengers by state governors in the respective states.

Speaking in Abuja in early March 2011, the (then) chairman on Media and Public Affairs of the House of Representatives, Eseme Eyiboh condemned the policies of state governors on this issue. He declared: «Our state governors are not different from feudal monarchs who have defied all forms of democratic practices. It is only in Nigeria that a governor would draw out the list of senators, members of the House of Representatives, members of state Houses of Assembly, local government chairmen and executive committees of the parties at all levels within the comfort of his bedroom. In fact, local government chairmen are appointed and removed at will by the governors in the most undemocratic manner. Their tenures are decided by the governors instead of the law»[52].

If a local government council is to fulfil its functions as the bed-rock of federalism, then its independence must be guaranteed and protected in the Constitution.

As is well known, the creation of local government councils in Nigeria has been influenced by two major factors. First, it serves to compensate those with access to political power. Second, and perhaps more importantly, it facilitates the concentration of power in certain regions of the country, where the number of local government councils created have meant the receipt of increased allocation of federal funds to the said councils and states. The proliferation of local government councils in the polity is made possible by the militaristic constructs of Nigerian federalism. If Nigeria were operating federalism, like in the United States of America (USA) and Canada, for example, it is doubtful if Kano State would establish 47 local government councils if it were to finance them almost entirely from its own internally generated resources. Similarly, it is instructive to note that while Bendel State had 19 local government councils, Edo and Delta states that were created from the old Bendel State now have 18 and 25 local government councils respectively.

Because of the distortion of Nigerian federalism, and the reluctance of the regime regulators to rectify this gross anomaly, the States in Nigeria have lost their legitimate exclusive jurisdictions over local government, natural resources, etc., which their counterparts enjoy in the USA and Canada respectively. It is ironic that, among members of the regime regulatory class are federal ministers, Senators and Members of the House of Representatives whose constituents are victimised by this distortion of Nigerian federalism. They continue to dismiss with contempt the legitimate demands of their constituents for the establishment of *federalism* in Nigeria, where the federating units will exercise exclusive jurisdictions over local government, natural resources, education, etc. Just like most states are incapable of sustaining themselves, it is also true that most of the 774 local government councils are in similar situations.

Traditional Rulers

The search for a role for traditional rulers in the governance of Nigeria has been elusive, notwithstanding the promise of each succeeding government – civilian and military – to carve a role for them in the Constitution. On the eve of the 2011 presidential elections, President Goodluck Jonathan promised Traditional Rulers that he would establish a role for them in the country's constitution.

It is ironic for traditional rulers, who held exclusive powers in their respective kingdoms before the intrusion of British colonial rule, would now be pleading for a role in post-colonial Nigeria. Even under British rule, their role had significantly diminished from that of their imperious past. They found themselves as tools of the British indirect rule system. Their subjects, the anti-colonial nationalists gradually began to doubt the relevance of their role. As noted by Awolowo: «There is a mutual distrust verging on antagonism between the educated few and the Chiefs in Nigeria. The latter fear that the former are out to oust them from their privileged positions»[53]. This feeling of «mutual distrust» continues to underline the relations between traditional rulers and Nigerian political leaders. Even when a role was carved for them in the various houses of chiefs in the respective regions in 1954– January 1966, they were at the mercy of politicians who decided when and how to dispose of them as dictated by political expediency.

Unlike the pre-January 1966 era, the 1979 Second Republican Constitution did not accommodate traditional rulers in any structure of government. While both civilian and military regimes have freely employed the services of traditional rulers in manipulating pro-regime policies in their respective domains, neither has been able to carve a role for them in the polity. In the presidential campaign for the 2011 elections several traditional rulers expressed their preferences for contending candidates, thus positioning themselves as partisan politicians. It is doubtful if this would help in the search for a role for them in the polity. The Political Bureau recognized the significant role of traditional rulership in Nigeria's political system, a view which was accepted by the Ibrahim Babangida military Government[54], but proposed contending options vis-à-vis traditional rulership that need to be cited. The Political Bureau submitted the following options:

i «outright abolition of the institution»;
ii «co-optation in government»;
iii «democratisation to conform with process of modern government»;
iv «maintenance of status quo»; and
v «the determination of their relevance and future by the people».

It was the view of the Political Bureau that «traditional rulers should have no specific role to play in government beyond the local government level, where they have relevance». The Political Bureau «also agreed that it is a misnomer, considering the scope and character of the contemporary Nigerian state to call them traditional "rulers"». Therefore, the Political Bureau opined, it «will make no sense to install in the political system, people whose primary qualifications is ascribed to status at a time when the people are demanding a truly democratic polity»[55].

It is interesting to note that three years earlier I had reached the same conclusions at the national conference on The Role of Traditional Rulers in the Governance of Nigeria[56], where I submitted three options with detailed analyses of each, on what to do with the traditional rulers: (a) insulation; (b) agency (the same as the Political Bureau's **«co-optation in government»**); and (c) abolishment (the same as the Political Bureau's **«outright abolition of the institution»**). It should be stressed that a member of the Political Bureau received a copy of my conference paper three years before the report of the Political Bureau was released. Even though the Political Bureau recommended that «traditional rulers should have no specific role to play in government beyond the local government level, where they have relevance», the concluding section of its argumentations is more telling when it declared: «They possess no special qualities to enable them to be used in enriching the political system or instilling moral rectitude in public life»[57]. This was a very serious condemnation of traditional rulers who, according to the Political Bureau, «possess no special qualities to enable them to be used in enriching the political system or instilling moral rectitude in public life». To put it bluntly, as reasoned by the Political Bureau, traditional rulers are of no use to the political system.

However, the Political Bureau made two recommendations to the Government which were at variance with its indictment of traditional rulers as possessing **«no special qualities to enable them to be used in enriching the political system or instilling moral rectitude in public life»**. First, it submitted that since the term «traditional ruler» was a «misnomer, government should provide a legal definition for this group of leaders and keep a register of such leaders throughout the country». While the Government noted this recommendation, it however believed that it was «unnecessary to provide a legal definition because the term "traditional rulers" is colloquial and not legal». Therefore, it was the view of the Government «that they should be called by the titles recognised in their respective areas». In its second recommendation, the Political Bureau submitted that the «role of this category of leaders should be confined to the local government areas within their communities where they have relevance. Even here», continued the Political Bureau, «they should not be granted legislative, executive, or judicial functions». The Government accepted this recommendation.

While the Political Bureau's first and fourth options of an «outright abolition of the institution» and «maintenance of status quo», respectively, are self-explanatory, they did not offer any analysis on the other options. For example, what are the implications of «co-optation in government»? How do you «democratise» traditional rulers to make them «conform» to «the process of modern government»? What processes are there for the «people» to determine the «relevance and future» of traditional rulers? These vital gaps in the work of the Political Bureau need to be addressed by Nigerians as they contemplate a role for their traditional rulers.

Conclusion

As noted in the preceding sections, Nigerians have two options on what to do with the «mistake», «farce» and «fraud» of 1914. First, they can elect to dissolve the federation so that each ethnic nationality can go its own way. Second, they can decide to re-structure the federal system in a meaningful way that will both recognize the independence of the ethnic nationalities and rectify the «mistake», «farce» and «fraud» of 1914 in the process. It is impossible to build a Nigerian Nation on the back of marginalized and disadvantaged ethnic nationalities, especially the minority ethnic nationalities. Thus, a renewed Nigerian federalism must be anchored on the provision of constitutional guarantees vis-à-vis the independence of ethnic nationalities as the legitimate federating units who have agreed to federate. As observed by Jinadu, the essence of federalism is «the unification of heterogeneous political communities». It is only when this is done to the satisfaction of all ethnic nationalities that Nigerians can begin to construct a Nigerian Nation.

Political parties operating in a federal polity must be federalism complaint. It is incongruous of any political party to impose its unitary constitution on a federal polity. This is a misnomer as it was with the post- Major General Johnson Thomas Umunnakwe Aguiyi-Ironsi military regimes being referred to as the «Federal Military Government» of Nigeria. We are reminded by Jinadu that «any attempt at centralisation constitutes, by definition, a negation of the federal idea»[58].

In restructuring the Nigerian federation discussions have always included the issue of a role for traditional rulers. Nigerians have to grapple with two key questions. The first is whether a *monarchy* is congruent with a *republican* political system. Should Nigerians agree that monarchy is incongruent with a republican political system, as we do contend, then all monarchies in Nigeria should be abolished as per one of the options postulated by the Political Bureau. But if they want to retain traditional rulers in Nigeria, then they must drop the word «*republic*» from the official name and Constitution of Nigeria. But that, by itself, does not provide a role for traditional rulers in the governance of Nigeria.

The second key question is to determine the relevance of traditional rulers «at a time when the people are demanding a truly democratic polity», and bearing in mind that they «possess no special qualities to enable them to be used in enriching the political system or instilling moral rectitude in public life», as unambiguously stated by the Political Bureau. Then the people (ethnic nationality) that want to retain their monarchy must bear the cost involved with this. An ethnic group that ascribes to itself the appellation of a «*nation*» must decide on having just one monarch as opposed to the scores of monarchies currently found in most individual ethnic nationalities, for example, the Hausa, Igbo, Urhobo, Yoruba, etc. Very few ethnic nationalities with defined territories, a common ancestry, language and culture have individual monarch for each of them. These include, for example, the Bini, Itsekiri, Nupe, and Okpe, etc. As I have argued elsewhere[59], Nigerians face two glaring options. First, «construct a genuine federal system and guarantee the survival of Nigeria» or «disregard the imperatives of genuine federalism and face the disintegration of Nigeria».

---

[1] See Niger Delta Human Development Report. United Nations Development Programme, UN House. Abuja, Nigeria, 2006; International Crisis Group, Nigeria: Want in the Midst of Plenty. Africa Report No. 113. 19 July 2006; and The Swamps of Insurgency: Nigeria's Delta Unrest. Africa Report No. 115. 3 August 2006, Brussels, Belgium.

[2] *Awolowo O.* Path to Nigerian Freedom. London, 1947; *Bello A.* My Life. London, 1962.

[3] See Government Publications Relating to Nigeria 1862–1960, in Government Publications Relating to Africa in Microform. *Neville Rubin*, General Editor. P. 1.

[4] Ibid. P. 4–5.

[5] To familiarise yourself with these treaties, please see British Colonial Rule in the Niger Delta. «Treaties of protection» –
http://www.waado.org/UrhoboHistory/NigerDelta/ColonialTreaties/ColonialTreaties_NigerDelta.html. See also Peter Ekeh's incisive analysis of these «treaties of protection» in Editor's Introduction, British Colonial Rule in the Niger Delta «Treaties of Protection» –

http://www.waado.org/UrhoboHistory/NigerDelta/ColonialTreaties/EditorsIntroduction/EditorsIntroduction.html (last accessed May 15, 2014). For a brief and concise analysis of British colonial policies leading to the amalgamation (1900–1914), see *Eleazu U.O.* Federalism and Nation-Building: The Nigerian Experience 1954–1964. Devon, England, 1977. P. 73–76.

[6] *Awolowo O.* Op. cit. P. 24.

[7] *Eleazu U.O.* Op. cit. P. 77.

[8] *Pakenham T.* The Scramble for Africa: The White Man's Conquest of the Dark Continent from 1876 to 1912. London, 1990. P. 675.

[9] As cited by *Eleazu U.O.* Op. cit. P. 80–81.

[10] Ibid. P. 82.

[11] As cited by *Adeleye A.* Amalgamation of 1914: Was it a Mistake? // Vanguard. Lagos. May 18, 2012.

[12] As cited by *Awolowo O.* Op. cit. P. 51.

[13] Legislative Council Debates, 2nd Session, March 1948, March 10, 1948, as cited by *Eleazu U.O.* Op. cit. P. 86.

[14] As cited in *Ezera K.* Constitutional Developments in Nigeria. London, 1961. P. 110.

[15] *Eleazu U.O.* Op. cit. P. 87–88.

[16] Ibid. P. 90.

[17] *Dunmoye A.* Nigeria's Constitutional Development in Perspective // *Michael O. Maduagwu* et. al., eds. Nigeria's 50 Years of Nation-Building: Stock-Taking and Looking Ahead. National Institute for Policy and Strategic Studies, Kuru, Nigeria. 2011. P. 51.

[18] *Awolowo O.* Op. cit. P. 23.

[19] Ibid. P. 23, 33.

[20] Ibid. P. 34.

[21] *Bello A.* Op. cit. P. 121.

[22] As cited in ibid. P. 123.

[23] *Bello A.* Op. cit. P. 126, 133.

[24] Ibid. P. 134, 135.

[25] Ibid. P. 135–136.

[26] Ibid. P. 136.

[27] As cited in ibid. P. 139.

[28] *Bello A.* Op. cit. P. 144.

[29] Cited in ibid. P. 145–146.

[30] Cited in ibid. P. 149.

[31] Ibid. P. 113.

[32] As cited in *Ezera K.* Op. cit. P. 110.

[33] *Awolowo O.* Op. cit. P. 54.

[34] *Mustapha A.R.* Ethnic Minority Groups in Nigeria: Current Situation and Major Problems // Commission on Human Rights: Sub Commission on Promotion and Protection of Human Rights. Working Group on Minorities. Ninth Session, 12–16 May, 2003 –

http://api.ning.com/files/LmsRisVgG3D6*0osNiHMq4JkKQ17SSAsssN-5vLEpX7mDUaYl0tkb2W8kYT2Rw1oVQDxFEyA2PSKZVpruXflJ0ac7t-yAlqJ/ETHNIC_MINORITY_GROUPS_IN_NIGERIA.html (Last accessed May 15, 2014).

[35] Federal Republic of Nigeria, Government's Views and Comments on the Findings and Recommendations of the Political Bureau. Lagos, 1987. P. 3. (Hereinafter referred to as the Political Bureau).

[36] Ibid. P. 61.

[37] Ibid. P. 23.

[38] *Mustapha A.R.* Op. cit.

[39] Ibid.

[40] *Natufe O.I.* The Nigerian Polity // Sunday Observer. Benin City. September 18, 1988. P. 5.

[41] *Natufe O.I.* Identity Crisis and Political Contest in Nigeria – http://www.okpenation.org/doc/IDENTITY%20CRISIS%20AND%20POLITICAL%20CONTEST%20IN%20NIGERIA.pdf

[42] *Akinjide R.* The Amalgamation of Nigeria Was a Fraud. July 09, 2000 – http://www.unitedijaw.com/amalgamation.htm; See a rebuttal by *Ishiekwene T.* The Amalgamation of Nigeria Was a Fraud – A Rejoinder! September 15, 2011 – http://saharareporters.com/article/amalgamation-nigeria-was-fraud-rejoinder (Last accessed May 15, 2014).

[43] *Natufe O.I.* Identity Crisis…

[44] *Natufe O.I.* Traditional Rulers and the Evolution of Politics in Nigeria: A Paper Presented at the Conference on The Role of Traditional Rulers in the Governance of Nigeria, Institute of African Studies, University of Ibadan. Ibadan, Nigeria, September 1984.

[45] *Natufe O.I.* Governance and Politics in Nigeria: A Lecture Presented at the Staff and Graduate Seminar, Department of Political Science & Public Administration, University of Benin, Benin City, Edo State, Nigeria, November 21, 2006. P. 13–14.

[46] *Sagay I.E.* The Niger Delta and the Case for Resource Control // Vanguard. Lagos. June 13, 2005.

[47] *Natufe O.I.* Governance and Politics in Nigeria… P. 17.

[48] *Jinadu A.L.* Federalism and Democracy: Debate and its Lessons // *Sam Egite Oyovbaire,* ed. Democratic Experiment in Nigeria: Interpretive Essays. Benin City, Nigeria, 1987. P. 44–45.

[49] Ibid. P. 51.

[50] Constitution of the People's Democratic Party, Federal Republic of Nigeria (2012 as Amended). P. 48, 54–55.

[51] *Obiagwu K., Okoror F., and Ndujihe C.* Council Reforms and Impending Restructuring of the Polity // The Guardian. Lagos. Tuesday, November 18, 2003.

[52] *Idowu S.* State Governors are Killing Democracy, Rep Warns Says They Operate as Emperors // Nigerian Tribune. Ibadan. Monday, 07 March, 2011.

[53] *Awolowo O.* Op. cit. P. 32.

[54] The Political Bureau. P. 4.

into more regions, as some of his aides advised, Frederick Lugard gave solidity to Northern Nigeria and Southern Nigeria as definite political expressions instead of points of the compass! To that extent the colonial situation facilitated the emergence of what we now describe as North-South dichotomy in our national life. In 1939, the British split the smaller South into East and West, while the bigger North was, for various reasons, left intact. The British not only thereby ensured that the South of 1914 ceased to have true political meaning, as East and West became the centres of political activity, but they also created the situation in which the North, as one giant unit within colonial Nigeria, was given a most favoured status. It is that status which, as we shall demonstrate presently, endowed the North with that political dominance which some now consider its birthright. Perhaps no single factor makes the National Question more difficult to solve than this feature of our national life[1].

So today, when you hear the Northern Elders Forum and Arewa Consultative Forum make demands like «power must return to the North» and the answer from the South-South that «our son has a constitutional right to a second term», you immediately realize that it is all about the National Question.

Occasionally, the conflicting demands have taken a threatening dimension, which is obviously criminal. For example this posting was seen in the *Point Blank* Internet site in early 2014:

Nigerians were thrown to another confusion when a caller to the Radio Nigeria Programme, *Politics*, Sheikh Abdulkadir Ahmed from Kebbi State, professed the condition that will stop the activities of the Islamic terror group, Boko Haram and the present political chaos.

Sheikh Abdulkadir Ahmed said that the condition is for only people from the North to contest for the office of the President in the 2015 Presidential election. He said that if it is certified or assured that it is only Northerners that will contest for the President's office, then peace will return to Nigeria. Here is the list of the most assured candidates as announced by Sheikh Ahmed:
1. PDP Alhaji Rabiu Musa Kwankwaso.
2. APC Alhaji Muhammed Buhari.
3. PDM Alhaji Abubakar Atiku.
4. VOP Alhaji Sule Lamido.

«This is the only reason that can stop Boko Haram's killings and political chaos in Nigeria» he said.

This is similar to what we have heard from Dr. Junaid Mohammed of

Kano. On the other side, we have Alhaji Asari-Dokubo from Rivers State threatening fire and brimstone, unless someone from the South-South is allowed to complete the full two terms to which that Zone is «entitled».

Pre-Nigerian States and Communities

Nigeria is a conglomeration of distinct nations and peoples who were brought within the same political territory and state by the force of arms of the colonial power, for its own convenience, rather than for reasons based on merit or for the benefit of the colonized. Thus in the beginning there was no Nigeria. There were Yorubas, Hausas, Fulanis, Nupes, Kanuris, Ogonis, Gwaris, Katafs, Jukars, Bini, Ibibios, Efiks, Idomas, Tives, Junkuns, Biroms, Angas, Ogojas, Itsekiris, Okpe, Urhobos, Ijaws and so on. There were Kingdoms like Oyo, Benin, Calabar, Brass, Itsekiri, Okpe, Borno, Sokoto Caliphate (with loose control over Kano, Ilorin, Zaria etc.), Bonny, Opobo, etc. Prior to the British conquest of the different nations making up the present day Nigeria, these nations were independent States – independent of each other and of Britain.

The process of colonization was started by a private British Company, Royal Niger Company, followed by the creation of the Oil Rivers Protectorate (1891–93) and the Niger Delta Protectorate (1895), all based on the commercial convenience of the British traders. The British Government established these Protectorates for its own political and economic interests – namely to stop the French and Germans from extending their sphere of influence and authority to those areas and to promote British trade.

The establishment of the Protectorate of Southern Nigeria and the Colony of Lagos and the Protectorate of Northern Nigeria were based on British administrative and economic convenience, and not in the interests of the colonized peoples, who were not even consulted.

Most cynical of all was the true reason for the amalgamation of the Southern and Northern Protectorates. The British were not out to create a big black state as a testimony of their administrative genius. They were spending British tax payers' money in administering the North, which was not economically viable. So they decided that the only way for them to cut their losses, was to amalgamate the North with the South and transfer money from the economically buoyant South to run the North. That was the sole reason for the amalgamation of the two hitherto separate parts of what became Nigeria.

Ralf Nwokedi made the following pertinent observation in his book «Revenue Allocation and Resource Control in Nigerian Federation»[2]:

> Of special interest also are facts relating to the financial positions of the North and the South on the eve of amalgamation be-

ing to some extent reversed in the course of the preceding thirty-two years. As a matter of fact, the Phillipson Report disclosed that from 1906, when Southern Nigeria and Lagos became one Administration, the financial resources of the South had increased «with astonishing rapidity» whereas the North «largely dependent on the annual grant of the imperial government was barely able to balance its budget with the most parsimonious economy of native administration and revenue resulting from direct taxation».

The Report further revealed that the North had received grants from His Majesty's Government of Great Britain (the colonial masters) averaging 314,500 Pounds for the eleven years ending March, 1912. The revenue accruing to the North from customs dues as compared with that accruing to the South from this source was derisory.

It was thus for the purpose of relieving the burden on the colonial government of the dependence of the North on its financial grants and to tap the abundant financial resources of the South to offset the deficit incurred in running the Northern Administration, and also defraying the cost of the central government, that the colonial government introduced the process of Amalgamation.

The final outcome of this arrangement was that the North with the backing of the colonial master eventually acquired power over the whole country including control over the resources of the South. This will be addressed later.

The British had ensured the political domination of the North over Nigeria by manipulating the very first Nigerian census in 1932 in favour of the North, and with power in the hands of the Arewa North, particularly, the census «arrangement» has been maintained in all successive censuses since 1952, namely 1962, 1963, 1973, 1991 and 2006. This enabled the Northern Delegates to insist successfully at the 1950 National Conference that the North should have at least 50% of the seats in the central legislative chambers of Nigeria. These issues will receive more detailed consideration later in this paper.

The issue of the diversity of Nigerian nationalities, the separate and independent existence of the communities before British colonization and the multiethnic (multilingual) nature of the country was lucidly articulated by the Supreme Court in 2002. In a judgment on the conflicting claims of the Nigerian Federal Government and the coastal states to the Nigerian continental shelf, the Court made the following statement about the ethnically diverse character of the pre-colonial peoples living in what later became Nigeria.

«Until the advent of the British colonial rule in what is now known as the Federal Republic of Nigeria (Nigeria, for short), there existed at various times sovereign states known as emirates, kingdoms and empires made up of ethnic groups in Nigeria. Each was independent of the other with its mode of government indigenous to it. At one time or another, these sovereign states were either making wars with each other or making alliances, on equal terms. This position existed throughout the land now known as Nigeria»[3].

In 1884–1885, the European powers organized the notorious Berlin Conference in which Africa was carved into spheres of influence of these powers. The primary aim was to eliminate friction and conflict amongst them in their bid to establish colonies and trading centres in Africa. The geographical space presently occupied by what is now called Nigeria was parceled off to the British. This was followed by the piece meal, but rapid conquest of the independent kingdoms, empires and organized communities of the geographical territory of present day Nigeria, between roughly 1886 and 1914.

As various quarrels and disputes arose between British traders or British officials on the one hand, and the Rulers of the States of the Niger Delta on the other hand, the latter's territories were invaded, conquered and colonized, individually, according to the following calendar.

i) Jaja's kidnapping and the fall of Opobo – 1886.

ii) The Nana War – The fall of the Itsekiri – 1894.

iii) Push and control of Urhobo and Isoko country; Efurrun (1896), Orokpo (1901), Etua (1904), Ezeonum (1905), Iyede (1908), Owe, Oleh, Uzoro (1910).

iv) Igbo and Ibibio lands were taken over without war between 1890 and 1905 and only Okrika (1895), Aboh (1896), Aro (1901–2), Ezza (1905) gave the British any resistance.

v) Lagos fell in 1861; Ijebu, 1892; Egba, 1914.

Much of the North was under the Sokoto Caliphate in the 19th century, with the exception of Borno and the middle belt.

i) The Royal Niger Company operated in the North until 1899 when its Charter was abrogated and a protectorate of Northern Nigeria was proclaimed in 1900 to forestall German and French occupation of those territories.

ii) The British now engaged in the progressive conquest of the Northern states.

Lord Lugard was made High Commissioner of Northern Nigeria in 1899 and British Conquest followed thereafter, in the following order:

Bida   - 1901,
Adamawa   - 1901,
Bauchi and Gombe   - 1902,
Zaria   - 1902,
Kano   - 1902,
Sokoto   - 1903.

The fall of Sokoto meant the effective end of the independence of the present North-Western Nigeria states.

i) 1903–1906 was a period of British consolidation in the present North. In fact the protectorate of Northern Nigeria had been proclaimed before the Northern states were conquered. The Protectorate of Southern Nigeria was proclaimed in 1900.

ii) In 1906 the Protectorate of Southern Nigeria was amalgamated with the Colony of Lagos. And in 1914 the Colony and Protectorate of Southern Nigeria was merged with the Protectorate of Northern Nigeria[4].

The significance of the detailed consideration of the prelude to a Nigerian State is that what later became Nigeria was made up of separate Kingdoms, Empires and Nations which had existed independently of each other for hundreds of years, who were brought together by British force of arms. Therefore, if that association is to survive, each nationality must be given enough political space to exercise its individual political and fiscal autonomy. In other words, Nigeria can survive as one entity only under conditions of strict or true political and fiscal federalism. By clear implication, such fiscal federalism must include a large dose of resource control and derivation in its revenue allocation arrangement.

Irresistible Inferences

From the very brief account given of the background of the establishment of the state called Nigeria, the following inferences are irresistible. Contrary to the assertions of some scholars with mischievous motives and intentions, the Federal Structures of Nigeria did not operate «from the top to the bottom», but «from the bottom to the top».

In other words, it was not a question of a country that was originally unitary being broken into federating units, but of formerly totally independent Kingdoms, Empires, Nations and autonomous communities being forcefully brought together, and ending up in a federal union. With due respect, Fatayi-Williams, then a Judge of the Supreme Court was wrong when he stated at a Conference in 1976 that «unlike most of the older federations, what we did in Nigeria was like unscrambling scrambled eggs. We started as a unitary State and then opted as a Confederation afterwards».

Fatayi-Williams' fundamental error was the assumption that the Nations constituting Nigeria did not exist until the British came and conquered them. This gross fallacy forms the Grundnorm of the current Northern thesis that Nigeria started as a unitary state until the Central Government created the States.

On the contrary, it is clear that it is the coming together of these autonomous communities that gave rise to a Federal Government. In other words, the Federal Government is an agency of the Nigerian nationalities which make up the various States. The subsequent «creation» of States by various Military Governments must be discounted as part of the distortions and mutilations of the true political order, brought about by unlawful military usurpation of power. Independent nations were first forcefully brought together, before the movement in the opposite direction through creation of states. The amalgamation itself is a prime example of the point I am making.

Nigeria is therefore a federation of former Kingdoms, Empires, States, Nations and autonomous Communities.

Preindependence Constitutions 1900–1951: Governor as the Sole Executive and Legislature

During the period 1900 to 1906 the Governor of the Protectorate of Southern Nigeria exercised full executive powers and was also the legislature. This applied to the Protectorate of Northern Nigeria from 1900 to 1914. The Governor in each case made laws by proclamation. Such proclamation was, however, subject to approval by the British Government. In 1900 the Southern Protectorate and the Colony of Lagos were amalgamated under the title «the Colony and Protectorate of Southern Nigeria». In the same year, a legislative Council was created for that Protectorate. At this stage the legislative Councils were however constituted by officials of government.

In 1914, as we all know, the Colony and Protectorate of Southern Nigeria, and the Protectorate of Northern Nigeria were amalgamated, and ruled by one Governor-General, Lord Lugard. The legislative Council of the Colony of Lagos was restricted to making laws for the Colony alone, whilst the Governor-General made laws for the whole country. Lt. Governors headed the Northern and Southern Protectorates respectively, under the supervision of the Governor of Nigeria.

The 1922 Constitution – The Clifford Constitution

In 1922, a new Constitution, revoking the 1914 Constitution, was promulgated under Governor Clifford. Under this Constitution a Nigerian Legislative Council was constituted, but its jurisdiction was limited to the Southern

Provinces, i.e. the Colony of Lagos and the Protectorate of Southern Nigeria. The Governor continued to be the sole legislative authority for the Northern half of the country. Also an Executive Council was established for the whole country.

The 1951 Constitution

In 1939, Southern Nigeria was broken into two, Eastern and Western Nigeria. The 1945 Richards Constitution, which came into effect on 1st January 1946, established a Central Legislative Council, and regional ones for the North, East and West. The new Central Legislature was constituted by the Governor as President, 16 official and 28 non-official members.

The Regional Houses were not competent to legislate, even for their own Regions. They could only consider bills affecting their Regions and make recommendations or pass resolutions for the Central Legislature in Lagos to consider. Only the latter could pass legislation. It is thus clear that although Nigeria was split into 3 Regions with their separate Legislatures, in addition to the Central Legislature in Lagos, the country was still effectively governed as a Unitary State, with all the powers concentrated in the hands of the Governor and the Central Legislature over which he had total dominance. The first real change since 1914 did not come until the MacPherson Constitution of 1951 took effect, although under it the Federal Government was still empowered legally to override the Regional Governments in all matters. This impediment to federalism was not removed until the introduction of the Lyttleton Constitution in 1954.

The 1951 Constitution, however, was the one that really introduced fundamental changes into the Imperial/Native relationship and the relationship between the Nigerian groups themselves. The following points need to be noted.

The 1951 Constitution came into being after an unprecedented process of consultation with the peoples of Nigeria as a whole. In accordance with the directives of the Central Legislative Council, meetings and consultations were held at (a) village, (b) district, (c) divisional and (d) provincial levels before the (e) regional and, finally, (f) the national conference. The reports of each region from village to the regional level were then submitted to the Legislative Council. These reports and recommendations were published in October 1949 and reviewed by a drafting committee of the Legislative Council.

On 9 January 1950, a General Conference of representatives from all parts of Nigeria started meeting in Ibadan to map out the future system of Government in Nigeria with the recommendation of the Regional Conferences as the working documents. The General Conference was composed of

25 unofficial members drawn from the earlier regional conferences as representatives of the three regions, 25 unofficial members from the Nigerian Legislative Council, 3 official members and the non-voting Chairman who was the Attorney-General of Nigeria. The Conference rose on 29 January 1950, with recommendations, which were accepted and implemented by the Governor of Nigeria.

The new Constitution represented a major advance on the existing state of legislative competence of Nigerians by (i) introducing elected majorities in the Central Legislature and (ii) in the Regional Houses of Assembly, (iii) endowing the legislative Houses with independent legislative power in many areas of state activity, and (iv) establishing a federal system for Nigeria for the first time.

By way of emphasis, the General Conference then noted that «we have no doubt at all that the process already given constitutional sanction, and fully justified by experience, of devolution of authority from the Centre to the Regions should be carried much further so that a federal system of government can be developed». From the statement set out above it is quite clear that the General Conference was obviously thinking in terms of creating a federal structure of government for Nigeria comprising a two-tier system whereby the Central Government already vested with all the powers in a unitary system of government would be made to devolve certain well defined powers to the Regional Governments set up in each of the three Regions.

It should be noted that the North made it a condition for continuing to be part of Nigeria that at least 50% of the seats in the Central Legislature should be allocated to it. Thus the political lopsidedness of the federation was introduced by this concession. Commenting on the social and political impact of the Richards Constitution (1946) and the MacPherson Constitution (1951) on North/South relationship, Obaro Ikime has this to say:

> Despite the amalgamation of 1914, the Clifford Constitution of 1922 kept the North legislatively separate from the South. It was not till the Richards' Constitution came into effect in 1947 that North and South came under common laws. But since the legislatures of the Richards' Constitution were, strictly speaking, not law-making bodies, as the Nigerian members had no power to initiate bills, it can be argued that it was only with the coming into effect of the Macpherson Constitution in 1952 that leaders of the North and those of the East and West began to interact meaningfully. By that time, however, fifty years of separate development under British influence had created such differences between the North and the West and East that the Macpherson

Constitution could hardly be operated. Part of the problem which we face as a nation is how to overcome, to an acceptable degree, the differences between our peoples, given our decision to keep Nigeria one – the decision we took when we fought a civil war for that purpose. In acting as they did, the British were pursuing their own goals, goals which most certainly did not include the promotion of Nigerian unity[5].

The 1951 Constitution broke down within two years as a result of a series of crises within the Nigerian political system. The most serious was the bitterness arising from the unsuccessful motion for independence moved by Chief Anthony Enahoro on behalf of the Action Group Party in 1953. The motion, seeking the attainment of independence by 1956, was also supported by the National Council of Nigeria and the Cameroons (NCNC), but opposed by the Northern based Northern Peoples' Congress (NPC).

The motion failed to pass and the angry Lagos crowds booed the NPC legislators calling them British stooges, as they were leaving for their homes in the North. This resulted in riots in Kano in which there were many casualties. The outcome of this ugly incident was an Eight Point Declaration by a joint meeting of the Northern Legislators in the House of Representatives and their counterparts in the Northern House of Assembly, virtually proclaiming an end to the amalgamation, and a return to the pre-1914 political situation. More will be said about this later. Be it noted however that this was a significant development concerning the National Question.

To find a way forward, another series of Constitutional Conferences, one in London (1953) and another in Lagos (1954) were held, from which a new Constitution, the Lyttleton Constitution emerged. As Oyediran opined in his book «Nigerian Constitutional Development»[6]:

As Kirk-Green put it, the constitutional conferences of 1954 acknowledged the deep realities of the confrontation between the political leaders and their political parties from each of the three regions. «It was clear that Nigeria, if it was to be a nation must be a federation, with as few subjects reserved for the Central Government as would preserve national unity». This was how the «Regionalization Constitution» with its provision of separate Governors, separate Premiers and Cabinet and legislatures, separate judiciaries, separate public service commissions, civil services, marketing boards, and development plans got its improved energy without effective protest through to independence.

In other words, Nigeria became a «true» federation with self-governing autonomous regions, thanks to the North. The heads of Regional Governments were given full executive powers and were designated Premiers, whilst that of the Federal Government was designated Prime Minister. They presided over cabinets of Ministers and ran their Governments independently of all other authorities in internal matters. Indeed in 1957, both the Eastern and Western Regions attained self-government, and in 1959, the Northern Region joined them.

As a result of the series of constitutional conferences held in London and Lagos in 1953, 1954, 1957 and 1959, the 1960 Independence Constitution emerged. It represented the outcome of the sustained negotiations after the 1950 National Conference, although, participants this time were the leaders of the political parties in power in the 3 Regions and at the Centre. It can thus be said that the period 1950 to 1959 represented a 10-year period of negotiations between the major stakeholders in the Nigerian project and that what they finally arrived at in the form of 1960 Constitution was subject to minor, non-structural modifications, the only legitimate basis of association of all the different nationalities in Nigeria.

The Independence and Republican Constitutions (1960 and 1963)

One important feature of the 1960 Constitution was the extensive powers granted to the Regions, making them effectively autonomous entities and the revenue arrangements which ensured that the Regions had the resources to carry out their immense responsibilities.

Under the 1960 and 1963 Constitutions, a true federal system made up of strong States or Regions and a Central or Federal «state» with limited powers, was instituted. Both the 1960 (Independence) Constitution and the 1963 (Republican) Constitution were the same. The only differences were the provisions for ceremonial President (1963) in place of the Queen of England (1960) and the judicial appeals system which terminated with the Supreme Court (1963) rather than the judicial Committee of the British Privy Council (1960).

The following features, which emphasized the existence of a true federal system composed of powerful and autonomous Regions and a Centre with limited powers are worth noting.

i) Each Region had its own separate Constitution, in addition to the Federal Constitution.

ii) Each Region had its own separate coat of arms and motto, from that of the Federal State or Government.

iii) Each Region established its own separate semi-independent mission in the U.K. headed by «Agents-General»

iv) The Regional Governments had residual powers, i.e., where any matter was not allocated to the Regions or the Federal Government, it automatically became a matter for Regional jurisdiction.

Thus apart from items like aviation, borrowing of moneys outside Nigeria, control of capital issues, copyright, deportation, external affairs, extradition, immigration, maritime shipping, mines and minerals, military affairs, posts and telegraphs, railways, all other important items were in the concurrent list, thus permitting the Regions equal rights to legislate and operate in those areas. The most significant of these included arms and ammunition, bankruptcy and insolvency, census, commercial and industrial monopolies, combines and trusts, higher education, industrial development, the regulation of professions, maintaining and securing of public safety and public order, registration of business names and statistics, prisons, etc. Local Governments were entitled to establish police forces.

It is important to observe once more that anything outside these two lists was exclusively a matter for Regional jurisdiction. Other features indicative of the autonomous status of the Regions included:

i) Separate Regional Judiciaries and the power of the Regions to establish, not only High Courts, but also Regional Courts of Appeal.

ii) The Regions had their own separate electoral commissions for Regional and Local Government elections. However the Chairman of the Federal Electoral Commission was the statutory Chairman of the State Commission.

iii) The Revenue Allocation system under the 1963 Constitution was strictly based on derivation.

It will be observed that mines, minerals, including oil fields, oil mining, geological surveys and gas were put in the exclusive legislative list in the 1960 and 1963 Constitutions. This was a carry-over from the provisions of the 1946 Minerals Act, under which the Colonial Government gave itself the exclusive ownership and control of all minerals in Nigeria. This was understandable under a Colonial Regime whose objective was the exploitation of the colonized peoples, but certainly not acceptable in an independent country constituted by autonomous Federal Government and Regions. It is invidious for a Federal Government to compare itself to a Colonial Government. It is therefore not surprising that what was lost by placing mines, minerals, oil fields etc. in the Exclusive Legislative List, was regained by the very strict adherence to the principle of derivation in the revenue allocation formula, particularly, the allocation of the proceeds from mineral exploitation.

Resource Basis of the Regions

The Regional Constitutions, in the 1960 and 1963 Constitutions described each Region as «a self-governing Region of the Federal Republic of

Nigeria»[7]. To buttress the self-governing status of each Region, adequate provisions were made to guarantee the economic independence of the Regions, thus avoiding the hollowness of a declaration of self-governing status totally undermined by economic dependence. Moreover, consistently with the Federal character of the country, i.e. a country of many nations, the basis of revenue allocation was strictly derivative.

Section 140 which made provision for the sharing of the proceeds of minerals including mineral oil, stated that «there shall be paid by the Federal Government to a Region a sum equal to fifty percent of the proceeds of any royalty received by the Federation in respect of any minerals extracted in that Region and any mining rents derived by the Federal Government from within any Region». For the purposes of this section, the continental shelf of a Region was deemed part of that Region.

By section 136 (1) 30% of general import duties, were paid into a distributable pool for the benefit of the Regions. With regard to import duties on petrol, diesel oil and tobacco the total sum of import duty collected less administrative expenses, were fully payable to the Region for which the petrol or diesel oil or tobacco was destined. A similar provision was made for excise duty on tobacco. With regard to produce i.e., cocoa, palm oil, groundnuts, rubber, and hides and skins, the proceeds of export duty were shared on the basis of the proportion of that commodity that was derived from a particular Region.

The derivative bases of the allocation of revenue and the proportionate share of such proceeds that went to the Region it originated from clearly buttressed the operating base of true federalism.

Summary of Revenue Allocation 1960/63 Constitution
Basis: Derivative Principle

i) Minerals including mineral oil: 50% of proceeds to all Regions from which they were extracted. S. 140 (6).

ii) 30% went into the distributable pool (for all the Regions including the producing Region).

iii) 20% for the Federal Government.

iv) 30% of import duties went into the distributable pool.

v) Import duty on petrol and diesel consigned to any Region was refundable to that Region.

vi) This applied to excise duty on tobacco.

It can thus be seen that although the 1960 Constitution did not provide for the ownership and control of mineral resources by the producing State or community, the entitlement of the producer State to 50% of the proceeds, and a share in another 30% with the Federal Government being entitled to only 20%, was a true reflection of the derivative principles which is the economic indicator of true political and fiscal federalism.

Military Intervention and the Subversion of Federalism 1966–1999
(i) Military Decrees

With the military take-over in January 1966, centralization of governmental powers followed centralization of command. Lt. Col. Yakubu Gowon who was military Head of State from July 1966 to July 1975 was mainly responsible for this development. It is indeed ironical, that the reason given by those who installed Gowon as Head of State, after overthrowing the military government of General Johnson Thomas Aguiyi-Ironsi, his predecessor, was that by Decree 34 of 1966, Ironsi tried to establish a unitary government for Nigeria by abolishing the Regions. Indeed, one of the first things Gowon did was to repeal Decree 34 of 1966. And yet it was under Gowon's government that the Regions, later States, became systematically emasculated. The truth of course was that the inheritors of colonial power lost control to Ironsi, who was outside their «zone» and the July 1966 counter coup was a mission for the recovery of lost power. The same syndrome was once again pervasive in the attitude of the Arewa North to the Goodluck Jonathan Government. The Nationality Question continues to roll on.

Apart from various individual Decrees, the very first Decree issued by every successive military regime usually destroys the foundations of Federalism. Thus sections 3 and 4 of Decree number 1 of 1966 state as follows:

1. The Federal Military Government shall have power to make laws for the peace, order and good government of Nigeria or <u>any part thereof</u> with respect to <u>any matter whatsoever.</u>

2. The Military Governor of a Region:

a) shall not have power to make laws with respect to any matter included in the Exclusive Legislative List and

b) <u>except with prior consent of the Federal Military Government</u>, shall not make any law with respect to any matter included in the Concurrent Legislative List.

3. Subject to subsection (2) above and to the Constitution of the Federation the Military Governor of a Region shall have power to make laws for the peace, order and good government of that Region.

Thus the first Military Government completely undermined the federal status of Nigeria by giving itself the power to make laws for the peace, order and good government for <u>the whole of Nigeria</u> with respect to <u>any matter whatsoever.</u> It is as if the Regions or later States did not exist. The matter reached its apogee in the Sani Abacha era, when by Decree 12 of 1994, the Military Government declared itself as being established «with <u>absolute powers</u> to make laws for the peace, order and good government of Nigeria or <u>any part thereof</u> (including of course all the States) <u>with respect to any matter whatsoever</u>».

(ii) <u>1979 and 1999 Constitutions</u>

The 1979 and 1999 Constitutions maintained the trend towards centralization, even though they were made «by the people» for the operations of a democratic and federal system of government. Thus, instead of the 45 items in the Exclusive Legislative list as in the 1960/63 Constitutions, there were 66 items in the 1979 Constitution and 68 in the 1999 version. Basic state matters like (i) drugs and poisons, (ii) election of State Governors and State Houses of Assembly, (iii) finger-print identification and criminal records, (iv) labour and trade union matters, (v) meteorology, (vi) police, (vii) prisons, (viii) professional occupations, (ix) stamp duties, (x) taxation of incomes, profits and capital gains, (xi) the regulation of tourist traffic, (xii) registration of business names, (xiii) incorporation of companies, (xiv) traffic on federal trunk roads passing through States, (xv) trade and commerce and census were transferred from the concurrent list of the 1960/63 Constitutions to the exclusive list.

(iii) <u>The Expropriation of the Natural Resources of the Niger Delta Minorities</u>

This unitary absolutism in the political sphere has been complemented by unitarism in the economic sphere since 1966. Thus, by the Petroleum Decree (No. 51) of 1969, the Military Government declared that the entire ownership and control of all petroleum resources in, under or upon any lands in Nigeria was vested in itself. Section one spells out in detail, for the avoidance of any doubt, the type of territory covered by this exclusive Federal Government ownership. These are all lands in Nigeria (including land covered by water), land under Nigerian territorial sea and land forming part of our continental shelf. Ownership of minerals by the Federal Government is thus absolute. Not only are individuals on or under whose land minerals are found denied any right to them, so too are mineral producing communities, local government areas and states.

It should be noted that the Federal Government's assumption of absolute ownership of all minerals in Nigeria's land and maritime territory was progressive. The claim to absolute and total ownership of all minerals, no matter where found or located only reached its climax in 1971. Thus, by section 140

(6) of the 1963 constitution, all minerals, both solid and oil, found in the continental shelf of a region of Nigeria, belonged exclusively to that region. For the purposes of exploitation of minerals, including mineral oil, the continental shelf of a region was deemed to be a part of that region. But by offshore oil Revenue Decree 1971 (No. 9 of 1971), the rights of the regions (states) in the minerals in their continental shelves were abrogated and ownership and title to the territorial waters, continental shelf as well as royalties, rents and other revenues derived from or relating to the exploration, prospecting or searching for, winning or working of petroleum from these seaward appurtenances of the states became vested in the Federal Government.

This has been repeated in all subsequent constitutions. Thus, in section 40 (3) of the 1979 Constitution (repeated in section 44 (3) of the 1999 Constitution) it is stated as follows:

Notwithstanding the foregoing provisions of this Section, the entire property in and control of all minerals, mineral oils and natural gas, under or upon the territorial waters and the exclusive economic zone of Nigeria shall vest in the Government of the Federation and shall be managed in such manner as may be prescribed by the National Assembly.

The Shehu Shagari Government (1979–83) initially «conceded» one and half percent of oil proceeds as against fifty percent in the negotiated Independence and Republican constitutions, to the oil producing States. Later this was increased to three percent by the Babangida Military Government, which established the Oil Mineral Producing Areas Development Commission (OMPADEC). Arising from the increasing agitation from the exploited peoples of the devastated oil producing areas, the Federal Government gave grudging though limited recognition to the rights of these communities to their oil by establishing OMPADEC in 1992.

In 2000, the Niger Delta Development Commission (NDDC) was established. Under this commission, a fund was established for tackling the ecological problems of the Niger Delta and for the development of its infrastructure. The fund for carrying these objectives is composed by the following[8]:

(i) The equivalent of 15% of the total monthly statutory allocation due to member States of the Commission from the Federation Account, being the contribution of the Federal Government.

(ii) 3% of the annual budget of any oil company operating on and offshore in the Niger Delta, including gas processing companies.

(iii) 50% of the monies due to the member States of the Commission from the Ecological Fund.

(iv) Such monies as may be from time to time lent to or deposited with the Commission by the Federal or State Governments or any other body, etc., etc.

The Federal Government has always been late in paying its share and never pays the full 15% of the said monthly allocation. The major oil companies are hostile to the Commission and only reluctantly contribute to the Fund. It is conceded of course that section 162 (2) of the 1999 Constitution makes provision for at least 13% of the proceeds derived from natural resources being paid the producing state.

However 13% cannot be compared to 50% and a proportion of another 30% negotiated and concluded as basis of our mutual association in Nigeria. Moreover, the so-called 13% was paid with effect from January 2000 rather than from 29th May, 1999, and off-shore production was illegally excluded from the 13%, until the off-shore Derivation Act of 2004, under which derivation was extended seawards to 200 m. depth.

Even a superficial political analysis of the situation will reveal that the fate of the mineral resources of the Niger Delta minorities, particularly the trend from derivation to Federal absolutism, is itself a function of majority control of the Federal Government apparatus. In 1960, there were no petroleum resources of any significance. The main income earning exports were cocoa (Yoruba West), cotton, groundnuts and hides and skins (Hausa/Fulani North) and palm oil (Ibo East). Therefore it was convenient for these majority groups to emphasize derivation – hence it's strong showing in the 1960/63 Constitutions.

However, by 1967 and certainly by 1969, petroleum, particularly, the mineral oil, was becoming the major resource in terms of total income and foreign exchange earning in the country. It was therefore not difficult for the majority groups in government to reverse the basis of revenue allocation with regard to petroleum resources, from derivation to Federal Government exclusive ownership. They were in control of the Federal Government and their control of the mineral resources by virtue of that fact effectively meant that the resources of the Niger Delta were being transferred to the majority group in control of the Federal Government at any point in time. This revealed the context in which the demand that power must return to the North was being made. This is another aspect of the National Question.

As I have already noted above, the 1979 and 1999 Constitutions which are essentially the same, are unitary Constitutions masquerading as federal Constitutions. This operation of a unitary constitution in a multilingual and multinational state, in breach of the founding credo of Nigeria, has created the present stagnant, crisis ridden and dysfunctional geographical entity called modern Nigeria. The following characteristics are associated with it.

Characteristics
(a) Lack of autonomy in the federating units and therefore stifled development.

(b) Endless tension, conflict and struggle for the control of a bloated, resource-constipated, all powerful federal government.

(c) Total lack of competition and non-productivity of States who receive free monthly allocation like civil servants receiving salaries.

(d) Dependent mentality of States on Federal Allocation, addiction to oil and gas proceeds and abandonment of productivity and internally generated revenue.

(e) Emasculation and atrophy of States and their reduction to federal client/beggar status.

(f) The presence of politically controversial and conflict generating subjects in the Constitution, e.g.

(g) Local government.

(h) Federation Account.

(i) The listing of essentially Concurrent Legislative List subject matters in the Exclusive Legislative List, e.g.,

   (1) Electricity
   (2) Police
   (3) Railway
   (4) Labour/trade unions
   (5) Census

(j) Abandonment of fiscal federalism and even a modicum of resource control.

These are some of the problems bedeviling the Nigerian federation. In the present condition of tight unitarism, any act of misgovernance in Abuja reverberates throughout the country. In other words, if Abuja sneezes, the whole country catches cold. Nigeria's federating units, whether states or zones, need a breathing space from the Federal Government. The current unitary system is suffocating and is preventing the states from enjoying individual autonomy and development. There is a stifling uniformity, without unity. States are stunted in growth and are perpetually dependent on the Federal Government's feeding bottle. This has to stop if Nigeria is to ever develop.

The North/South Dichotomy and Federalism
Until the discovery of oil in the Niger Delta and its increasing role as a major income earner, the North was always a reluctant partner in the Federal Republic of Nigeria. Its sole condition for remaining part of Nigeria was un-

der an arrangement of a very loose federation with strong Regions or States and a weak Federal Government. It will be recalled that at the National Conference at Ibadan in January 1950, the Northern delegates declared adamantly that they would not be part of Nigeria, unless they were allocated at least 50% of the seats in the Federal Legislature. In other words they demanded and got not less than the combined number of seats of both the Eastern and Western Regions.

After the acrimonious debate on Chief Anthony Enahoro's motion for independence in 1956 which pitched the Northern and Southern Legislators sharply against each other, the Northerners issued on 8-point demand as a condition for remaining in Nigeria as follows:

1. Each Region shall have complete legislative and executive autonomy with respect to all matters except the following: defence, external affairs, customs and West African research institutions.

2. That there shall be no Central legislative body and no Central executive or policy making body for the whole of Nigeria.

3. There shall be a Central agency for all Regions which will be responsible for the matters mentioned in paragraph one and other matters delegated to it by a Region.

4. The Central Agency shall be at a neutral place preferably Lagos.

5. The composition and responsibility of the Central Agency shall be defined by the order-in-council establishing the constitutional arrangement. The agency shall be a non-political body.

6. The services of the railway, air services, posts and telegraphs, electricity and coal mining shall be organized on an inter-Regional basis and shall be administered by public corporations. These corporations shall be independent bodies covered by the statute under which they are created. The Board of the coal corporation shall be composed of experts with a minority Representation of the Regional government.

7. All revenue shall be levied and collected by the Regional government except customs revenue at the port of discharge by the Central Agency and paid to its treasury. The administration of the customs shall be so organized as to assure that goods consigned to the Region are separately cleared and charged to duty.

8. Each Region shall have a separate public service[9].

Even Nigeria's much praised first Prime Minister Sir Abubakar Tafawa Balewa, stated in 1947 that «Nigeria has existed as one country only on paper, and that it was still far from being considered as one country, much less think of it as united»[10]. After the counter-coup of 29 July, 1966, the original intention of the Northern mutineers was to withdraw from Lagos and the rest of the

South and secede from Nigeria. As Ahmadu Kurfi recounts in his book «The Nigerian General Elections 1959 and 1979» (Macmillan, 1983. P. 38–39)[11]:

The original intention of the July 29 counter-coup leaders was to seize the reigns of government and then announce the secession of the Northern Region from the rest of the country. This was in line with the general mood of the people of the North whose clarion call during the May 29 disturbances in the North, which claimed many Igbo lives, was Araba or Aware (Hausa word for «secede»). As soon as the success of the insurgency was apparent the leaders of the coup who were based at the Ikeja Garrison informed Northern elements resident in Lagos to leave the metropolis for the North, giving a deadline within which to comply. At the expiry of the deadline the coup leaders planned to dynamite, if not sink, the whole of Lagos. So serious was the threat that many senior federal government officers in Lagos actually trooped to Ilorin, Kaduna and other Northern towns. The families of the coup leaders had earlier been airlifted in a high-jacked VC10 plane of a British airline.

Only wise counsel that the North needed the South for economic survival persuaded the rebels to jettison the plan. But they insisted that Lt. Colonel Gowon should supersede many senior Southern officers to become the new military Head of State. Even during the conferences that followed the July 29 coup, the Northern Delegation submitted a memorandum demanding a confederation based on mere association of the Regions including the right to secede. When they subsequently modified this position, their proposals still clearly revealed their half-hearted commitment to Nigerian Unity. They called for regional commands for the Army, made up only of people from that Region and controlled by a Regional Commander. They also called for a rotational Presidency and Prime Ministership and each State was to contribute an equal number of members to a unicameral Federal Legislature.

Why then have the same Northerners become the advocates of a powerful central government controlling all the country's resources with weak client states fully dependent on the centre for survival? The answer is simply the enormous wealth that is being generated from the Niger Delta's petroleum resources. Even in the midst of the crisis brought about by the bloody counter-coup of July 29, 1966, and the killings that followed, the Northern delegation, with one foot outside Nigeria and halfway into secession, had started claiming entitlement to Niger Delta's oil proceeds. On mines, minerals, including oilfields, oil mining, natural gas etc., the Northern Leaders took the following clear position which they have held onto, till this day.

(i) The right to all mines and minerals was, before the handover of power in that regard, vested in the Crown. This right was derived from the Crown's prerogative of being the owner of all minerals attaching to the land. The right was accentuated by the provision in our laws laying down that the entire property in and control of all minerals and mineral oils in, under or upon any lands in Nigeria and of all rivers, streams and water-courses throughout Nigeria, was and should be vested in the Crown.

(ii) Upon handover of power the right was transferred to the Federal Government which has to date been exercising it. In this regard the Federal Government continues to hold the right among other things to legislate on mines and minerals, including oilfields, oil mining, geological surveys and natural gas as provided in the Constitution. This right, of course, is being exercised for the benefit of the Country as a whole. The Constitution of the Federation for example provides for a fair distribution of revenue obtained from mining royalties and rents between the Regions in so far as such revenue is in respect of minerals obtained from inland.

(iii) In these circumstances the Northern Delegation does not see how this item can be removed from the Federal to the Regional Legislative List.

(iv) It is noteworthy that at one time the country's main sources of revenue from mines and minerals came from tin and columbite of the North. And throughout such time there was never an objection raised from any quarter as regards Central and later Federal Control of mines and minerals.

(v) It is interesting to note that now that we have, for the meantime, the main sources of revenue coming from oil from East, Mid-West and possibly West the other delegations at the Conference should raise an objection to what has in effect been the usual practice purely and simply in order to enrich their respective regional governments at the expense of the overall national interest.

(vi) On the other hand, since it agreed that Nigeria should have an «effective Federal Government» it is vital that the Federal Government should have an independent source of revenue.

It should be noted that when tin and columbite were the main mineral resources, the derivation principle was 100%. It is obvious that, as has already been noted, the Northern position is predicated on their permanent right of control over a predatory Federal Government that expropriates the resources of a weak Niger Delta. Let us now scrutinize the mechanism used for this permanent control of government and power which are supposed to be a common patrimony of all sectors and nationalities of Nigeria.

Origins and Methods of Permanent Northern Control over Nigeria's

Resources

In his seminal expose on the events of June 12, 1993, entitled «The Tale of June 12: Betrayal of Democratic Rights of Nigerians»[12] Professor Omo Omoruyi went to the British Archives and unearthed a host of hitherto protected information on the British machinations and manipulations which has resulted in the distortion of politics and power in Nigeria. The position can be summarized as follows:

i) Lord Lugard started his career in what became Nigeria from the North as an agent of the Royal Niger Company.

ii) By a process of coercion, persuasion and force, he obtained a series of treaties from the Northern traditional rulers and was appointed the High Commissioner for the Northern territories by the company. He welded the North together as one unit.

iii) He was later appointed Governor of the Northern and Southern Protectorates of Nigeria, which were still totally separate entities, with the mandate to amalgamate the two totally foreign territories together as one country. The intention was to unify the administrations of the two protectorates and not their peoples.

iv) The motive behind the decision of the British Government to amalgamate the two incompatible territories was purely financial or economic. The Northern Protectorate was not economically viable. It had become a great drain on the British tax payer. On the other hand, the Southern Protectorate was not just economically buoyant; it was producing surpluses every year. The British design was therefore to remove the Northern financial burden from its own neck and hang it on the neck of the hapless Southern Protectorate.

v) According to Lord Harcourt, the British Colonial Secretary, unification of Nigeria demanded both «method» and «a man». The man was to be Lord Lugard and the method was to be the «marriage» of the two entities. According to Lord Harcourt: We have released Northern Nigeria from the leading strings of the Treasury. The promising and well conducted youth is now on an allowance on his own and is about to effect an alliance with a Southern lady of means. I have issued the special license and Sir Frederick Lugard will perform the ceremony. May the union be fruitful and the couple constant.

Thus in this «marriage» the North, right from the beginning, was to be «man» and «husband» and the South, the «woman» and «wife». The use of the term «Youth» (man) for the North and «Lady» (woman) for the South was not an accident, nor an exercise in humour. It was a deadly serious matter, with the game plan being to bring the two parties together in order to give the North political power over the South and permanent control over Southern resources.

In the England of the time of Lord Harcourt, married women had no independent legal existence outside their marriage. All the women's property and resources automatically became the husband's. The woman could not enter into a contract in her own right. Her husband had to conclude all her contracts on her behalf. Although this position was altered by the Married Women's Property Act of 1882, Lord Harcourt had the common law position in mind when he decided to marry the young man without means, to the young lady of means. That latter was to provide the wherewithal for the former to live well and be master of the manor for the rest of their lives. Omo Omoruyi has lamented the devastating consequences of this marriage on the Southern lady of means. He wrote:

> Today, the «Southern Lady of Means» is richer and the bridegroom «the well conducted youth» from the North is poorer and poorer over the years, a situation not even anticipated in 1914. Hence the «husband» in the typical Nigerian fashion would ensure that the relationship is maintained at all costs, even if it means killing the bride in order to take over her wealth. This is the situation the oil producing part of the South finds itself in today. According to Alhaji Gambo Jimeta, former Inspector-General of Police, the North (husband) will go to war over oil[13].

The Northern politicians understood the plan perfectly and have implemented it faithfully and fervently since then. They are well focused on how to cling to power, for they know what is the route to Southern oil and gas resources. How have they retained power? The formula has been an amazingly simple one; by controlling the army and manipulating the census figures. All this combined with help from British Administrators of Nigeria right up till independence have assured the North of permanent political power and control of Nigerian resources, inspite of the present interregnum brought about by chance.

British Manipulation of Access to Power

Having installed the North as «husband» of the South and master of Nigeria in 1914, the British Colonial Masters did not let matters rest there. At every stage they ensured that the reins of power would remain in the hands of their beloved protégé. Thus, in preparing the North for its future role as the rulers of Nigeria, the British manipulated the very first Nigerian-wide population census conducted in 1932 in favour of the North. The figures awarded by the British were as follows[14]:

Northern Region   -   11,434,000

Western Region	-	3,855,000
Eastern Region	-	4,641,000
Total	=	19,930,000
Plurality in favour of the North	=	2,938,000

Thus from the very beginning, a permanent majority in population which was intended to translate into a permanent majority in the future Central Legislature and consequently a permanent control of power, was programmed for the Northern ruling class.

The Northern demand for at least 50% of the seats in the Central Legislature at the 1950 Conference, as a condition for being part of Nigeria, was based on the census figures that had been rigged in their favour. The colonial master quickly granted the Northern demand and distributed the seats in the 1951 Central Legislature as follows:

Total Number of Elected Members	=	136
North		-68
East		-34
West		-34

In the 1952 Census the numerical superiority of the North, as per the 1932 variant, was again meticulously maintained by the British. The increase of population in the 21 years between 1932 and 1952 was doctored so carefully that the birth rate in the three Regions was virtually the same and the difference between the population of the North and that of the South remained virtually the same. The 1952 figures were:

Northern Region	-	16,840,000
Western Region	-	6,369,000
Eastern Region	-	7,971,000
Total	=	31,180,000
Plurality in favour of the North	=	2,500,000

Finally in the last federal elections before independence, which was organized by the British masters, the Governor-General, Sir James Robertson, was so anxious for the NPC to retain power that he called on Sir Abubakar Tafawa Balewa to form a new government whilst the votes were still being counted and results were being announced. When the final results were announced, the NPC did not have a simple majority in the House of Representatives, and it was clear that on the basis of the results, the NCNC (89 Seats) could have successfully established a coalition government with the Action Group (73 Seats) and put the NPC (134 Seats) in the opposition benches. Omoruyi explains the hasty action of Sir James Robertson in the following way:

> Sir James Robertson was the shrewd implementer of Northern
> rule earlier fashioned by Lords Harcourt and Lugard. Sir James
> was especially recruited by the British Government in 1955 be-

cause of his experience in the Sudan with an identical situation to Nigeria. He is on record as confessing that he did not handle this phase to the satisfaction of Dr. Nnamdi Azikiwe and Chief Obafemi Awolowo. Sir James confessed that he called Sir Abubakar Tafawa Balewa to form the government in 1959 «by persuading some of the Southern members to support him and Sir Abubakar assured him he would get a Southern group to work with him». Sir James did this before the results were released in full. He confessed that he did this to appease the Sardauna of Sokoto, the Leader of NPC, to stop him from taking the North out of Nigeria[15].

The question is why was he more interested in the feelings of the Sardauna of Sokoto and not in the feelings of Dr. Azikiwe and Chief Awolowo? Was this not in furtherance of the design of the Colonial government? We shall come to this again.

The «Model» of a free and fair election sold to the successor regime, the North, was another issue which we should recognize. The way the 1959 election was handled taught the successor regime that the result of any election must be tailored to suit the anticipated outcome[16]. What General Babangida did in preparation for the June 12, 1993 election was vehemently opposed by the former Sultan of Sokoto, Alhaji Ibrahim Dasuki, on behalf of the Northern leadership because the North was not able to determine its outcome in favour of the North. Alhaji Ibrahim tried to prevail on the President to cancel the Presidential election as early as May 19, 1993, because the plan was seen as capable of reversing the British design[17]. What could Britain have done in 1959? The three parties should have been allowed by Sir James to negotiate and if he wanted to help, that would have been an opportunity for him to pressurize them to form a government of national unity that would have ushered in independence in an atmosphere of intergroup trust. But Sir James was too much in haste to formalize a succession and formally named a Northerner as the Prime Minister who was to be the successor to his executive power at independence.

The British predilection for the North, particularly the Arewa North can be summarized in the following views expressed by Sir James Robertson about the differences between Northerners and Southerners. In his assessment he referred to «the differences in ordinary custom and behaviour between the dignified, polite and rather aloof Northerner and the uninhibited, vociferous Southerner, who noisily showed his disagreement in Council and Parliament without good manners and restraint»[18].

Recommendations and Conclusions

Today, the National Question has taken the form of a struggle to control the Federal Government in order to gain access and control to Niger Delta oil and gas proceeds. The outcome is subsidy scam, unremitted billions of dollars scam, etc. Nigeria as a whole has been a tragic victim of total dependence on oil proceeds, but the North has suffered more from this syndrome. The great export earning crops like groundnuts, cotton, hides and skins, gumarabic and many others have disappeared. The great textile industries and many others have died – all because of total dependence on monthly handouts of oil proceeds.

The South has also suffered, but no where near the devastation of the North. Cocoa is no longer a great export crop. Rubber has disappeared from the radar. So too has palm oil. The only solution to economic growth and development in the North and to a lesser extent some parts of the South, is for all parts of Nigeria to be weaned off Niger Delta oil proceeds. There has to be a halt to this obsession and States must look inwards for their revenue – agriculture – solid mineral exploitation – resuscitation of collapsed industries, etc.

With immense cattle resources, it is time the North established cattle ranches in order to go into chilled beef, corned beef and dairy industries. The era of the Nomadic cattle rearer has been over for decades. Argentina makes over 5 billion dollars per annum from its chilled beef exports alone. The North can do likewise in order to release itself from the «leading strings» of the Niger Delta's resources, attaining prosperity, development and independence in the process. Fertile Mambilla Plateau alone can bring great agricultural prosperity.

As for the rest of the country, the South-West is already on the way to liberation from the oil proceeds mentality because of its industrial development, an aggressive taxation drive and good economic programmes. The East has the capacity because by their tremendous drive and adour in business and trading, they can generate excess funds to be ploughed back in profitable investments and services that can result in economic independence. There is need to release their genius in commerce. The East also has a record of industries and manufacturing. The South-South has commenced the process of diversifying into the non-petroleum economic activities. For example, Delta State has a major project on life without oil and gas, including establishment of industrial parks. Rivers State is also embarking on major electricity generation (industry) and comprehensive farming programmes.

True political and fiscal federalism in Nigeria is now inevitable. It will come whether the Federal Executive and Legislative Arms of Government like it or not. It is the only way forward for Nigeria as a united entity. The

Federal Government will revert to what it is meant to be, i.e., managing common services like defense, foreign affairs, immigration, currency, its own police force, etc. States will retain the bulk of their resources: about 50% for themselves and paying 20% contribution towards the running costs of the Federal Government, and another 30% as distribution fund for all States based on pre-determined criteria.

Nigerians tend to forget that the Federal Government does not have its own resources. It collects oil and gas proceeds from Niger Delta, VAT proceeds from mainly Lagos State, customs duties from States importing goods, etc. At the appropriate time, Governors will no longer spend 75% of their time in Abuja because they will be compelled to live on their own resources whilst contributing towards the running expenses of the Federal Government.

It is therefore crucial that we, as a country, should start preparing to loosen the shackles of a suffocating unitary federation and revert to true political and fiscal federalism in which States will control their resources, enjoy full autonomy, and engage in healthy competition with other federating units for the development, peace, justice and welfare of the Nigerian peoples. That is the basis on which we agreed to associate with each other as a Federation, as reflected in the 1960 and 1963 Constitutions.

Nigeria is a Federation and no federating unit should be totally dependent on another federating unit or the Federal Government for its sustenance permanently. True federalism must be substituted for the present suffocating unitary Constitution. Police affairs, railways, electricity, industrial relations/labour, mines, minerals, value added tax, local census, etc. should be moved to the Concurrent List.

Local Governments and Federation Account must never be featured in a Federal Constitution. Local Governments belong to States 100% and States can create as many local governments as they wish, but they must fund them exclusively. Federation Accounts are an excuse for dispossessing States of their resources, in favour of an unproductive federal government which on becoming bloated with these resources, dominates and controls the atrophied States into submission. The bloated, corrupt and inefficient Federal Government becomes the centre of a titanic and destructive struggle for control. States' indolence and parasitic tendencies follow, resulting in an unproductive and underdeveloped country. This destructive template must be reversed.

There must be an end to one tier of the Federation, appropriating States' patrimony, and then handing over a pittance to them with the expectation that they should be grateful. At the very least, we must revert to the pre-independence Constitutional Conference pact by which Regions (States) retained 50% of their natural resources and contributed 20% to the Federal Government and 30% to a distributable fund of which the economically weak Regions were the main beneficiaries. That way every state developed itself first, with its own productive activities, before receiving a little help from richer States as a complementary gesture. There was no parasitic federalism, in which idleness and monthly trips to Abuja to collect dole or state welfare package became the sole source of State existence. Even better still, we need to re-structure Nigeria into Regions or zones, using the present 6 zones as the basis, with minor changes, like Yoruba parts of Kwara and Kogi, joining the Western (Yoruba) Region. We must now revert to our pre-independence pact which was embodied in the 1960 and 1963 Constitutions. That is the only basis of an independent Nigeria with a long term future. That is the only answer to the National Question.

---

[1] *Ikime O*. History, the Historian, and the Nation: The Voice of a Nigerian Historian. Ibadan: Heinemann Educational Books, 2006.

[2] SNAAP Press. 2001. P. 20–21.

[3] Attorney-General of the Federation v. Attorney-General of Abia State and 35 Others [2002] 16 WRN 1 at p. 68.

[4] With minor exceptions, virtually all the information in this section is obtained from *Obaro Ikime's* «The Fall of Nigeria. The British Conquest», Heinemann, 1977. P. 3–198.

[5] *Ikime O*. History, the Historian, and the Nation... P. 123.

[6] Published by Oyediran Consults International, 2007. P. 26–27.

[7] Preamble of each Constitution.

[8] See The Niger Delta Development Commission (Establishment etc.) Act Cap. N86, 2004 – Laws of Nigeria.

[9] See Daily Times May 22 1953.

[10] NAI, NAL/F2 Legislative Council Debates, First Session, March 24, 1947. P. 208.

[11] Reported in: *Iloegbunam C*. Ironside. 2000. P. 182.

[12] Press Alliance Newark Ltd, London, 1999.

[13] *Omoruyi O*. Op. cit. P. 307.

[14] *Buchan K.M., Pugh J.C*. Land and People of Nigeria. University of London Press Ltd, 1955. P. 246.

[15] *Omoruyi O*. Op. cit. P. 303.

[16] Ibid. P. 302.

[17] Ibid.

[18] Sir James Robertson quoted in *Omoruyi O*. Op. cit. P. 306.

Julius Adekunle

The 1914 Amalgamation in Nigeria: «An Unholy Alliance?»

В статье «Объединение Нигерии 1914 г.: "Порочный альянс"?» Джулиус Адекунле рассуждает на тему образования Нигерии. Новое государство появилось в 1914 г. в результате слияния множества этнических групп, различных политических систем. Объединение диктовалось экономическими и политическими интересами метрополии – Великобритании. Местное же население не было вовлечено в принятие этого – навязанного ему колонизаторами – решения. Объединение 1914 г., вместо искомого единства, породило политические, экономические и социальные проблемы. И если в период деколонизации в Нигерии политически доминировали более образованные националисты-южане, то впоследствии, в период независимости, лидерство перешло к северянам. Борьба за власть, маргинализация ряда этнических групп, культурные и религиозные противоречия, недостаток политической грамотности у основной массы населения – в известной мере итог «порочного альянса», заключенного в 1914 году.

В Нигерии, существующей как государство уже 100 лет, по-прежнему отсутствует стабильность и мирное единение граждан. Неустойчивость конструкции, возникшей в результате объединения, проявилась в постколониальную эпоху нигерийской истории, с ее военными переворотами, гражданской войной, этническими и религиозными конфликтами. Для того, чтобы Нигерия была по-настоящему единой нацией, необходимо желание людей жить вместе. Все нигерийцы должны сформировать свое отношение к национализму, который является важной составляющей государственного строительства. Политические деятели должны быть привержены идеям сильного лидерства и эффективного управления; дальнейшее политическое просвещение нигерийцев поспособствует установлению единства в многообразии, в рамках демократической системы.

Introduction

In 2014, Nigerian newspapers and magazines were inundated with articles on the 1914 amalgamation to mark the hundredth anniversary of its establishment. Many and varying opinions have been expressed both for and against the amalgamation since its conception by Sir Frederick Lugard, the British Colonial Officer in Nigeria. This paper will give an overview of the pre-colonial political systems, the transition to the colonial period, emphasizing the role of the British in creating Nigeria as a nation, and discussing reasons for the amalgamation, why it has been considered an ill-advised political move, and why some Nigerians have called for its dissolution. For political, economic, and social reasons, some Nigerians argue that the 1914 amalgamation was a mistake and an «unholy alliance», which has retarded the socio-economic development as well as hindered nation building in Nigeria.

In pre-colonial times, Nigeria did not exist as a unified polity, but as atomized independent units. Some of these societies either adopted a centralized political system with large kingdoms or empires, or adapted to stateless structure. This is one of the reasons why Obafemi Awolowo, in his «Path to Nigerian Freedom», published in 1947, was of the opinion that «Nigeria is not a nation. It is a mere geographical expression»[1]. The new imperialism, which brought the Europeans to Africa, especially the British to Nigeria in the second half of the nineteenth century, significant political change and geopolitical formation. It also introduced a new dimension to ethnic relations. Under Lugard (working for the Royal Niger Company, RNC), the British conquered the Sokoto Caliphate, instituted indirect rule, and brought the Northern and Southern Protectorates together. Lugard's «unification» of Nigeria (known as the amalgamation) in 1914, was carried out for the administrative convenience of the British colonial government, but it has created ethnic and political problems for Nigeria in modern times. Little or no thought was put into the compatibility of the people forcefully interlocked together to form a British colony. The problems emanating from the amalgamation have prompted some to declare it «the mistake of 1914» or «an unholy alliance»[2].

Pre-Colonial Political Systems

Two different political systems existed in pre-colonial Nigeria – the centralized states and the stateless societies. In the northern part were the seven Hausa states and Kanem-Bornu[3]. Dominant in the southwest were the Benin and Oyo Empires, under the control of the Oba of Benin and the Alaafin, respectively[4]. All of the empires had existed for a long time before the Europeans arrived in the last two decades of the nineteenth century. In their desperation to acquire land, the British used deceit, treaty signing, wars of conquest, and superior weaponry to overrun the unsuspecting Nigerians. The empires and states, including the Hausa states, which claimed common ancestry in Bayajidda, were independent. The same was true of Benin and Oyo, with Oduduwa as the eponymous ancestor of the latter. The numerous empires and states were not unified until the turn of the twentieth century when Lugard's forces crushed the Sokoto Caliphate and instituted the indirect rule policy.

Stateless societies refer to those people who were bond by blood relationship, practicing a common culture, but not having complex apparatus of political organizations. Among the stateless societies such as the Igbo and Tiv, formal political institutions of government were non-existent. There was no institutionalized judicial system, yet they maintained orderly societies. Lineage heads performed leadership roles. John Middleton and David Tait described these societies as «tribes without rulers»[5]. Politics was egalitarian and people were involved in the affairs of the community. This was one of the reasons why Lugard found it difficult to implement indirect rule in the societies that did not originally have political institutions. The indirect rule was based on pre-existing political institutions with established authorities by rulers. Thus, the stateless societies did not provide a solid foundation for a successful colonial administration. To suit the needs of the colonial system, «Warrant chiefs» were appointed to serve as paramount rulers in the stateless societies. Being not part of the traditional system, the warrant chiefs were considered traitors and collaborators with the imperial authority.

The British Colonial System and the Need for Unification

In the first decade of the twentieth century, the British struggled with establishing an effective administration in the Niger area. They swept away indigenous political systems, ignored existing social standards and practices, and did not give consideration to the willingness of the people to live together. Their upmost priority was the imposition of a Western political system and Western ideals – Christianity, commerce, education, and taxation. Michael Crowder described this period as «the beginning of silent revolution in Nigeria»[6]. On the part of the people of the colony, it was indeed a time of adjustment to imposed foreign ideas and influences. The period was the beginning of the indirect rule system.

In 1912, Lugard became the High Commissioner of the Northern Protectorate, where he introduced the indirect rule system. There were both economic and political explanations for the adoption of the indirect rule system and of amalgamation, both underpinned by the administrative convenience of the British colonial authorities. First, the vastness of the territory, the huge population, and poor communication made amalgamation politically expedient for the British. Second, there was a shortage of British personnel in the wake of tropical diseases and inadequate health services. Third, the British government's plan was not to subsidize colonial rule, therefore each colony was to be economically self-sufficient by raising enough tax to maintain its administration. Crowder argues that «the immediate reason for the decision to amalgamate the two Nigerias was economic expediency. The Northern Protectorate was running at a severe deficit, which was being met by a subsidy from the Southern Protectorate, and an imperial grant-in-aid from Britain of about 300,000 pounds per year. This conflicted with the age-old colonial policy that each territory should be self-subsisting»[7]. In his article, «Rethinking the Amalgamation of 1914», Malcolm Fabiyi argued that the overarching reason for the amalgamation was «to reduce colonial administration costs by consolidating the two civil service operations of the Northern and Southern protectorates into one»[8]. Fourth, the British did not want to interfere with African indigenous socio-cultural institutions.

Hence, the use of traditional rulers became a crucial and necessary part of the colonial administration. Overall, Lugard and the British Colonial Office believed that amalgamation of the two protectorates was to the benefit of Nigeria. The indirect rule concept and practice has often been credited to Lugard. However, it was a political policy, which imperialists resorted to, often through the use of military force. The indirect rule system was first adopted between 1893 and 1899 when Sir Claude Maxwell Macdonald was the Consul-General and Sir Ralph Moor the first High Commissioner of Nigeria. The system was adopted in the Northern Protectorate first because of the suitability of the feudal system of the Sokoto Caliphate to the political needs of the British imperial power. In the Niger Delta region, the indirect rule policy was used by the company government of the RNC, led by Taubman Goldie. Lugard did not favour decentralization of government. Part of his argument for amalgamation was «to maintain a strong central coordinating authority, in order to avoid centrifugal tendencies, and the multiplication of units without a sufficiently cohesive bond»[9]. The contiguity of the protectorates made it easy for political and economic union.

To govern effectively, Nigeria had to operate on a single administrative system. That prompted the unification of the erstwhile separate protectorates, and multitudes of ethnic groups with diverse socio-cultural backgrounds. Lugard did not consult with the traditional rulers and their people to determine whether they were even willing to merge with other ethnic groups in this manner. The arbitrary unification was a political strategy for the British to effectively control the vast territory and the teeming population with little resistance.

The Protectorates

By 1877, four British trading companies were operating in the Lower Niger of present day Nigeria. The four companies were: The West African Company of Manchester, Messrs Alexander Miller Brothers and Company of

Glasgow, the Central African Trading Company of London, and James Pinnock and Company of Liverpool. These companies encountered some problems. For example, they operated in an environment rife with hostilities, especially those conducted by the indigenous Nigerian middlemen, such as Umoru, the Emir of Nupe[10]. There was competition among the companies and with French and German companies. George Taubman Goldie amalgamated the four companies in 1879, in order to eliminate competition and establish a trade monopoly. The new company was named National African Company (NAC). For economic and political advantage, Goldie «was able gradually to attract to the [Company] an official status as an agent of the British Government»[11]. He also bought the French company – Compagnie Française de l'Afrique Occidentale. To strengthen the company's position, engage in a trade monopoly, and to secure political backing, Goldie applied for a charter in 1884, which was granted in July 1886. Thereafter, the company became known as the RNC, with its headquarters at Asaba[12].

The terms of the charter allowed the RNC to set up a government, to «administer justice and maintain order in areas where it was authorized to do so by the treaties between it and African rulers…»[13]. The RNC used the advantage of the charter to edge out the French and Germans in northern Nigeria[14]. The French were a particularly strong rival of the British in the Niger area and wanted to extend their possessions as far north as Middle Niger and to Borgu. The intense rivalry led to the famous «Race for Nikki» in 1894, in which Lugard outpaced the French to sign a treaty with Leman, the blind Nikki King on November 10, 1894. Thus, Borgu came under the British Protectorate. Five days after, the French also signed a treaty. Borgu, an erstwhile united kingdom, became divided between the British and the French. The RNC violated the terms of the charter by establishing trade monopoly, which led to a series of revolts, such as the Akassa Raid and the Brassmen Revolution 1895[15].

The RNC, in spite of its trade monopoly and acts of violence against rival companies and indigenous traders, was able to win northern Nigeria for the British. Goldie signed many treaties and claimed many advantages for the British, underlining the RNC as an agent of British imperialism in Nigeria. The company was also partly responsible for stamping out the slave trade and establishing legitimate commerce in the Niger Delta. On December 31, 1899, the company's charter was revoked, and on January 1, 1900, a Protectorate was formally declared over the company's territories in northern Nigeria[16].

The Northern Protectorate

The European quest for economic expansion, in the wake of the Industrial Revolution, was the catalyst for the new imperialism and the establishment of legitimate trade in Africa. The intensification of legitimate trade culminated in the 1884–1885 Berlin Conference, which led to the creation of the Northern Nigeria Protectorate. Under Lugard's control, the RNC fought a series of wars of conquest with the Sokoto Caliphate, which had politically dominated northern Nigeria. However, hitherto controlled by the RNC, northern Nigeria became a British territory after the RNC charter was revoked in 1899.

The Northern Protectorate was established in 1900 when the British appointed Lugard as a High Commissioner to administer the vast region. He retained the existing political system of the Sokoto Caliphate, under the leadership of the Fulani oligarchy. Lugard found it expedient to introduce the indirect rule system. He divided the whole region into fourteen provinces, each under the administrative control of a British resident whose primary responsibility was to advise and supervise traditional rulers. Given the depth of the Islamic practices and his unwillingness to antagonize the traditional rulers, Lugard chose to retain the Shari'a (Islamic Law).Considering the indirect rule system a success in the north, Lugard chose to introduce it in the south in 1914, which marked the beginning of the amalgamation of Nigeria.

The Southern Protectorate

In 1861, the British annexed Lagos Island as a colony with H.S. Freeman as the governor. The Oil Rivers Protectorate, which had been controlled by the RNC, was renamed the Niger Coast Protectorate. After the Berlin Conference of 1884–1885 followed by the Berlin Act in 1885, Britain formalized its effective occupation of the Oil Rivers Protectorate. The Germans were still in Cameroon, but the British did not see them as a threat because the long-standing operations of the RNC had given the British a huge economic and political advantage to wield enormous influence on the region. In 1890, Flora Shaw (a British reporter who later married Lord Lugard) suggested the area be called Nigeria, after the Niger River. The name was eventually adopted for the whole country. Under company rule, the RNC established the Niger Coast Protectorate in 1893, including Brass, Bonny, Old Calabar, and Opobo, with headquarters in Lokoja. In 1900, the Niger Coast Protectorate was merged with the Southern Protectorate. Thus, the whole region below rivers Niger and Benue became known as the Southern Protectorate. In addition, Lagos was absorbed into the Southern Protectorate in 1906.

The Southern Protectorate comprised thirteen Districts, headed by the Traveling Commissioner who had policemen, soldiers, and clerks to assist him in his administrative duties. It was the responsibility of the Traveling Commissioner to maintain law and order, impose British peace on the people, supervise road construction, encourage agriculture, and judge some cases. While the British employed the services of the traditional rulers, they were basically relegated to the background since they were not invested with any authority. Initially, traditional rulers accepted the responsibility, believing that they were partners with the colonial authorities.

According to John Flint, «the fact is that the protectorate system emerged not as a consciously thought-out policy, but as an expedient within the limitations which history had placed upon the free action of British politicians and officials»[17]. British protectorates in Africa were «administered initially not by the Colonial office but by the Foreign Office, and of these territories by far the greatest area was administered under the Foreign Office by chartered companies»[18]. Olukunle Ojeleye asserts that «the fusion of the Northern and Southern Protectorates of Nigeria by Lugard to form a single political administrative entity was done without any regard for the differences in [the] economic, political, social, and cultural history of the numerous societies concerned»[19].

Amalgamation: A Fragile Union

In 1910, a proposal was sent to the Colonial Office for the amalgamation of Nigeria. That was why Lugard was brought back from Hong Kong in 1912, and by the Order-in-Council of the British Government, he was to formulate a plan on how to bring Nigeria together under a single administration. Lugard's report to the Colonial Office formed the basis of the amalgamation, which came into effect on January 1, 1914, Lugard as the Governor-General. In his maiden speech, Lugard referred to the Northern and Southern Protectorates as «countries». He said that it was the decision of His Majesty's Government that the «countries known as Southern and Northern Nigeria should be amalgamated into one Government, conforming to one policy and mutually co-operating for the moral and material advancement of Nigeria as a whole». After Lugard's speech, a feasibility study of the amalgamation was conducted for some years, and other colonial officials such as Sir William MacGregor, Governor of Lagos and Sir Ralph Moor, High Commissioner of Southern Protectorate, supported the idea. Lugard further indicated that «Sir Walter Egerton and my successors in Northern Nigeria» would continue to advocate the amalgamation[20].

Right from its inception, the 1914 amalgamation was clearly unpopular among Nigerians. It was imposed upon the people and there were signs of resistance. For example, problems arose from the blending of certain departments of government, especially in merging the Shari'a and British law systems. C.R. Niven indicated: «At the time of the amalgamation the whole Southern Nigeria was under the Supreme Court (a body on an entirely European model). This was replaced in large areas by Provincial Courts of the

Northern pattern. The change was bitterly resented by the population»[21]. But since the British, as represented by Lugard, were determined to evolve a united administrative system for their convenience, the resistance of the people was not taken into consideration. Niven contended that with amalgamation and one government the «diverse peoples and tribes, no longer hostile to each other, no longer either the raider or the raided, stood at the threshold of a united and peaceful future. A strong central Government was ready to protect the weak and defeat the oppressor»[22].

Lugard and the British Government had optimistic expectations of the amalgamation – the creation of a united, peaceful, and strong nation. It is unclear if Nigerians then were as optimistic about the union as the British were. If the Northern Protectorate was relatively politically stable and peaceful as a result of the powerful position of the Sokoto Caliphate, the Southern Protectorate presented many challenges. The 1916 Iseyin Riots, the 1918 political rising in Egbaland, the 1929 Aba Women's War, and the dynastic problems in Lagos are few examples of the challenges that demonstrated the complexity of the Southern Protectorate. Governor Hugh Clifford, who succeeded Lord Lugard in 1918, inherited the political and economic problems. In the wake of the challenges, especially from the Southern Protectorate, it took a long time before the British could amalgamate all the departments of government. However, to a large extent, the expectation and visions of the British were realized during the colonial period.

The political struggles between the northern and southern politicians in the colonial period were clear testaments to the fragile union of the two Protectorates. Before the British granted independence to Nigeria, there was evidence of fractures in North-South relations. The northerners felt pressured to follow the path of independence as dictated by the aggressive, progressive, and self-government-ready southerners. As postulated by Flint, the amalgamation was not a carefully thought-out political arrangement. Its purpose was narrow. Lugard's immediate concern was securing Nigeria and instituting an administration that would unify the entire colony with the purpose of employing southern economic resources to feed the land-locked North.

The fragility of the amalgamation came into the open during the period of decolonization when Nigerian nationalists were demanding independence. Representing the voice of the southerners, Anthony Enahoro, of the Action Group (AG), tabled a motion in the House of Representatives in 1953 that Nigeria should gain self-government status in 1956. The Northern leaders vehemently opposed this because they were not ready. Hence, Ahmadu Bello suggested «as soon as practicable». This language did not sit well with the AG and the National Council of Nigeria and Cameroons – later to become the National Council of Nigerian Citizens (NCNC) when Southern Cameroon elected to join Eastern (the formerly French) Cameroon in a 1961 plebiscite – members, and in response, they walked out of the chamber. Ahmadu Bello's speech that followed raised questions about the value of amalgamation. He said: «the mistake of 1914 has come to light and I should like to go no further»[23].

Northern Political Oligarchy and the Legacy of Colonialism

The British supported the northerners as the leaders of Nigerian politics. By the time the southern nationalists were able to voice their opinion, the amalgamation had become irrevocable. Nigeria had been unified and the North was the region favored by the British. The northern political leaders were empowered, presumably because of their gradualism and fewer anti-colonial nationalists. The southern nationalists used all political strategies to demonstrate their opposition to colonial rule, especially after World War II. They formed political parties, they mass mobilized, they established newspapers and wrote pungent anti-colonial articles, and they organized conferences and workshops. The empowerment given to the northern leaders became a legacy that continued after independence.

The British imposed the unification of Nigeria on Nigerians. At the time amalgamation was enforced, Nigerians had no voice and no power to express their wishes. Going through the enforced unity during the colonial period, there were clear indications of cracks in the relationship. The North and South were unevenly developed. Southerners were more politically sophisticated because of their advanced Western education. Most of the leading nationalists emerged from the South. Herbert Macaulay, an engineer and a politician, formed the first political party in Nigeria. He was known as «the Father of Nigerian nationalism». Nnamdi Azikiwe succeeded Macaulay as the president of the NCNC in 1946, following the passing of the latter, while Obafemi Awolowo founded the AG, and Ahmadu Bello was one of the founders of the Northern People's Congress (NPC). These three political parties played pivotal role in shaping the debate on federalism in Nigeria up until the first military coup in January 1966. In contemporary Nigeria, amalgamation has turned out to be one of the «intolerable» vestiges of colonialism which certain Nigerians are willing to get rid of.

Ramifications of Amalgamation

The future Prime Minister of Nigeria (1960–1966), Alhaji Abubakar Tafawa Balewa was reported in 1952 in a speech in the Northern House of Assembly, Kaduna, that «the Southern people who are swarming into this region daily in large numbers are really intruders. We don't want them and they are not welcome here in the North. Since the amalgamation in 1914, the

British Government has been trying to make Nigeria into one country, but the Nigerian people are different in every way including religion, custom, language and aspiration. The fact that we're all Africans might have misguided the British Government. We here in the North, take it that 'Nigerian unity' is not for us». The McPherson Constitution which brought the different parts of Nigeria into political discourse also portrayed the fragile nature of the political entity of the country. After the alleged maltreatments of Northern legislators in 1953 on the independence motion by Enahoro of the West, the Sardauna of Sokoto and the leader of the NPC was quoted as saying, «the mistake of 1914 has come to light».

Considering the political trend since independence, there has been an imbalance in political leadership. The northerners have dominated politics and leadership while the southerners feel marginalized. That imbalance is part of the legacy of colonialism because the British favored the northerners at the expense of the southerners. Thus, in contemporary Nigerian politics, it is believed by southerners that amalgamation has outlived its usefulness and should cease to exist. However, it is easier said than done. Nigerian politics have become so complicated and sophisticated that severance seems a difficult and unrealizable endeavour. The political, economic, and social interlocking relationship in Nigerian polity has made it almost impossible to undo Lugard's unification. For example, there had been a huge difference in the level of Western education between the northerners and southerners since the colonial period. The time of decolonization was heavily dominated by southerners.

Commenting on the differences in the level of education between the North and South, Azuka Onwuka was of the opinion that:

> The danger in having the North lag behind is that Nigeria has to always move at the pace of the North or put appropriately, lag behind with it. Nigeria is a unit and cannot move and leave some parts behind. Again, the more the South moves ahead of the North, the more conflicts will arise between the North and the South. While the North will feel that the South is cornering the joint resources of the nation, the South will feel the North is pulling it backwards[24].

Aside from education religious dichotomy also contributes to Nigeria's enigma. While religious peaceful coexistence is possible, religious violence has threatened the continued coexistence of the Nigerian polity. Nigeria has recorded several conflicts between the adherents of Christianity and Islam. In the early 1980s, the Maitatsine religious violence ravaged many northern cities. It was organized and carried out by a group of Islamic fundamentalists claiming thousands of lives. Because of the magnitude of the destruction in life and property, Toyin Falola described the event as «a reign of terror»[25]. In more recent time, the Boko Haram Islamic group has been terrorizing the whole country. Through these acts of violence, Nigeria has to deal with the issue of security. Religion and ethnicity sometimes intertwine or ethnicity is used to back up religion in crisis times. The disturbances and insecurity caused by religious violence have led to a high level of distrust and fear.

There are economic implications in trying to dismantle the «unholy alliance». Because the North is landlocked and possesses underdeveloped economic resources, it is argued that the region cannot be economically sustainable as an independent country. Hence, northern political leaders would not embrace separation from the rest of Nigeria. It has also been argued that the wealth of the south is being used to develop the north, since unlike South Sudan's petroleum industry, northern Nigeria possesses no such economic endowment.

Although Nigeria is divided by ethnicity and religion, those factors do not seem to be the main or only deep roots of the «unholy alliance». A major problem is that Nigerians lack a concrete political education and an understanding of the importance of pursuing common goals together. Grasping the concepts of unity and nationalism, which are basic to nation-building, requires a measure of political understanding. From a global perspective, many nationalities have come together to constitute nations and there have been less conflict, intrigue, and tension in these constructions. Nigeria's situation today is due primarily to the lack of mutual understanding and readiness to live together as a corporate unit, not the 1914 amalgamation. Ethnic diversity should not necessarily divide, but can be an instrument of strength and national political power.

There is no doubt that Nigeria has been beset by a myriad of problems: economic, ethnic, political, religious. There is also the «born-to-rule» mentality in which a specific section of the country claims the right to leadership positions. All of these threaten the continued unity of the country. As there are pessimistic people, there are also those who are optimistic that Nigeria will hold as a country. For example, Solomon Selcap Dalung is of the opinion that in spite of what has been going wrong in Nigeria, he would not support anything that can lead to the balkanization of the country. He, however, believes that «If things continue the way they are today, the existence of Nigeria as a single entity is quite doubtful because the capacity of leadership to maintain unity… if it continues like this then it may not even last the next 10 or 15 years, you may say it will end as soon as 2015»[26].

Conclusion
Events since independence have led to the call for revisiting the 1914

amalgamation. Instead of solidifying the relationship and developing Nigeria into a global political and economic powerhouse, ethnic cleavages, religious differences, unhealthy rivalry, unwillingness to compromise, and political corruption have significantly slowed down the process of nation building. At this point in Nigerian political history (after one hundred years of enforced unity), is the fragmentation of the country into smaller units an imminent or a viable option? Factors such as ethnic and religious diversity, which could have been forces of unity, have turned into dividing instruments. Admittedly, the amalgamation contradicted the principle of self-determination because it was not the choice or decision of the Nigerian polity; it was imposed by the colonial administration.

The questions now remain. First, is one hundred years not long enough to make adjustments and allow the relationship to work? Second, why have Nigerians not learned from other countries of the world which also comprise many ethnicities, yet have been able to embark on viable nation building? While no single answer can be proffered, the absence of acceptable, charismatic, and strong leadership coupled with deep-rooted ethnic rivalry partly account for the questioning of the 1914 amalgamation. Lugard's reasons for the amalgamation were truly based on the need for a single administration, the governance of a large population, and fiscal factors. Thus, Nigerians should have been able to utilize the positive remnants of the amalgamation process effectively and positively in the post-independence era to forge unity and stability.

The amalgamation today hinges on mathematical political calculation in elections. With the North and Southwest having a combined higher population than the East, it seems that amalgamation, which had been hitherto described as «unholy», is now becoming strange and assuming a new dimension. In preparation for the 2015 presidential election, attention was focused on a stronger political alliance between the northern and southwestern powers to displace President Goodluck Jonathan. The outcome of these political calculations is left for the future to determine.

The 1914 amalgamation may be going through a tough period; it is still in place. The January 1, 1914 amalgamation forced unity on the conglomerate groups with the expectation of constructing a stable political entity and creating a strong identity. Although it has not turned out the way it was originally planned, as long as Nigeria remains a single country defined by boundary demarcation and the teeming population continues to identify with it as a nation, the amalgamation will retain a political identity. In spite of the multi-dimensional threats to its existence, the amalgamation is considered a symbol of political unity.

Some prominent Nigerians have differing reactions to the 1914 amalgamation. First, former minister of Petroleum Resources, Tam David-West, is of the opinion that «Nigeria amalgamation is a mistake. From 1914 till today, Nigeria cannot showcase any tangible achievement. We are yet to get a nation because we don't love ourselves. We are still living with ethnic sentiment... So far, it has been 100 years of motion without movement»[27]. Second, a constitutional lawyer, Fred Agbaje asserted that the marriage was a wasted alliance. According to him, «Whatever was the reason for the amalgamation and the intention, looking in retrospective, the amalgamation is the beginning of the problem of Nigeria. It was a criminal amalgamation for the selfish British economic and political reasons»[28]. Another lawyer, Fred Agbeyegbe, expressed that «Nigeria ceased to exist on December 31, 2013, based on the principle of amalgamation treaty»[29]. He argued that «in international law, any treaty that is not dated expires after 100 years and invariably marks the end of the country as it ceases to be legal entity»[30].

Rita-Lori Ogbeboh, giving her own opinion, points out that for Nigeria to remain a united country, there must be proper respect for the rule of law and justice. She contends that Nigeria would break apart if the majority continues to oppress the ethnic minority[31]. By implication, she claims that amalgamation is not the problem, but marginalization. The Founder of Oodua People's Congress (OPC), Frederick Fasehun, supports the amalgamation, declaring that «it is better to be together than to go our separate ways». He points out that a break-up does not benefit Nigeria politically or economically. Having survived a civil war, any attempt to break up the country would lead to another civil war, which Nigeria cannot afford to fight[32]. Call the amalgamation by any name – «unholy», «strange», «ill-coupled», etc., it will be more difficult to undo today what Frederick Lugard did with relative ease and with no opposition in 1914. Thus, the 1914 amalgamation remains a lasting legacy of colonialism in Nigerian political history.

---

[1] *Awolowo O.* Path to Nigerian Freedom. London: Faber and Faber, 1947. P. 47–48.

[2] In 1993, when General Ibrahim Babangida annulled the presidential election results, in which Chief Moshood Abiola was the presumed winner, the Yoruba people had every reason to revisit the 1914 amalgamation, describing it as «an accident of history» or an «unholy alliance». See *Philip Oluwole Ukanah and Idowu Samuel.* Echoes of Break-Up // Sunday Tribune, August 9, 1998. P. 9.

[3] The seven true Hausa states (Hausa Bakwai) were: Biram, Daura, Gobir, Kano, Katsina, Rano, and Zaria (Zazzau). They were connected to each other by the claim to Bayajidda ancestry. Bayajidda supposedly migrated from Baghdad, traveled across northern Africa, to Kanem-Bornu in northeast Nigeria where he married the daughter of the Mai who gave him a son. For more information, see *Ifemesia C.C.* States of the Central Sudan // A Thousand Years of West African History: A Handbook for Teachers and Students. *Ade Ajayi J.F. and Espie I.,* eds. Ibadan: Ibadan University Press, 1965. P. 72–112.

[4] The founders of the Benin and Oyo Empires also shared the same ancestry in

Oduduwa who was believed to have descended from heaven through a mystical chain. The Oyo Empire was dominant over other Yoruba kingdoms. See *Smith R.* Kingdoms of the Yoruba. London: Methuen and Co., 1969.

[5] *Middleton J. and Tait D.,* eds. Tribes without Rulers: Studies in African Segmentary Systems. London: Routledge and Kegan Paul, 1958.

[6] *Crowder M.* The Story of Nigeria. London: Faber and Faber, first published 1962. P. 233.

[7] Ibid. P. 240.

[8] *Fabiyi M.* Rethinking the Amalgamation of 1914 // Sahara Reporters, January 6, 2014 – http://saharareporters.com/column/rethinking-amalgamation-1914-malcolm-fabiyi (Accessed January 14, 2014).

[9] *Lugard F.* The Dual Mandate in British Tropical Africa. Abington, Oxon: Frank Cass, Fifth edition, 1965. P. 97.

[10] *Flint J.E.* Sir George Goldie and the Making of Nigeria. London: London University Press, 1960. P. 36–38.

[11] Ibid. P. 55.

[12] The charter gave the RNC some advantages such as the power to administer the territory, maintain law and order, impose taxes, and collect custom duties. The British Government expected the company to be economically self-sufficient. While the company maintained internal administration, it did not have control over foreign affairs. *Okoth A.* A History of Africa, Volume One: African Societies and the Establishment of Colonial Rule, 1800–1915. Nairobi, Kenya: East African Educational Publishers. 2006. P. 113.

[13] Ibid. P. 114.

[14] For the treaty signed on November 10, 1894, see *Margery Perham and Mary Bull.* The Diaries of Lord Lugard, Volume Four: Nigeria, 1894–5 and 1898. London: Faber and Faber, 1963. P. 185–188. See also: *Julius O. Adekunle.* Politics and Society in Nigeria's Middle Belt: Borgu and the Emergence of a Political Identity. Trenton, NJ: Africa World Press, 2004. P. 199–201; and *Flint J.E.* Op. cit. P. 223–225.

[15] See *Frank K.* A Voyager Out: The Life of Mary Kingsley. London: Tauris Paperbacks, 2005, first published by Houghton Mifflin, 1986. P. 123–125.

[16] See *Akinwumi O.* The Colonial Contest for the Nigerian Region 1884–1900: A History of the German Participation. Hamburg, Germany: LIT VERLAG, 2002; *Falola T.* Colonialism and Violence in Nigeria. Bloomington, IN: Indiana University Press, 2009. P. 13; *Dibua J.I.* Modernization and the Crisis of Development in Africa: The Nigerian Experience. Aldershot: Ashgate, 2006. P. 56–57.

[17] *Flint J.E.* Op. cit. P. 53.

[18] Ibid.

[19] *Ojeleye O.* The Politics of Post-War Demobilisation and Reintegration in Nigeria. Aldershot: Ashgate Publishing, Ltd., 2010. P. 30.

[20] Quoted from *Adedoyin Lafinhan.* 1st January and the Birth of a Nation // Nigerian Tribune. January 1, 2008, I.

[21] *Niven C.R.* A Short History of Nigeria. London: Longman, 1957. P. 238.

[22] Ibid.

[23] Quoted from *Richard L. Sklar*. Nigerian Political Parties: Power in an Emergent Nation. Princeton, NJ: Princeton University Press, 1963. P. 127–129.

[24] *Onwuka A.* The Harm Nigeria does to the North // The Punch. July 9, 2013 – http://odili.net/news/source/2013/jul/9/835.html.

[25] *Falola T.* Violence in Nigeria: The Crisis of Religious Politics and Secular Ideologies. Rochester, NY: University of Rochester Press, 1998. P. 137–162.

[26] Solomon Selcap Dalung is a lawyer and lecturer in Jos. See Viewpoints on Nigeria at 100: A Time to Celebrate? // BBC news. March 3, 2014 – http://www.bbc.com/news/world-africa-26356288 (Accessed March 5, 2014).

[27] *Bamidele R., Aarape A et al*. Prominent Nigerians react over Amalgamation of 1914 January 1, 2014 – http://sunnewsonline.com/new/?p=47692 (Accessed January 14, 2014).

[28] Ibid.

[29] Ibid.

[30] Ibid.

[31] Ibid.

[32] Ibid.

Emmanuel Ejere

Amalgamation of 1914 and the National Question in Nigeria

Статья Эммануэля Эджере «Объединение 1914 г. и национальный вопрос в Нигерии» посвящена поиску истоков неразрешимого, по-видимому, кризиса национальной государственности в Нигерии. Его причины коренятся в колониальном прошлом страны. В 1914 г. произошло слияние колонии и протектората Южной Нигерии с протекторатом Северной Нигерии, при этом мнение местного населения не учитывалось. К тому времени две объединяемые территории сформировались в самостоятельные политические единицы, каждая со специфическим опытом развития в рамках колониальной системы. Однако Великобритания была заинтересована в экономической эксплуатации Нигерии, и в меньшей степени ее интересовало реальное объединение подвластных территорий. Поэтому метрополия проводила политику углубления и сохранения различий между севером и югом, сознательно используя в управлении колониями принцип «разделяй и властвуй».

Наследие прошлого оказывает воздействие на процесс формирования основы национального единства в постколониальной Нигерии, которую и через 100 лет после объединения, и через 54 года после обретения политической независимости нельзя считать единой. Один за другим нигерийские политические лидеры лишь спекулировали на тему нациестроительства и национальной интеграции. Различные же этнические группы по-прежнему предпочитают ассоциировать себя со своей «малой родиной», а не с Нигерией как географическим целым. Как следствие, этнорелигиозные конфликты в стране усугубляются. Это послужило поводом для призывов в адрес участников Национальной конференции Нигерии решить, среди прочего, вопрос, следует ли этническим группам и далее оставаться вместе в составе единого государства, либо каждая пойдет по пути самостоятельного развития. Таким образом, в статье исследуется национальный вопрос в Нигерии в контексте не только колониальной, но и постколониальной политики. Автор доказывает, что, учитывая неудачный опыт в деле нациестроительства, можно констатировать следующее: нет настоящих «нигерийцев», хотя в качестве «просто географического понятия» страна, получившая название «Нигерия», *существует.*

Introduction: Historical Background

The problem of disunity that Nigeria is grappling with today is traceable to its colonial experiences. Effective British rule over the diverse territories that are now collectively known as Nigeria was achieved after a series of efforts at pacification and conquest. Resultantly, three separate territories namely the Colony of Lagos, the protectorate of Southern Nigeria, and the protectorate of Northern Nigeria emerged. In 1906, the Colony of Lagos and the protectorate of Southern Nigeria were amalgamated. The Northern and Southern territories were amalgamated in 1914 and named the Colony and Protectorate of Nigeria. According to Joseph, «there was no country known as Nigeria until 1914 when the British government amalgamated a conglomeration of tribes for their own administrative convenience and for maximization of their economic gain»[1]. This was done without the consent of the people of the ethnic nationalities involved. The failure of the British to consult the indigenous people before imposing amalgamation by fiat provided a fragile basis for nation building. To make matter worst, policies that were necessary to foster national integration were not pursued by the British colonial administration in Nigeria after amalgamation. Thus, the roots of Nigeria's crisis of nation building is traceable to the deliberate British colonial policies, which though brought Nigeria's pre-colonial mosaic ethnic nationalities together under one political authority through the amalgamation of 1914 on the one hand, had largely maintained the differences between them on the other hand.

Likewise, post-colonial successive administrations in Nigeria have largely failed in the task of nation building. So much so that, though Nigeria has existed for 100 years as one country since the 1914 amalgamation, the country can not be said to be more united than it was in 1914. Nigerians have no common vision of a nation state called Nigeria, no sense of citizenship. Nigerians mix but they do not combine[2].

Osagie[3] sums this paradoxical situation thus:

Although the entity known as Nigeria has been variously described as an «artificial creation», the people within are no artificial creation. The peoples have always known and related with each other at various levels for centuries. So, the ethnic disharmony that is threatening the political, social and economic fabric today is a product of colonial and post colonial politics (policies).

In a similar vein, Olugbamiye[4] writes:

After the period of decolonization, evidence of wide range

problems of assimilative and integrative nationhood began to emerge. Many reasons account for these tendencies. First, the colonial history of the newly independent Nigeria revealed that the country was not in any sense a united country. Today, many Nigerians still refer, in the light of the problem of national integration and unity to the entity of Nigeria as the mistake of 1914 when Lord Lugard amalgamated the southern and northern protectorates. Second, the political leaders and the government of the newly independent country failed to convince the citizens that there was a common goal to achieve and a common culture to build... frequently, Nigeria's is still struggling to develop a national identity in the face of ethno-religious divisions.

Clarification of Concepts

Five key concepts namely amalgamation, national question, Nigeria, national integration, and nation building which are germane to this discourse are hereby clarified.

- **Amalgamation**

The Oxford Advanced Learner's Dictionary defines amalgamation as «to put two or more things together so that they form one»[5]. The 1914 amalgamation means the bringing together of the Southern protectorate and the Northern protectorate to achieve the full intention of colonial exploitation rather than a conscious attempt to integrate the diverse ethnic nationalities into one nation-state of people with a common identity. Amalgamation is the device employed by the British to establish one colonial political entity from Britain's two colonies of Northern and Southern Nigeria.

- **National Question**

Nigeria is a country made up of not one but many nations that are yet to freely agree to share a common existence, not to talk of forging one nation from the mosaic ethnic nationalities that composed the country. Thus, the history of Nigeria since independence in 1960 has been that of a country in search of nationhood.

«Generally, the national question deals with issues that engender the political well-being of a nation. More specifically, it deals with the internal relationships between the different socio-cultural aggregates in a polity»[6]. Hatch[7] articulated the many questions that were left unanswered when amalgamation was imposed thus:

What would be the effect of uniting the Fulani emirates – with their comparatively static, traditionalist outlook – with the thrusting, competitive, individualistic society of the south... how would societies that only a few years earlier had been rivals and often hostile states live together under one administration?

Should they form a single nation? If so, how could a single allegiance be created?

As such, the national question in Nigeria is how one nation can evolve out of the various ethnic nationalities occupying the geopolitical space called Nigeria that emerged from the amalgamation of 1914. In a nutshell, how can the parts be truly made whole. Indeed, the national question is the challenge of founding a Nigerian nation.

- **Nigeria**

Nigeria came into being as a single political entity in 1914 when the Northern and Southern protectorates were amalgamated. Nigeria is a large and culturally variegated country. According to Osuntokun, the country comprises of over 400 ethnic nationalities[8]. Each of these ethnic nationalities exerts both centrifugal and centripetal forces on national integration. Nigeria is a deeply divided and plural society with three major ethnic nationalities of the Hausa-Fulani, Yoruba, and Igbo. Nwosu described the Nigerian social environment as «characterized by several traditional societies with ethnic homelands. The societies vary considerably in terms of their cultural heritage, language, patterns of western contact and population»[9]. Present day Nigeria occupies a geographical area of 923 768 square kilometers and is bounded on the West by the Republic of Benin, on the North by the Republic of Niger and on the East by the Republic of Cameroon. On Nigeria's northeast border is Lake Chad while its south coastline is bathed by the Atlantic Ocean. More in theory than in practice, the country presently operates the federal system of government consisting of 36 states and a Federal Capital Territory.

- **National Integration**

National integration is the process of bringing closer together various composite ethnic nationalities in order to forge a united Nation-State. As Sklar opined «...national integration contemplates the creation of higher loyalties that super-cede parochial loyalties to sub-national communities, tribes, language groups, or regions»[10].

National integration refers specifically to the problem of creating a sense of territorial nationality which overshadows or eliminates subordinate parochial loyalties[11].

Ernest Hass defined integration as a process whereby political actors in several distinct national settings are persuaded to shift their loyalties, expectations and political activities towards a new centre[12]. National integration entails the development of a sense or feelings of community or oneness or common identity among erstwhile diverse peoples.

- **Nation Building**

A nation, according to Roskin, Cord, Medeiros and Jones «is a population with a certain sense of itself, cohesiveness, a shared history and culture, and often (but not always) a common language»[13]. Chaturvedi quoted Zimmern as defining nationality as a form of corporate sentiment of peculiar intensity, intimacy and dignity related to a definite home country[14]. He also quoted Oppenheimer as saying that the consciousness of nationality makes a nation. A sense of community is therefore an essential element of nationality. Nation building is a deliberate and conscious course of action embarked upon by state actors and not happen stance. Gambari[15] asserts that:

Nation-building is about building a common sense of purpose, a sense of shared destiny, a collective imagination of belonging... it is about building the institutions and values which sustain the collective community...

Nation building is simply a process aimed at the unification of the people within a country in order to forge one nation. The concept of state building, which has been defined as the «process by which a community of individuals feel common allegiance»[16], is sometimes used interchangeably with the concept of nation building.

Theoretical Issues

Since Nigeria is said to be a federation, then Charles Pentland's Federal Integration model is of relevance to our discourse. According to Pentland, a Federal Integration Scheme involves the surrendering of national sovereignties to a new, central, more authoritative and more compelling «State» which would synthesize the needs of the contracting states into a more corporate goal of the new state created. The goal of such an integration, in the view of Pentland, is a supra-national state which possesses sufficient political authority as well as coercive and material power to satisfy the member states' need for collective defence, internal security and economies of scale while permitting them to maintain their individual identities and to exercise local autonomy in appropriate fields of policy[17]. Thus federalism is commonly regarded as a variant of the integration theory.

Likewise, Galtung's value-integration and exchange-integration Schemes are imperative to the attainment of the goal of national integration in a multi-ethnic and pluralistic society such as Nigeria. Value integration involves two models – an egalitarian model providing for values where actors have coinciding interests and the hierarchical model which is arranged so that dilemmas and conflicts can be resolved by choosing the value highest in the hierarchy. Exchange integration is when integration is perceived as exchange between parts and the whole, also consists of two models namely the loyalty and allocation models. The loyalty model entails support from inputs such as acts of allegiance or the allocation of resources from the parts of the «whole» to the whole. Whereas, in the allocation model, the existence of the integration unit depends on its ability to offer outputs to its component parts such as, a sense of identity, protection from enemies or furnishing economic gains such as markets and high living standards[18].

Since the integrative process involves «parts» and the «whole», then political integration can be viewed within the context of the systems theory. By system, we mean a whole composed of each part which has a specific relationship to how the whole functions. Hence the malfunction of a part of the system would affect the functioning of the entire system or of the whole. It is in line with this thinking that Colin Cherry has defined a system as «a whole which is composed of many parts – an ensemble of attributes»[19].

Each set of elements in interaction (system) is living and dynamic, and has an environment. Its interaction among its elements, and between itself and its environment, and the interactions between each of its element or part and the environment, constitute its dynamics and promote both its adaptive behaviour and its goal-seeking functions[20]. The system also has a feedback mechanism which is a dynamic process through which intelligence in respect of the performance of the system is communicated back to it in such a way as to affect the subsequent behaviour of the system.

Systems theory, therefore, aptly captures the interactions among the «parts» and between the «part» and the «whole» in the integrative process. Essentially, two major mechanisms are used, either singly or jointly, to sustain integration. Political systems can gain and retain their cohesiveness because of the commonly shared values of their members and the general agreement about the framework of the political system. Also, political systems can become and remain cohesive due to the presence of threat of force.

Amalgamation Without Unification: Colonial Policies

Though the diverse ethnic nationalities making up the Northern and Southern parts of Nigeria maintained sustained contacts in the pre-colonial era, given the long period of separate colonial experiences, the two parts had developed exclusive characters of their own which could not easily be reconciled. As Nicolson puts it:

> In the short period of between 1900 and the beginning of amalgamation under Lugard in 1912, the administrations of North and South managed to develop striking different patterns, so different that they seemed more like the products of the influence of different ruling powers than the offspring of the same Secretary of State brought up by the same ministry, the colonial office[21].

The primary cause for these differences in character was the divergent administrative policies and practices pursued in the North and South respectively. Northern Nigeria practiced a policy whose purpose was primarily to foster administration, while the policy of the Southern administration was commercial oriented and directed basically to the development and exploitation of natural resources and trade. Osuntokun writes: «...Southern administrators were more concerned with opening up the country for economic exploitation. They were not bogged down by administrative philosophy as in the North...»[22].

The «divide and rule» approach to administration adopted by the British led to uneven development of the two protectorates. British colonial rule not only truncated and diverted the independent growth of the two parts of Nigeria, but it also ensured their uneven development. The early development structures were put in place mainly to link the areas where raw materials were extracted with the sea. The northern part of Nigeria, given its poor natural resources, was therefore particularly disadvantaged in this uneven development instituted primarily to further British economic interests.

Moreover, southern Nigeria was opened up to many external influences while the north was protected against these same influences. A case in point concerns exposure to western education and the Christian religion. Christian missionaries were allowed unfettered access in the south thereby providing the opportunity for many southerners not only to embrace the Christian faith but to also acquire western education that was principally under the control of the Christian missionaries. However, in the north, Christian missionaries were denied unfettered access thereby hindering the development of western education in that part of the country. The consequence of lack of a uniform policy towards Christian missionaries in both parts of Nigeria was that a disparity arose between the North and South in the area of western education.

Lugard himself commented on the differences between the North and South thus: «This divergence was in part due to deliberate differences of administrative method and organization, in part due to the earlier history of each government and the circumstance which had molded its development under British rule and in part to the characteristics of the people themselves»[23]. From the beginning, the British colonial government of Frederick Lugard strove not only to perpetuate but also to exploit the differences between Nigeria's North and South immediately after amalgamation. To ensure this, it first of all worked to pull the people poles apart, if not along parallel lines. Commenting on this strategy Nicolson links Nigeria's perennial problems to Lugard's poor administration, autocracy, indifferent attitude and the indirect rule system[24].

In furtherance of the divide and rule policy of the colonial government, the indirect rule system which had earlier been established in the north was extended to the south. The general claim made by Lugard was to the effect that (despite difficulties and disappointments caused by the war of 1914–18), he extended to the south an orderly and better system of government, founded upon the principles of indirect rule which he had himself developed in the north[25]. Schwartz has asserted that the indirect rule system soon became disadvantageous or harmful having been used by Lugard to perpetuate the division of the peoples of Nigeria along separate tribal lines (and in that way strengthened the authority of the traditional rulers and the conservative elements)[26].

Lugard's administrative philosophy and machinery had profound effects on post-amalgamation colonial policies in Nigeria. For instance, despite the fact that Lugard administered the whole of Nigeria as Governor–general while there were subordinate governors in each of the two protectorates of the north and south, important departments of the two sections such as medicine, education, police and prisons were still separated in policy and control, as amalgamation did not mean a complete fusion of the two administrations[27].

The country's amalgamation was therefore only on paper as the southern and northern administrations (especially the important political departments) remained separated. The fact that administrative officers were hardly ever transferred from the south to the north or vice-versa is instructive. No wonder then, the two administrations differed in their railway policies even after amalgamation. In fact, the rivalry between northern and southern administrations manifested particularly over the issue of railway. «As the railway quarrel became more intense, rivalry between north and south became acute, marked by contempt among northern administrators for the commercialism of the south and derision among southerners for the ossified feudalism of the North»[28].

As Nwosu has observed: «On the surface, the amalgamation of the two territories in 1914 was directed to strengthen national unity and integration, but in practice the colonial policy was aimed at strengthening local administrative institutions and structures, especially in the North, and at the expense of central government and principles of unitary civil service administration»[29]. In the words of Hatch:

> The most profound and far-reaching aspect of the policy adopted in 1914 was the continued separation of north and south. Instead of having the two sets of societies interact which would have resulted from full amalgamation they were to be deliberately kept apart, thus continuing the isolation of the north from the impact of southern economic activity, educational progress, and influence... meanwhile, the peoples of the north and south, who had never known each other intimately, remained separate although nominally under the same government[30].

After the 1914 amalgamation, no concerted efforts were immediately directed by the British Colonial Officials towards setting up common national institutions. The fact that despite the 1914 amalgamation Nigeria had no common legislature to make uniform laws for both parts of the country is a pointer to the deceitful nature of the amalgamation. Even when Lugard's successor Hugh Clifford established the Nigerian legislative Council in 1922, the north was not represented in the council. Consequently, the council legislated only for the south while the governor of the Northern Province was still vested with the legislative power to make laws for that Province. Coupled with this was the divergence in the judicial system of the north and south. While the north operated the Sharia law based on Muslim religion, the British common law system was in operation in the south.

So, apart from the fact that, according to Tamuno, «by 1914 there emerged a single political entity (Nigeria), a central authority (British), a capital (Lagos), and Nigerian trader»[31], the amalgamation of 1914 was in reality a farce, since it did not in any way bring about a greater unification of the hitherto separated territories. The British obviously failed to develop a unified Nigeria during colonial rule but rather succeeded, through the attitude and activities of some local British officials, in turning Nigerians against themselves. As Afikpo puts it:

At first much of this cultural and administrative dualism was in the minds of members of the British colonial administration, and affected relationship between them. Thus it led to acrimonious quarrels over railway and customs policy, over the delineation of the boundary between the two administrations and over the role of indirect rule in the political and administrative development of Nigeria. Unfortunately, but predictably, the colonial administration passed on to their Nigerian wards the prejudice which had enabled them to think and act in the belief that this informal federation was a marriage of convenience between incompatibles[32].

This fact seems to have been confirmed by Ahmadu Bello who had written that the North, even as far back as 1914, would have preferred to go its own way[33]. Osuntokun observed that by 1919 Nigeria was still a country with two different administrations with a growing schism in tradition, character and orientation[34]. Thus, in 1947, Abubakar Tafawa Balewa who later became the first Prime Minister of independent Nigeria, declared that «since the amalgamation of Southern and Northern Provinces in 1914, Nigeria has existed as one country only on paper... it is still far from being united. Nigerian unity is only a British intention for the country»[35].

Arthur Richards (who later became Lord Milverton) stated inter alia (in 1948):

It is only the accident of British suzerainty which has made Nigeria one country. It is still far from being one country or one nation socially, or even economically... socially and politically there are deep differences between the major tribal groups. They do not speak the same language and they have highly divergent customs and ways of life and they represent different stages of culture[36].

Obafemi Awolowo, who became the first Premier of Western region, expressed basically similar views in asserting that:

Nigeria is not a nation! It is a mere geographical expression. There are no Nigerians in the same sense as there are English or Welsh or French. The word Nigeria is merely a distinctive appellation to distinguish those who live within the boundaries of Nigeria from those who do not[37].

In 1954 (the year Federalism was formally introduced in Nigeria) Sir Alan Burns, a renowned colonial administrator in Nigeria opined that «there is no Nigerian nation, no Nigerian language, and no Nigerian tradition»[38].

The fact that the foregoing statements were expressed many years after the amalgamation of 1914 goes to buttress the point that the amalgamation was without unification as the British was more interested in exploiting the country rather than unifying it. Awolowo accused the British of dividing the north from the south so thoroughly and effectively that the two were divergently and almost irreconcilably oriented: the one looking intently to the Middle East and its illustrious past and the other to the west and a glorious future[39].

The Heritage of 1914 Amalgamation: Appraisal of Coping Strategies in Post-Colonial Nigeria

In the post-colonial era, successive governments in Nigeria have introduced various policies designed to cope with the heritage of the 1914 amalgamation. We shall now examine and appraise some of these, notably federalism, state creation, federal character policy, National Youth Service Corps (NYSC), and integrative policy as constitutional law.

- **Federalism**

The adoption of the federal framework prior to independence in 1960 through the 1954 constitution was a compromise mechanism for coping with the problem of national integration in the country. The federal arrangement was conceived as a device for preserving unity in diversity since it allows the federating units self-determination in running their local affairs while unifying them in a common political order known as the federal union. According to Nwabueze «it seems clear from the deep-rooted cultural differences between north and south, and between the two main southern tribes... that a federal system offered the best hope of ensuring the peace and co-existence of the various tribes»[40]. In essence, federalism provides an organizational mechanism to achieve a degree of political unity within a population whose characteristics demonstrated diversity[41]. Contrary to the theoretical postulate of Pentland's federal integration scheme which presupposes the absence of marked inequalities among the diverse elements desiring to federate, we find that in the Nigerian case, various inequalities such as disproportionate population sizes, educational disparity and uneven economic resources existed between the three regions that formed the Nigerian federation[42].

Moreover, Nigeria's receptivity to the federal principle was fouled from the onset because of the manipulation and exploitation of regional loyalties by the colonial administration[43]. Prolonged military rule at various periods of the country's history had further eroded the basis of Nigerian federalism due to the unitarist orientation of the military. In the words of Siaka, «the militarization of the Nigerian state since 1966 has led to the subversion of federalism...»[44]. The result being that today's Nigeria is federal in theory but more or less unitary in practice.

- **State Creation**

The policy of state creation which was originally aimed at addressing the minority question of the Nigerian federation, rather than promote national integration had, through the proliferation of states, resulted in the emergence of relatively small and weak composite units vis-à-vis the federal centre. As the number of states in the country increased, they become smaller and less autonomous. Besides producing new majority and minority groups, state creation has heightened conflicts among even previously homogenous ethnic groups. Furthermore, state creation allows the federal centre to manipulate the number of the federating units as well as determine their geographical and population sizes, whereas a federation is supposed to emerge when previously independent nations or nationalities agree to freely form a federal union for their mutual benefit.

- **Federal Character Policy**

The federal character policy was first enshrined as constitutional law in 1979 and this provision has been retained in subsequent constitutions of 1989 and 1999. The federal character policy stipulates that the composition of the federal government and its agencies be carried out in such a manner as to reflect the plurality of Nigeria. The policy is also to ensure that there shall be no preponderance of persons from a few states, ethnic or other sectional groups to the exclusion of others in government or in any of its agencies in order to promote national unity and command national loyalty[45].

Rather than promote national unity, the federal character policy has in practice enthroned mediocrity at the expense of meritocracy and bred greater interethnic discord as opposed to interethnic harmony, due to resentment and disaffection as well as reverse discrimination arising from the abuse inherent in the application or misapplication of the policy. Also since the basic unit of representation at the national level is the state and not ethnic nationalities we find a situation whereby many ethnic groups are still marginalized in the scheme of things, especially if they do not have a state of their own. Furthermore, since the defunct northern region has 19 states to the south's (former eastern, western, and later midwestern regions) 17 states, then the federal character policy invariably entrenched Northern domination when states are used as the basis for allocation of values.

- **National Youth Service Corps (NYSC)**

The National Youth Service Corps (NYSC) was established in 1973 as an instrument of national integration. The NYSC should ideally ensure the exchange of youths between parts of the country particularly the North and South polities that were amalgamated in 1914. However, the mobilization of youths has almost been frustrated by the ceaseless pressure from parents and influential people for preferential posting coupled with the multiple creations of states (from the same ethnic enclaves) which make posting to states other than one's own almost a meaningless affair. The attacks and killings of Corp members in parts of country have led to calls for the scrapping of the body or at least the posting of corps members to serve in their own geo-political zone. This will militate against the core objective of NYSC which is to promote national integration through exchange of youths from different parts of Nigeria.

- **Integrative Policy as Constitutional Law**

Chapter II section 15 subsection 2 of the 1999 Constitution of the Federal Republic of Nigeria (with amendments of 2011) provides that «national integration shall be actively encouraged, whilst discrimination on the grounds of place of origin, sex, religion, status, ethnic or linguistic association or ties shall be prohibited». Subsection 3 of that same section 15 states that for the purpose of promoting national integration, it shall be the duty of the state to:

a) Provide adequate facilities for and encourage free mobility of people, goods and services throughout the Federation;

b) Secure full residence rights for every citizen in all parts of the Federation;

c) Encourage intermarriage among persons from different places of origin, or of different religious, ethnic or linguistic association or ties;

d) Promote or encourage the formation of associations that cut across ethnic, linguistic or religious or other sectional barriers.

Section 4 specifies that the state shall foster a feeling of belonging and involvement among the various peoples of the federation, to the end that loyalty to the nation shall override sectional loyalties.

Unfortunately, these lofty constitutional provisions have been breached by the same government officials who are supposed to guarantee the sanctity of the constitution. It therefore comes as no surprise that «state of origin» as well as «religion» are still demanded from Nigerians in official documents. Besides, the absence of genuine citizenship at the national level have made Nigerians residing in parts of the country other than their own to be perceived and treated as strangers in their fatherland. The problematic nature of Nigerian citizenship gave impetus to the emergence of the indigene/non-indigene dichotomy or syndrome: Nigerians who live and work or do business in areas outside their ethnic base are tagged non-indigenes and are discriminated against. The implication is that citizen's allegiance to the Nigerian federation is truncated because of the state's preferential treatment of its citizens[46]. Hence people generally relate to the Nigerian state as an uncaring and illegitimate institution and therefore their loyalties are easily directed to their ethnic groups[47]. The contradictions inherent in citizenship in Nigeria can be found validated in the terse but profound conclusion that while a Nigerian nationality is non-existent, citizenship is operative at the homeland level[48]. But the development of a common citizenship is an important aspect of nation building. Taiwo says that «beyond phrase-mongering, there are no citizens in Nigeria, only citizens of Nigeria… that is, Nigerian citizenship is merely geographical, it is without moral-ideological content»[49].

Nigeria's secularity is guaranteed by chapter I part II section 10 of the 1999 Constitution (with 2011 amendments) thus: «the Government of the Federation or of a state shall not adopt any religion as state religion». But the country's constitutionally declared secularity is often grossly violated. For instance, Sharia is recognized in the constitution and practiced in some states in Northern Nigeria. Moreover, Sharia courts are established and financed by government in the northern states where Sharia law is being practiced. Furthermore, governments sponsor people on religious pilgrimages using public funds. In spite of the secularity principle, Nigerians are still largely discriminated against on religious grounds whilst religion is given undue emphasis in state functions. Given the prominence of religion (particularly Islam and Christianity) in state matters, it would be apt to refer to Nigeria as a multi-religious rather than a secular state. The politicization of religion has been a source of internal tension and had undermined efforts aimed at creating a common nationhood in the country.

Conclusion: Whither Nigeria 100 Years After the 1914 Amalgamation?
On January 1, 2014, Nigeria marked its 100 years of existence as a country since the amalgamation of the northern and southern protectorates in 1914. The country celebrated its centenary in the midst of numerous challenges including general security, ethnic hatred, religious intolerance and political tensions that are some of the manifestations of failure of nation

building. The proliferation of ethnic militias in Nigeria is also indicative of failure of nation building. As Babawale avers: «The formation of ethnic militias represents a form of reaction to the failure of the Nigerian state …a vote of no confidence in the Nigerian state»[50]. The crisis of nation building gave impetus to the agitations by some Nigerians for a Sovereign National Conference (SNC). In response to this demand, the Jonathan's Administration convoked a national conference in 2014 to address the national question and possibly review Nigeria's governance architecture.

However, it is worth noting that a delegate at the national conference, Muhammadu Barkindo Mustapha, who is the Lamido of Adamawa, was reported to have said «… if anything happens and this country disintegrates, God forbid, my people and the people of Adamawa have got somewhere to go. I am the Lamido of Adamawa and my kingdom extends to Cameroon». This statement does not depict the speaker as one who owes the Nigerian nation any allegiance. Unfortunately, there are many Nigerians who like Mustapha owe no allegiance to Nigeria. In this regard Eric Osagie writes «it is sad to observe that many of you honourable delegates at the conference have come out more as ethnic, religious, regional and tribal champions rather than as Nigerians»[51].

In a lecture tagged «Defining Nigeria's nationhood at 100 years: the view point of management» Cornelius Ogunsanwo observed that a centenary after the amalgamation of the country's northern and southern protectorates by the British colonialists, Nigerians still live as separate entities. He faulted past political leaders for refusing to build a nation where the citizens could coexist as one. Failure to presently live as a unified Nigeria, according to him, was due to the selfish interests exhibited by virtually all the past leaders that succeeded colonial rule. He argued that past leaders would have made genuine efforts to promote religious, political and social intolerance. He concluded that Nigeria is presently not a nation and that we would be deceiving ourselves if we so think or pretend[52]. We identify with the above viewpoint. Nigeria was, and still is, a contraption of the incompatibles. But whatever was wrong or negative about the amalgamation of 1914, it is now the duty of all Nigerians to decide what to make of Nigeria.

Nigeria may not survive another 100 years unless concrete measures are taken for effective nation building. We therefore advance the following suggestions toward national integration in Nigeria:

i) Nigerian citizenship should be developed at the national level and the dichotomy between indigenes and non-indigenes or settlers abolished so that Nigerian nationals can live and work outside their ethnic bases without any systematic reminder of being non-indigenes.

ii) To restore faith in project Nigeria, government functionaries should be ethno-neutral and adhere to rational/objective principles, due process and laid down procedure in handling state matters.

iii) The distortions in our federal practice should be resolved by re-establishing true federalism based on ethnic nationalities and on the 1954 notion of federalism.

iv) The pursuit of the federal character principle should not be at the expense of merit or a substitute for equal opportunity for all citizens.

v) State of origin and religion clauses should be deleted from all official documents or forms. A Nigerian should be a Nigerian wherever he/she may be from. This is because state of origin requirement promotes ethnicity while religion is the private affair of the individual citizen.

vi) There should be emphasis on good governance and quality political leadership. Since insurgency, intolerance and insecurity can largely be traced to the absence of equity, fairness and good governance.

---

[1] *Joseph L.* Nigeria: Shadow of a Great Nation. Lagos: Dubeo Press Limited, 1995. P. 116.

[2] *Ojo E.* The New Federal Capital Territory as an Integrative Mechanism in Nigeria // India Journal of Politics. 1998. Vol. 27.

[3] *Osagie J.* Nigerian History in Pre-Colonial Times Southern Nigeria // *Nzemeke A.D. and Erhaghe E.O.*, eds. Nigerian Peoples and Culture. Benin City: United City Press. P. 24.

[4] *Olugbamiye O.F.* The Citizen and the State: Nature of Strained Relationship // *Ejere E.S.I.*, ed. Essays on Organization of Government: The Citizen and the State. Uyo: Robertminder International Ltd, 2010. P. 116–144.

[5] *Wehmeier S.* Oxford Advanced Learner's Dictionary. Oxford: Oxford University Press, 2004. P. 33.

[6] *Obulor I.* Political Economy of Ethnic Militias and Political Violence in Nigeria. Port Harcourt: Kemuela Publications, 2013. P. 126.

[7] *Hatch J.* Nigeria: A History. London: Seeker and Warburg, 1971. P. 55.

[8] *Osuntokun J.* The Historical Background of Nigerian Federalism // *Akinyemi A.B.* et al., eds. Readings on Federalism. Lagos: Nigerian Institute of International Affairs, 1979. P. 91.

[9] *Nwosu H.* Political Authority and the Nigerian Civil Service. Enugu: Fourth Dimension Publishers, 1977. P. 16.

[10] *Sklar R.* Ethnic Relations and Social Class in Nigeria // *Sanda H.O.*, ed. Ethnic Relations in Nigeria: Problems and Prospects. Ibadan: Ibadan University Press, 1976. P. 147.

[11] *Emerson R.* From Empire to Empire. Boston: Beacon Press, 1960.

[12] *Hass E.* The Uniting of Europe. Oxford: Oxford University Press, 1958. P. 16.

[13] *Roskin M.G., Cord R.L., Medeiros J.A., Jones W.S.* Political Science: An Introduction. London: Longman, 2010. P. 59.

[14] *Chaturvedi A.K.* Dictionary of Political Science. New Delhi: Academic (India) Publishers, 2008.

[15] *Gambari I.A.* The Challenges of Nations Building: The Case of Nigeria. First

Year Anniversary Lecture Mustapha Akanbi Foundation. 2008. February 7.

[16] *McCormick J.* Comparative Politics in Transition. Belmont, CA: Thomson Higher Education, 2007. P. 536.

[17] *Pentland C.* Functionalism and Theories of International Political Integration // *Groom A. and Tayler P.,* eds. Functionalism: Theory and Practice in International Relations. London: University of London Press, 1975. P. 12.

[18] *Galtung J.* A Structural Theory of Integration // Journal of Peace Research. 1968, 5: №4.

[19] *Cherry C.* On Human Communication. New York: Wiley, 2011.

[20] *Ofoegbu R.* Foundation Course in International Relations for African Universities. London: George Allen and Unwin, 1980.

[21] *Nicolson I.* The Administration of Nigeria 1900–1960. London: Oxford University Press, 1969. P. 35.

[22] *Osuntokun J.* Op. cit. P. 194.

[23] *Kirk–Green H.M.* Lugard and the Amalgamation of Nigeria. London: Frank Cass and Co. Ltd, 1968.

[24] *Nicolson I.* Op. cit. P. 304.

[25] Ibid. P. 108.

[26] *Schwartz F.* Nigeria: The Tribes, the Nation or the Race... The Politics of Independence. Cambridge: MIT Press, 1965.

[27] *Ojiako J.* Nigeria: Yesterday, Today and ...? Lagos: Africana Educational Publishers, 1981. P. 3.

[28] *Hatch J.* Op. cit. P. 155.

[29] *Nwosu H.* Op. cit. P. 47.

[30] *Hatch J.* Op. cit. P. 157.

[31] *Tamuno T.* The Evolution of the Nigerian State: The Southern Phase 1898–1914. London: Longman Ltd, 1972. P. 233.

[32] *Afikpo A.* Federal Character: Its Meaning and History // *Ekeh P. and Osaghae E.,* eds. Federal Character and Federalism in Nigeria. Ibadan: Heinemann Educational Books, 1989. P. 9.

[33] *Bello A.* My Life. Cambridge: Cambridge University Press, 1962. P. 133.

[34] *Osuntokun J.* Op. cit. P. 97.

[35] *Balewa T.* As Reported in: Hansard. March 20–April 2, 1947.

[36] *Milverton L.* Address at a joint meeting with the Royal Empire Society in London on January 28, 1948.

[37] *Awolowo O.* Path to Nigerian Freedom. London: Faber and Faber, 1947. P. 47.

[38] *Musa S.A.* Developments at the Federal Level // *Adamolekun L.,* ed. Nigerian Public Administration Perspectives and Prospects. Ife: NAPAM, 1981. P. 112.

[39] *Awolowo O.* Op. cit. P. 47.

[40] *Nwabueze B.* Constitutionalism in the Emergent States. London: C. Hurst and Company, 1973. P. 95.

[41] *Okeke M.I., Ugwu S.C.* Character and Politics of Federalism in Nigeria // *Onu G., Umezuruike C., Nnabugwu M.B., Nwankwo O.B.C.,* eds. Issues in Politics and Governance in Nigeria. Enugu: Quintagon, 2006. P. 243–273.

[42] *Pentland C.* Op. cit. P. 12.

[43] *Somjee A.* Political Capacity in Developing Societies. London: Macmillan Press, 1982. P. 83.

[44] *Siaka A.* Ethno-Religious Conflict and the future of Federalism in Nigeria // Kogi Journal of Politics. 2012. 2: №1. P. 218–225.

[45] Constitution of the Federal Republic of Nigeria 1979. Lagos: Government Printers; Constitution of the Federal Republic of Nigeria 1989. Lagos: Government Printers; Constitution of the Federal Republic of Nigeria 1999. Lagos: Government Printers.

[46] *Ojo E.* Op. cit. P. 1–9.

[47] *Siaka A.* Op. cit.

[48] *Ifidon A.E.* Citizenship, Statehood and the problem of Democratization in Nigeria // Africa Development. 1998. 4, 21. P. 93–107.

[49] *Taiwo O.* Of Citizens and Citizenship // The Tempo. Lagos. September-October, 1996. P. 15–16.

[50] *Babawale T.* The State, Ethnic Militias and the Challenges of Democratic Governance in Post Military Nigeria // *Babawale T.,* ed. Urban Violence, Ethnic Militias and the Challenges of Democratic Consolidation in Nigeria. Lagos: Malthouse Publishers, 2003. P. 205.

[51] *Osagie E.* Memo to Confab Delegates // Daily Sun. March 31, 2014, back page.

[52] *Ogunsanwo C.* Nigerian Institute of Management Centenary Lecture, Lagos, 2014.

Olajide Akanji

The Dilemma of Unity in Diversity: The Amalgamations and the Problem of National Stability in Nigeria

В статье «Дилемма единства в многообразии: объединения и проблема национальной стабильности в Нигерии» Оладжиде Аканджи обращает внимание на то, что Нигерия с момента ее образования в 1914 г., за весь период британского колониального владычества и к моменту получения независимости в 1960-х годах постоянно переживала политические и социальные кризисы, и проблема национальной стабильности в этой стране по-прежнему существует. Вопрос устойчивости системы государственной власти в Нигерии рассматривается автором в связи с процессами, которые привели к объединениям 1900–1914, и в контексте социально-политической динамики после 1914 года.

В статье утверждается, что основа кризиса государственности, выражающегося, в частности, в постоянно возникающих этнических и субэтнических конфликтах, политической нестабильности, росте активности групп боевиков, радикализации молодежи, была заложена именно в период слияния территорий будущей Нигерии в 1900–1914 годах. Причина этого кроется в том, что попытка «соединить несоединимое» – прежде самостоятельные и отличные друг от друга этнические группы, населяющие бассейн реки Нигер, – была предпринята британцами с помощью насилия и обмана. Углублению проблемы способствовало то, что сформировавшаяся в Нигерии после 1914 г. система государственного управления дала возможность представителям политического класса присваивать национальные богатства.

Introduction

Like some other former colonies, Nigeria has had to contend with the problem of national stability and integration since its creation by the British in 1914. Notwithstanding, the Nigerian state has come a long way. From a British colony between 1914 and 1960, Nigeria has survived many serious political and social crises to the extent that some observers will hesitate to agree that a problem of national stability still exists in the country. But it still does. This paper analyses the problem within the context of the process that led to the amalgamations of 1900–1914, and how it has shaped the post-1914 politics, governance and social relations in the country.

The thrust of this chapter, however, is that the problem of national stability in Nigeria, exemplified in recurrent ethnic militancy and violence, political instability, rise of militant/terrorist groups, youth radicalization among others, is not unrelated to the process that underpinned the amalgamations that occurred between 1900 and 1914. This is because the process was predicated on coercion, rather than consent, and deceit, instead of truth. However, the problem has been deepened by the character of the post-1914 Nigerian state which offers opportunities for elite predation. The chapter is divided into four sections. The first examines the amalgamation process that culminated in the emergence of Nigeria as a political entity in 1914. The second examines the socio-political impact of the amalgamations on the post-amalgamation Nigeria in the period between 1914 and 1960, which doubled as the colonial period, while the third examines the causes and manifestations of instability since the end of colonialism in 1960. The fourth section, the conclusion, examines the way forward for Nigeria.

Amalgamations and the Creation of Nigeria

Whereas Nigeria was created by the British in 1914, the process that led to and underpinned the exercise was both protracted and convoluted. The process began indirectly in the 15th century, when European explorers, missionaries, slave traders, and merchants ventured into the African continent[1], and directly in 1851 when the British successfully invaded and subjugated Lagos, a Yoruba community in the southwest of the Niger River[2]. From that point onwards, series of events occurred that resulted in the decision of the British to create the Nigerian State. These include the transformation of Lagos into a British Crown colony in 1861[3], and the Berlin Conference of 1884–1885 during which European powers laid the foundation for European occupation and colonization of Africa and which accelerated European expansion in West Africa[4]. Other events include British penetration into the interior of Yorubaland; expansion of British presence in the Niger Delta/Niger Coast region into the interior of the region (comprising the Niger Delta ethnic groups in the south and the Igbo ethnic group in the southeast of the Niger River), and the extension of British influence and interest towards the north of the Niger River (comprising the Hausa/Fulani and other ethnic groups).

With the transformation of Lagos into a Crown colony in 1861, the British began the process toward the creation of Nigeria as a political entity. This followed a treaty of cession signed by the King (*Oba*, in Yoruba language) Dosunmu of Lagos in which he purportedly ceded Lagos to the Queen of

England, having covenanted «that the quiet and peaceable possession thereof shall, with all possible speed, be freely and effectually delivered to the Queen of Great Britain, or such person as Her majesty shall thereunto appoint, for use in the performance of this grant»[5]. By token of the purported cession, the people of Lagos and the entire Lagos territory officially came under direct British control. This, given the rationale behind the notion of colony[6], gave the British the power to govern and acquire ownership of Lagos.

Besides, from its Lagos colony, and in response to the 1884–85 Berlin conference, the British made incursion into the interior of Yorubaland, leading to its involvement in the politics, economy and social life, as well as conflicts among the Yoruba people[7]. This culminated in British subjugation and colonization of the entire Yorubaland by 1893, the process of which began in 1886 when it successfully brokered a truce and articulated a treaty that ended a fifteen year civil war among war-wearied Yoruba states[8]. The treaty (titled Treaty of Peace, Friendship and Commerce) that ended the civil war paved the way for greater British influence and control in the affairs and politics of the Yoruba hinterland, as revealed by its article 1 that declared:

> There shall be peace and friendship between the Kings, ... and Chiefs, the signatories to this Treaty and their peoples respectively... and will in all things submit themselves to such directions as may seem necessary or expedient to the Governor of Lagos for better and more effectually securing the object of this Treaty[9].

Following the position of eminence that the treaty placed on the British governor of Lagos, and the desire of the governor to expand British commercial interests into the Yoruba interior, as well as curtail the threats of French interests in the Yoruba centres of Egba and Oyo[10], Yoruba states in the hinterland were either coerced or cajoled to sign treaties of commerce and friendship[11]. This facilitated the process for the declaration of British Protectorate over the Yoruba interior in 1893, after Ibadan, the last of the Yoruba states, had signed the treaty with the British governor of Lagos[12]. By this however, the British, given the notion of protectorate[13], only acquired the power to govern the Yoruba states without actually acquiring ownership of them. This differentiates Lagos, as a colony, from the rest of the Yoruba states that constituted the Protectorate. Both entities were amalgamated and named the Colony and Protectorate of Lagos, with Lagos placed under direct political rule of British governor, while the rest of the Yoruba states were governed by British resident officers[14].

At the time of its penetration and colonization of Yorubaland in the southwest of the Niger River, and in furtherance of the European scrambling for African territories, Britain expanded its commercial cum colonial interests in the southern rim (Niger Delta/Coast) of the Niger River to the inland (the Igboland and Benin areas, as well as the north of the River), forcing or cajoling the rulers and chiefs of the regions to sign treaties of protection by which they signed away their sovereignties to the British government[15]. This was accomplished through the activities of British Consuls/missionaries/traders and the National African Company (incorporated in 1882, and renamed Royal Niger Company in 1886) which signed treaties with local chiefs and produced evidence of effective control of the Niger Delta/Coast and the lower and upper Niger and Benue basin respectively, giving Britain the basis to claim those parts of the Niger River during and after the Berlin conference[16].

As a result, Britain in 1885, declared the Oil Rivers Protectorate (renamed Niger Coast Protectorate in 1893) over the territories (the delta area) along the Niger Coast including Brass, Bonny, Calabar, Opobo, and later Benin[17]. The territories immediately outside the delta/coastal area to the southeast of the Niger River, namely, the lower and upper Niger and Benue basin, were administered by the Royal Niger Company (RNC) which had the power to «control political administration and trade policies of any local territories with which it could gain legal treaties...»[18]. The RNC concluded several treaties, using trickery and coercion, on behalf of the British government with the rulers and peoples of the areas. This made the RNC the governing authority of the Niger and Benue basin until 1900. In 1900, however, RNC's charter was revoked[19] and its territories south of the Niger River were amalgamated into the Niger Coast Protectorate to form the Protectorate of Southern Nigeria, while its northern territories were reconstituted into the Protectorate of Northern Nigeria[20]. Other northern territories such as Sokoto, Kano, Bida, Kotangora, Zaria, Bauchi and Gombe among others which were not controlled by the RNC, were later forcefully added to the Protectorate of Northern Nigeria[21].

Consequently, as a result of the series of amalgamations, there were three British Protectorates and one Crown colony in the Niger River area by 1900. However, further amalgamations between 1900 and 1914 led to the formation of the Nigerian state. The first was in 1906, involving the amalgamation of the Colony and Protectorate of Lagos with the Protectorate of Southern Nigeria, forming the Colony and Protectorate of Southern a[22]. The second and final one was the creation of the Nigerian State through the amalgamation of the Colony and Protectorate of Southern Nigeria with the Protectorate of Northern Nigeria in 1914 under Sir Frederick Lugard[23]. But whereas the amalgamations before 1914 were as a result of the need by the British government to consolidate the territorial and commercial gains of its various agents and appointees, including missionaries, merchants, and royal-chartered companies, against possible French and German encroachment, the merger of 1914 was undertaken for economic and administrative reasons[24]; although Sir Frederick Lugard contended that it was to promote the «moral and material advancement of Nigeria as a whole»[25].

It is equally important to note that both the pre-1914 and the 1914 amalgamations were undertaken without due consideration for the history, cultures and lifestyles of the peoples of Nigeria, ignoring as well the issue of compatibility of the ethnic groups. More fundamentally, the British use of violence, coercion, trickery and deceit in negotiating the treaties that produced the protectorates and colony, and eventually the Nigerian State, points to the fact that the foundation of Nigeria was faulty, as it was not based on the consent and approval of the ethnic groups that make up the country. This accounted for the pattern of reactions and responses to the 1914 amalgamation, and its socio-political impact on Nigeria, which are discussed below.

The Politico-Social Consequences of the 1914 Amalgamation

The 1914 amalgamation was significant for three reasons. First, it brought about the emergence of the Nigerian State as a political entity, comprising diverse ethnic and linguistic groups that were hitherto independent of one another, creating a huge multicultural State with the responsibility of evolving a socio-political arrangement by which the diverse ethnic groups would coexist. Second, the process that culminated in the 1914 amalgamation which ignored the cultural, linguistic and historical differences and consent of the peoples/ethnic groups amalgamated, laid the foundation for ethnic distrust, rivalry and tensions in post-amalgamation Nigeria as people interpreted the rationale for the amalgamation differently, albeit suspiciously. For example, the Sardauna of Sokoto, Ahmadu Bello, an influential personality in the northern Nigerian politico-traditional oligarchy, once remarked that the 1914 amalgamation was a mistake[26]. In the same vein, southern Nigeria media reports portrayed southerners' rejection of the 1914 amalgamation. While the *Nigerian Chronicle* of 23 January, 1914 noted that the amalgamation was «Union of name [which] does not mean or involve a union of customs and manners», the *Times of Nigeria* of 5 May, 1914 considered the amalgamation as «the conquest and subjugation of Southern Nigeria by Northern ria»[27]. These clearly showed that though the Nigerian people were amalgamated to form one single political entity, they were divided.

A third and final point is that the 1914 amalgamation signified the onset of British colonization of the new state of Nigeria, a situation that lasted till 1960, during which British political, social and economic structures and values were introduced, better put foisted on the people of Nigeria. Besides, British colonialism had serious impact on Nigeria, including the deepening of the issue of ethnic distrust, rivalry and tensions which the process that underpinned 1914 amalgamation had created. This was because the actions and policies of the colonial government divided Nigerians along ethnic lines engendering, before 1946, a north-south dichotomy and from 1946, the east-west-north-south dichotomy in politics, governance and administration of the country. Administratively, for example, the 1914 amalgamation and consequent British colonization of the country failed to fuse the northern and southern protectorates as different instruments and structures of administration existed in the two until 1946, though both were governed as one entity by the colonial governor in Lagos[28].

Furthermore, the colonial governor legislated for northern Nigeria through proclamation until 1946 because it neither had a legislative nor executive body as opposed to southern Nigeria that had both executive and legislative councils with appointed/elected Nigerian, albeit southern Nigerian, membership[29]. This accounted for the difference in the level of political consciousness, participation and development of political parties in the southern and northern parts of the country until 1951, with southerners being far ahead, having participated, though in limited forms, in elections and political governance of their region since 1922, when elective principle was introduced into the country[30]. As a result, while nationalism, party politics and movements towards political independence emerged early in the south with, for example, the revolt by the Iseyin and Abeokuta people in 1916 and 1918 respectively against colonial tax policy and formation of political parties like the Nigerian National Democratic Party (1922) that contested the legislative seats for Lagos and Calabar before 1946, there was no serious evidence of these in the north until the late 1940s and early 1950s[31].

Similarly, the colonial policy of shielding the north from Western influences, especially education and Christianity which Osaghae attributed to a pact Lugard had with northern emirs, without any concrete effort to promote non-Western education, including Islamic education, affected north-south relations[32]. This is because it contributed to the gap in educational and political development between the two parts of the country. While the south was better off educationally, given that it had more schools than the north, the north was backward because most schools in the country were established by Christian missions whose activities in the north were restricted by the colonial government[33]. These policies/actions of the post-amalgamation colonial government dichotomized Nigerians into southerners and northerners.

This dichotomization was broadened from the mid-1940s, especially with the 1946 constitution that introduced regionalism into the country[34]. This was in two ways. First, the restructuring of Nigeria into three regions by the 1946 constitution privileged the north as it was left untouched by the exercise, while the south was split into two[35]. This gave an impression of a monolithic northern region, rather than one in which there were ethnic minorities, an impression which the region's elites politically exploited until 1996 when the Abacha military regime (1993–1998) restructured the country along six geopolitical zones, with the north split into three zones. Second, the principle of regionalism in the 1946 constitution which was retained until 1963, inadvertently dichotomized Nigerians along three major ethnic identities, and tacitly recognized those ethnic identities (the Igbo, Yoruba and Hausa/Fulani ethnic identities in the east, west and north respectively) as the country's dominant ethnic groups. This is in view of the fact that the constitution restructured the country into three regions: eastern, western and northern regions, each of which became dominated politically and in many other ways by the majority ethnic group in them[36].

Notwithstanding, regionalism broadened the political space, provided for increased political participation of Nigerians in the governance of the country and contributed particularly to political development of northern Nigeria[37]. However, it engendered ethnic politics. Unlike the pre-1946 period, political parties that emerged to contest elections into the central and regional legislative councils after 1946 were ethnic parties and so the results of the elections were ethnically-colored. Besides the National Council of Nigeria and the Cameroons (NCNC) that was established as a national political party in 1944, the major political parties that emerged in response to the broadening of the political space by the 1946 constitution and its immediate successor, the 1951 constitution, and which dominated the politics and government of the regions were the Action Group (AG) in the west, the Northern Peoples' Congress (NPC) in the north, with the NCNC attracting broader national presence[38].

Membership of the parties was open to all irrespective of ethnic affiliations and some parties such as the AG and NCNC even had membership from across the country. Unlike the NCNC which was established as a national political party, both the NPC and the AG were formed and controlled by ethnic/regional elites[39]. The fact that the NCNC won all the five seats allocated to Lagos in the election into the Western regional Assembly in 1951[40] and the AG electoral defeat in the Western region during the 1954 federal election underlined its national appeal[41]. However, the alleged anti-NCNC politics of some prominent Yoruba leaders was said to inject ethnicity into Nigerian politics during the 1951 elections to the Western regional Assembly. This situation compelled Nnamdi Azikiwe to move from Lagos to his home Eastern Region where he became the leader of government business in the Eastern regional Assembly. Thus, the AG, NCNC and NPC controlled the political machinery of the West, East and North of Nigeria, controlled by the Yoruba, Hausa/Fulani, and Igbo ethnic groups, respectively. This, besides engendering ethnic politics, deepened the problem of cohesion among ethnic groups and contributed to instability in the polity. This was revealed by a number of sociopolitical occurrences in the country between 1950 and 1960.

These included, in 1950/51, the threat of northern secession and introduction of a northernization policy and, in 1953/54, constitutional crises in the eastern regional assembly and central legislative council, crisis over a self-government motion and ethnic violence in Kano, northern Nigeria. The first evidence of deep-seated ethnic distrust during colonialism was the threat of secession by the north during the 1950 General Conference on Constitutional Review, when the Emirs of Zaria and Katsina insisted that «unless the Northern region was allotted 50 percent of the seats in the central legislature it would ask for separation from the rest of Nigeria on the arrangements existing before 1914»[42]. A further evidence of ethnic distrust was the northernization policy of 1951, through which the north declared that «... if a qualified northerner is available he is given priority in recruitment; if no northerner is available, an expatriate may be recruited or a non-northerner on contract terms»[43]. As a result of this policy, northern Nigeria had more representatives in the central legislative council than other sections of the country and its government was more disposed to the recruitment of expatriates into its civil service than southern Nigerians[44].

Another event that revealed the problem of cohesion among the ethnic groups in the country during colonialism was the crisis over self-government in 1953. This stemmed from the motion in March 1953 by Anthony Enahoro of the AG and member of the central legislative council that the council should accept as its primary objective the attainment of self-government by the country in 1956[45]. However, northern legislators in the council, led by the NPC leader and the Sardauna of Sokoto, Ahmadu Bello, moved a counter-motion, substituting the phrase «as soon as practicable» for «in 1956»[46]. The northern objection was due to a number of reasons including that the motion came without adequate consultation with members of other political parties and that it was a violation of the decision of the Central Council of Ministers not to take part in the motion for self-government[47]. Consequently, the north used its parliamentary majority to defeat the motion.

The failure of the self-government motion however sparked a wave of crises including disruption of legislative proceedings as southern legislators walked out of the chamber in protest[48] and jeering of northern delegates by southern legislators and southern-controlled print media[49]. This almost cost the country its existence as northern political elites, infuriated by the attitude of the south and the verbal and media attacks, articulated an eight-point program of non-fraternization with the south[50], an action that was equivalent/tantamount to secession. Also, as part of reactions to the self-government motion there was violence in Kano, northern Nigeria, in 1953, during which thirty-six people died and over two hundred and forty wounded most of whom were of southern ethnic extractions[51].

Furthermore, the problem of cohesion and stability in colonial Nigeria was reflected in the marginalization of ethnic minorities in the political arrangements of the regions and the central government. In the regions records showed that only members of the majority ethnic groups could rule as was the case in 1952 when Eyo Ita, an Efik from the Eastern region, was removed as the Premier of the Igbo ethnic group-dominated Eastern region, though he belonged to the ruling NCNC[52], an action which was influenced by the plot of the Yoruba-dominated AG-led Western regional assembly that thwarted the aspiration of Nnamdi Azikiwe, an Igbo and national leader of the NCNC and a member of the Western Assembly representing Lagos, to represent the region in the central legislative council[53]. Besides, minorities were marginalized in the regional executive councils which comprised at least twelve ministers on the average, with no more than two ministers of ethnic minority extraction occupying non-sensitive post in any region[54].

The situation was not markedly different at the centre where ethnic majority-led political parties, namely, the NPC, NCNC and AG, held sway to the detriment of ethnic minorities' political parties such as the United Middle Belt Congress (UMBC) in the north. This (the lack of voice at the centre) accentuated the feeling and sense of marginality experienced by ethnic minorities and underpinned the rise of non-violent sub-nationalist movements/groups such as the Mid-West State Movement and the Calabar-Ogoja Rivers State Movement, which from the 1950s clamored for internal self-determination, namely local autonomy through creation of regions/states for ethnic minorities. Though sub-nationalism by ethnic minorities was largely non-violent, except on few occasions when it turned violent[55], its emergence in the first place and the issue it generated (domination of the polity by the majority) pointed to the socio-political fragility of Nigeria during colonialism, underscoring the defect in the amalgamation of 1914.

The Problem of Stability and National Integration in Post-Colonial Nigeria

The effect of the problem of national cohesion and stability in colonial Nigeria was so evident that the British, with the involvement and insistence of some leading Nigerian nationalists, drafted and introduced a federal constitution in the country in 1954. By the constitution, Nigeria became a federation of three regions, each with an appreciable degree of fiscal, administrative and legislative autonomy[56]. Thus the federal ideal which has since been retained by successive constitutions and governments was adopted to foster unity in the country's diversity. As a result, several measures have been adopted over the years to promote unity and national integration. These include the creation of additional states and local governments, mandatory one-year national youth service scheme, sharing of revenue among the component units, quota system and federal character[57].

However, the contending interpretations of federalism in Nigeria have contributed more to the problem of social cohesion, including marginalization and exclusion of ethnic minorities from the country's power matrix, than fostering inclusiveness, integration and stability[58]. This has been due to a number of reasons, including the contention that the adoption of federalism was part of an ethnic majority agenda to continue to dominate the minorities since it was mostly the ethnic majority-dominated political parties that participated in the 1953–54 constitutional conferences from which the federal constitution emerged[59]. It can however be argued that the failure of federalism in Nigeria has been because the elites, from both majority and minority ethnic groups, have only been interested in promoting private accumulation of wealth at the expense of the poor masses or as contended, «using the state as an instrument of resource and power accumulation»[60]. This is explained by the country's deplorable level of socio-economic development, despite abundant natural resources and the fact that majority and minority ethnic groups have produced leaders for all categories of political offices since 1960.

This character of the post-colonial elites which has denied the country the benefits of its enormous human and natural resources has contributed to and engendered social and political crises since independence, including the 1967–70 civil war, militancy and «oil war» in the Niger Delta, several inter-ethnic clashes, youth radicalization and extremist insurgency in northern Nigeria. The nature of these crises however underscores the problem of achieving unity in diversity in Nigeria. For example, the 1967–70 civil war, involving the government of Nigeria and the breakaway eastern region (named the Biafra Republic), besides being caused by ethnic intolerance, suspicion, distrust and the self-interest of the governing military elites of the time[61], has engrained a sense and feeling of marginalization in the Igbo people who since then do not feel fully integrated into the country's body politic. This is often buttressed by the Igbos' inability to produce the country's president since the end of the war, despite being one of the major ethnic groups with significant demographic strength; the highest political office anybody from the region has attained since the end of the civil war was the vice presidency during the Second Republic (1979–1983). Thus the feeling of marginalization underlined the emergence in the late 1990s of the Movement for the Actualization of the Sovereign State of Biafra (MASSOB) which has, though in a largely non-violent way, attempted to preserve the memories and essence of the failed Biafra republic.

Also, years of government neglect of the socio-economic, infrastructural and environmental development of the country's Niger Delta region, caused, however, by corruption and patronage in the oil industry[62], and federal control over oil and other resources, resulting in the loss of local ownership and control of the oil produced from the region[63], engendered agitations and militancy against the Nigerian State by the people of the area. This has had tremendous negative impact on the unity, stability, image and economy of the country. Aside from the declaration of secession in 1966 and the execution of Ken Saro-Wiwa, a leading Niger Delta activist, and eight others in 1995 by the Abacha military regime which made Nigeria to be treated as a pariah state globally[64], economic cost of intransigency and violence in the region, especially between 1999 and 2008, was to the tune of about 300,000 barrels of oil being stolen per day, amounting to US$ 18 million daily and about US$ 58.3 billion (N7.345 trillion)[65].

Besides, the Niger Delta crisis impacted on ethnic relations, fuelling distrust and suspicion between the people of the region (an ethnic minority region) and those of the ethnic majority groups as it was believed that the marginalization and federal neglect of the region was deliberate and a part of the agenda of ethnic majority groups to ensure the domination of the region. This was because the federal government is controlled by elites from the majority ethnic groups, especially the Hausa-Fulani and Yoruba ethnic groups of northern and south-western Nigeria, respectively. As a result, agitations for resource control in the Niger Delta were sometimes construed as agitations against the ethnic majorities.

Similarly, the rise of ethnic militias/vigilantes from around the 1980s to 2001/2002 indicated the problem of stability and national integration in Nigeria. During this period, almost all the ethnic groups in the country had at least an ethnic militia/vigilante group. Each of the three majority ethnic groups, for example, had a militia group. While MASSOB represented the Igbo ethnic group and the O'Odua Peoples' Congress (OPC) represented the Yoruba ethnic group, Arewa Youth Consultative Forum (AYCF) represented the Hausa-Fulani north. There were also the likes of the Niger Delta Volunteer Force (NDVF) and the *Mambilla* militia group, a.k.a. *Ashana-No-Case-To-Answer*[66] representing Niger Delta and some ethnic minorities in the north respectively. The emergence of these ethnic militia/vigilante groups, whose existence in the end threatened national stability, as many of them were engaged in crimes and criminality, was a direct response to the failure of the ruling elite to promote socio-economic development, ensure adequate security and provide good governance. Besides violence and criminality of the ethnic militias/vigilantes[67], the emergence of the groups underscores the failure of the process of nation-building and national integration in Nigeria[68].

This, for example, is because the ethnic militias/vigilantes pursued primarily the interests of their ethnic affiliations, not of the Nigerian State, and in the process created, albeit deepened, the issue of ethnic suspicion, distrust and rivalry in the country. The emergence of the ethnic militias demonstrates the lack of trust by the ethnic constituents of the Nigerian State in the country's ability to deliver on its core functions and adequately promote their interests; it also suggest that the ethnic groups are possibly anticipating the implosion or explosion of the country.

Furthermore, youth radicalization, which has played a key role in extremist insurgency, such as the Boko Haram insurgence since the late 1990s in northern Nigeria, is not unrelated to socio-economic underdevelopment. The extent of Nigeria's socio-economic underdevelopment is shown, for example, in unemployment rate of 11.9 percent (excluding structural unemployment) and life expectancy at 46.5 years between 1999 and 2007[69], lack of access to improved source of water by 53 percent of the population between 2000 and 2007[70], and high poverty rate between 2002 and 2011 during which 68 percent of the people lived below the international poverty line of $1.25[71]. This level of neglect has predisposed the youths to radicalization and violence, because of the need to survive the harsh socio-economic condition in the country, to religious extremist doctrines, teachings and ideology and financial inducement to commit violence in the name of religion. Records have shown that the foot soldiers in the Boko Haram insurgence, for example, are unemployed, disillusioned and poverty-stricken youths, who have been financially induced to join and fight for the group[72]. Moreover, the parts of the country, namely, northern states and Niger Delta in the south, where extremism and violent militancy respectively have been most evident are some of the most underdeveloped in the country[73]. However, the cumulative effect of the problem of development has been a general loss/lack of sense of belonging by most Nigerians, especially the masses, to the Nigerian State.

Conclusion

The essence of this paper is that since the 1914 amalgamation the Nigerian state and its people have had to contend with the problem of unity and national stability. Events from the year of the amalgamation to one hundred years after it have all clearly pointed to Nigeria as a troubled country. The events, albeit social and political crises have raised serious doubt about the essence of the 1914 amalgamation, giving the impression that it was an exercise in futility and the cause of socio-political crises in the country. Nonetheless Nigeria has shown resilience. However, it should be understood that it is not the 1914 amalgamation that has defined the condition of the Nigerian state, rather it is the character of the post-amalgamation state that has led to the pillaging of the country by the elite intent on fostering their interests on the majority. For this class, the 1914 amalgamation has created a state that is «an instrument of resource and power accumulation»[74]. This elite attitude imposes a developmental crisis, underlined by poor governance, widespread corruption, lack of transparency and accountability in government, on the people for whom the 1914 amalgamation was a mistake.

Although the prospects of national integration and stability in Nigeria may be difficult, they cannot be completely foreclosed. This however would depend on, among other things, three factors. First, revisiting the foundation of the Nigerian state in order to provide a credible justification for the country's continued existence. This is because of the discredited process by which the British brought about the amalgamations and the differentiated governance it adopted in the country during colonialism, both of which engendered the issue of north-south dichotomy. Second, socio-economic underdevelopment of the country requires urgent attention, if truly unity in the country's diversity is to be achieved, as this would address or mitigate youth radicalization and violence and militancy. Third, Nigeria needs ruling elite that is capable and interested in promoting the wellbeing of the citizens and adheres to democratic ideals.

---

[1] *Iliffe J.* Africans: The History of a Continent. Cambridge: Cambridge University Press, 1995.

[2] *Falola T., Heaton M.* A History of Nigeria. Cambridge: Cambridge University Press, 2008. P. 95.

[3] *Iliffe J.* Op. cit. P. 157.

[4] Ibid. P. 189–190.

[5] *Asein J.O.* Introduction to Nigerian Legal System. 2nd Edition. Surulere: Ababa Press Ltd., 2005. P. 149.

[6] *Falola T., Heaton M.* Op. cit. P. 114. See also *Keay E.A., Thomas H.* West African Government for Nigerian Students. 3rd Edition. London: Hutchinson, 1986. P. 167.

[7] *Falola T., Heaton M.* Op. cit.

[8] See *Johnson S.* The History of the Yorubas: From the Earliest Times to the Beginning of the British Protectorate. Lagos: C.M.S. Bookshop, 1921. P. 508–537.

[9] Ibid. P. 528.

[10] Ibid. P. 572.

[11] Ibid. P. 572–639.

[12] Ibid. P. 638–639.

[13] *Falola T., Heaton M.* Op. cit. P. 115. See also *Keay E.A., Thomas H.* Op. cit. P. 167.

[14] See *Falola T., Heaton M.* Op. cit. P. 95.

[15] Ibid. P. 96. See also *Iliffe J.* Op. cit. P. 190.

[16] *Asein J.O.* Op. cit. P. 155.
[17] *Falola T., Heaton M.* Op. cit. P. 98.
[18] Ibid. P. 99.
[19] See Ibid. P. 98–104 for details of the revocation.
[20] *Asein J.O.* Op. cit. P. 159, 161.
[21] *Falola T., Heaton M.* Op. cit. P. 104–106.
[22] Ibid. P. 117; *Asein J.O.* Op. cit. P. 160. See also *Osaghae E.E.* Crippled Giant: Nigeria since Independence. Ibadan: John Archers Ltd., 2002. P. 4; *Tamuno T.N.* Nigerian Federalism in Historical perspective // *Amuwo K., Agbaje A., Suberu R. and Herault G.*, eds. Federalism and Political Restructuring in Nigeria. Ibadan: Spectrum/IFRA, 1998. P. 15.
[23] *Asein J.O.* Op. cit. P. 162.
[24] See *Falola T., Heaton M.* Op. cit. P. 117; *Keay E.A., Thomas H.* Op. cit. P. 172–173.
[25] *Ngou C.M.* The 1959 Elections and Formation of the Independence Government // *Ekeh P.P., Dele-Cole P. and Olusanya G.O.*, eds. Nigeria since Independence: The First 25 Years, vol. v: Politics and Constitutions. Ibadan: Heinemann Educational Books (Nigeria) Ltd., 1989. P. 80.
[26] Ibid. P. 88.
[27] Ibid. P. 81.
[28] *Nnamdi H.* Colonization and Colonial Administration // *Ikelegbe A.O.*, ed. Politics and Government: An Introductory and Comparative Perspective. Benin City: Uri Publishers, 1995. P. 180. See also *Keay E.A., Thomas H.* Op. cit. P. 172–173.
[29] *Keay E.A., Thomas H.* Op. cit. P. 168–178.
[30] See *Falola T., Heaton M.* Op. cit.; *Nnamdi H.* Op. cit.
[31] See *Osaghae E.E.* Op. cit.
[32] Ibid. P. 5.
[33] Ibid.
[34] *Olusanya G.* Constitutional Development in Nigeria, 1861–1960 // *Ikime O.*, ed. Groundwork of Nigerian History. Ibadan: Heinemann Books Ltd., 1980. P. 520. See also *Oyediran O.* Nigerian Constitutional Development. Ibadan: Oyediran Consult International, 1979. P. 3.
[35] *Osaghae E.E.* Op. cit. P. 7.
[36] See *Falola T., Heaton M.* Op. cit.; *Keay E.A., Thomas H.* Op. cit.; *Olusanya G.* Op. cit.; *Oyediran O.* Op. cit.
[37] *Osaghae E.E.* Op. cit. P. 7.
[38] *Keay E.A., Thomas H.* Op. cit. P. 205–206. See also *Dudley B.J.* An Introduction to Nigerian Government and Politics. Ibadan: Macmillan Publishers Ltd., 1982. P. 47–49.
[39] See *Falola T., Heaton M.* Op. cit.; *Osaghae E.E.* Op. cit.; *Olusanya G.* Op. cit.
[40] *Oyediran O.* Op. cit. P. 8. See also *Oyediran O.* Background to Military Rule // *Oyediran O.*, ed. Nigerian Government and Politics Under Military Rule, 1966–1979. London and Basingstoke: Macmillan Press, 2007. P. 22–23.
[41] *Keay E.A., Thomas H.* Op. cit. P. 206.

[42] *Ngou C.M.* Op. cit. P. 87.
[43] Ibid.
[44] See Ibid.
[45] *Oyediran O.* Op. cit. P. 8.
[46] *Osadolor O.B.* The development of the federal idea and the federal framework, 1914–1960 // *Amuwo K., Agbaje A., Suberu R. and Herault G.,* eds. Federalism and Political Restructuring in Nigeria. Ibadan: Spectrum/IFRA, 1998. P. 42. See also *Olusanya G.* Op. cit. P. 535; *Oyediran O.* Op. cit. P. 9.
[47] *Keay E.A., Thomas H.* Op. cit. P. 206.
[48] *Oyediran O.* Op. cit. P. 9.
[49] *Olusanya G.* Op. cit. P. 535. See also *Ostheimer J.O.* Nigerian Politics. New York and London: Harper & Row, 1973. P. 26.
[50] *Osadolor O.B.* Op. cit. P. 42; *Ngou C.M.* Op. cit. P. 89. See also *Schwarz Jr. F.A.O.* Nigeria: The Tribes, the Nations or the Race: the Politics of Independence. Cambridge and London: The M.I.T. press, 1965. P. 79.
[51] *Oyediran O.* Op. cit. P. 9.
[52] *Osaghae E.E.* Ethnic Minorities and Federalism in Nigeria // African Affairs. 1991. 90. P. 240.
[53] *Oyediran O.* Op. cit.; *Keay E.A., Thomas H.* Op. cit.
[54] *Osaghae E.E.* Op. cit. P. 240.
[55] Ibid. P. 5.
[56] Ibid; *Keay E.A., Thomas H.* Op. cit.
[57] For discussion of these measures and the problem of diversity in Nigeria, see *Akanji O.O.* The Problem of Belonging: Identity Question and the Dilemma of Nation-Building in Nigeria // African Identities. 2011. 9 (2). P. 117–132; *Bach D.* Indigeneity, Ethnicity and Federalism // *Diamond L., Kirk-Greene A. and Oyediran O.,* eds. Transition without End: Nigerian Politics and Civil Society under Babangida. Ibadan: Vantage Publishers, 1997. P. 370–392.
[58] See *Graff W.D.* The Nigerian State: Political Economy, State and Political System in the Post-Colonial Era. London: James Currey, 1988.
[59] *Osaghae E.E.* Op. cit. P. 241.
[60] *Adebanwi W., Obadare E.* Introducing Nigeria at Fifty: The Nation in Narration // Journal of Contemporary African Studies. 2010. 28(4). P. 397.
[61] See *Madiebo A.A.* The Nigerian Revolution and the Biafran War. Enugu: Fourth Dimension Publishers, 1980.
[62] *Olukoshi A.O.* Structural Adjustment and Nigerian Industry // *Olukoshi A.O.,* ed. The Politics of Structural Adjustment in Nigeria. London: James Currey, 1993. P. 54–74.
[63] See *Obi C.* The Petroleum Industry: A Paradox or (sp)oiler of Development? // Journal of Contemporary African Studies. 2010. 28(4).
[64] *Akanji O.O.* The Politics of Combating Domestic Terrorism in Nigeria // *Okumu W., Botha A.,* eds. Domestic Terrorism in Africa: Defining, Addressing and Understanding its Impact on Human Security. Pretoria: Institute of Security Studies, 2009. P. 55–64.
[65] *Ajayi K.* The Economic Impact of Domestic Terrorism in Africa // *Okumu W.,*

Botha A., eds. Domestic Terrorism in Africa... P. 117.

⁶⁶ *Oyeniyi B.A.* A Historical Overview of Domestic Terrorism in Nigeria // *Okumu W., Botha A.*, eds. Domestic Terrorism in Africa... P. 47.

⁶⁷ See Ibid for full discussion.

⁶⁸ *Akinyele R.T.* Ethnic Militancy and National Stability in Nigeria: a Case Study of the Oodua People's Congress. African Affairs. 2001. 100. P. 623–640.

⁶⁹ APRM. 2008. African Peer Review Mechanism Country Review Report: Federal Republic of Nigeria. Available at www.nepad.org/www.aprm-international.org/ [accessed 9 July 2014], p. Vii.

⁷⁰ United Nations Development Programme (UNDP). Human Development Report Nigeria 2008–2009: Achieving Growth with Equity. Abuja: UNDP Nigeria, 2009. P. 178.

⁷¹ United Nations Development Programme (UNDP). The Rise of the South: Human Progress in a Diverse World. 2013 Human Development Report. New York: UNDP, 2013. P. 160.

⁷² See IRIN (2014) Fears in Cameroon of Boko Haram Recruitment. Available at http://www.irinnews.org/report.aspx?reportID=99949 [accessed 28 April 2014].

⁷³ For full detail, see National Bureau of Statistics. Harmonized Nigeria Living Standard Survey (HNLSS) 2009/2010-Core Welfare Indicators. Abuja: National Bureau of Statistics. 2012.

⁷⁴ *Adebanwi W., Obadare E.* Op. cit. P. 397.

СВЕДЕНИЯ ОБ АВТОРАХ

CONTRIBUTORS

Джулиус Адекунле. Доктор, профессор кафедры истории и антропологии Монмутского Университета, штат Нью-Джерси, США.

Оладжиде Аканджи. Доктор, преподаватель кафедры политологии Ибаданского университета, Ибадан, Нигерия.

Татьяна Денисова. Кандидат исторических наук, зав. Центром изучения стран Тропической Африки Института Африки РАН, Москва, Россия.

Роза Исмагилова. Доктор исторических наук, профессор, заслуженный деятель науки РФ, главный научный сотрудник Института Африки РАН, Москва, Россия.

Игхо Натуфе. Доктор, профессор-исследователь, Институт Африки РАН, Москва, Россия.

Ице Сагай. Доктор, профессор права, частный консультант, Лагос, Нигерия.

Христина Турьинская. Кандидат исторических наук, старший научный сотрудник Института Африки РАН, Москва, Россия.

Светлана Шлёнская. Старший научный сотрудник Института Африки РАН, Москва, Россия.

Эммануэль Эджере. Доктор, доцент кафедры политологии и государственного управления Университета Уйо, Уйо, Нигерия.

Julius Adekunle. Doctorate Degree. Professor, Department of History and Anthropology, Monmouth University, West Long Branch, New Jersey, USA.

Olajide Akanji. Doctorate Degree. Lecturer 1, Department of Political Science, University of Ibadan, Ibadan, Nigeria.

Tatyana Denisova. Ph.D. (History), Head of the Centre for Tropical African Studies of the Institute for African Studies, RAS, Moscow, Russia.

Roza Ismagilova. Doctor of History, Professor, Principal Research Fellow, Institute for African Studies, RAS, Moscow, Russia.

Igho Natufe. Doctorate Degree. Research Professor at the Institute for African Studies, RAS, Moscow, Russia.

Itse Sagay. Doctorate Degree. Professor of Law. Private Consultant, Lagos, Nigeria.

Khristina Turinskaya. Candidate of History, Senior Research Fellow, Institute for African Studies, RAS, Moscow, Russia.

Svetlana Shlenskaya. Senior Research Fellow, Institute for African Studies, RAS, Moscow, Russia.

Emmanuel Ejere. Doctorate Degree. Senior Lecturer, Department of Political Science and Public Administration, University of Uyo, Uyo, Nigeria.

ИЛЛЮСТРАЦИИ

FIGURES

К статье Светланы Шлёнской
Исторические провинции Мадагаскара

Источник:
https://ru.wikipedia.org/wiki/%D0%9C%D0%B0%D0%B4%D0%B0%D0%B3%D0%B0%D1%81%D0%BA%D0%B0%D1%80#/media/File:Madagascar,_administrative_divisions_%28old_provinces%29_-_ru_-_colored.svg

К статье Розы Исмагиловой

Административное деление Эфиопии

Источник:
http://img.static.reliefweb.int/sites/reliefweb.int/files/resources/D720AC BE38ABC98DC1256F2D0047FCD2-ethiopia_zones.gif

К статье Татьяны Денисовой

Гамбия

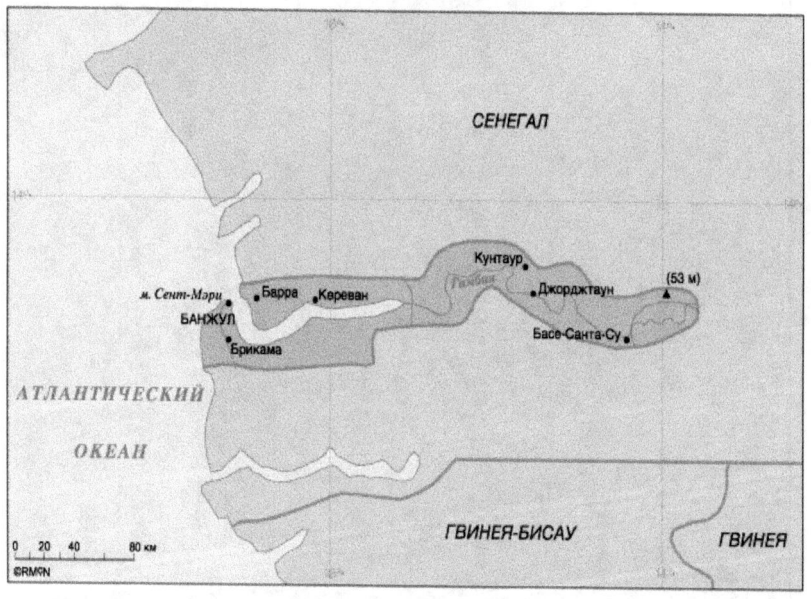

Источник:
http://iformatsiya.ru/africa/448-gambiya.html

К статье Христины Турьинской

Административное деление Объединенной Республики Танзания

Источник:
https://en.wikipedia.org/wiki/Regions_of_Tanzania#/media/File:Tanzania,_administrative_divisions_-_de_-_colored_%28%2Bdetails%29.svg

К статье Игхо Натуфе

Appendix: Evolution of State Creation in Nigeria: 1963–1996

(Sources of Maps: http://en.wikipedia.org/wiki/States_0f_Nigeria) Last accessed May 15, 2014

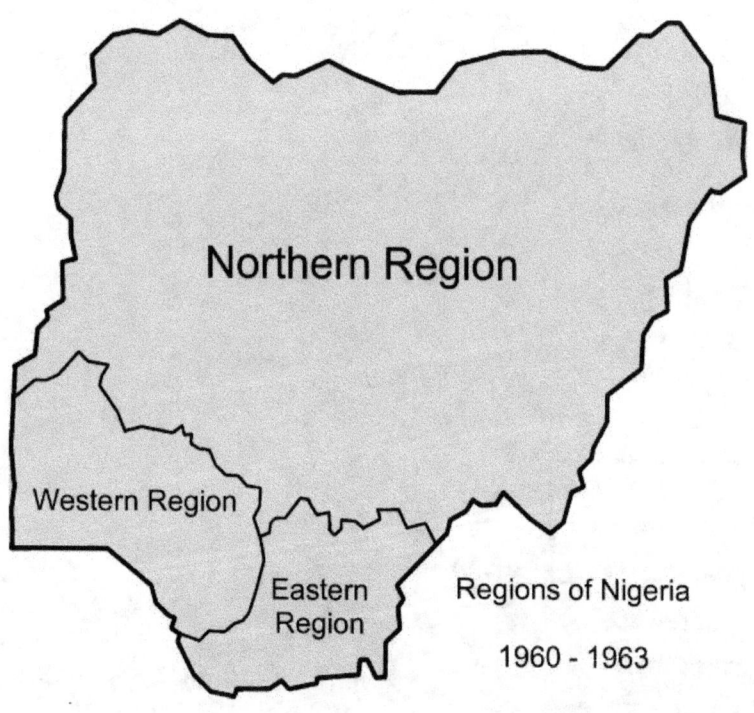

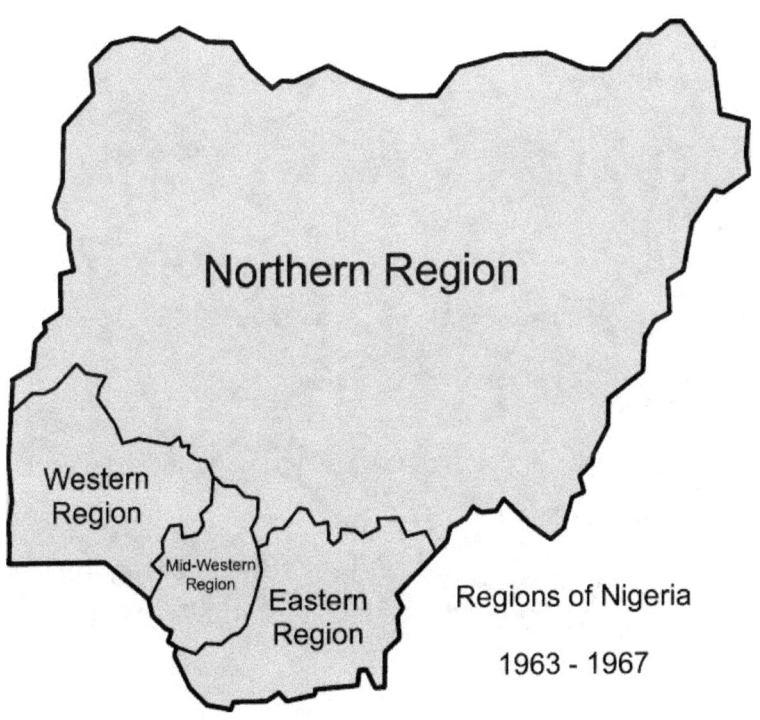

Nigeria's 36 States as of October 01, 1996

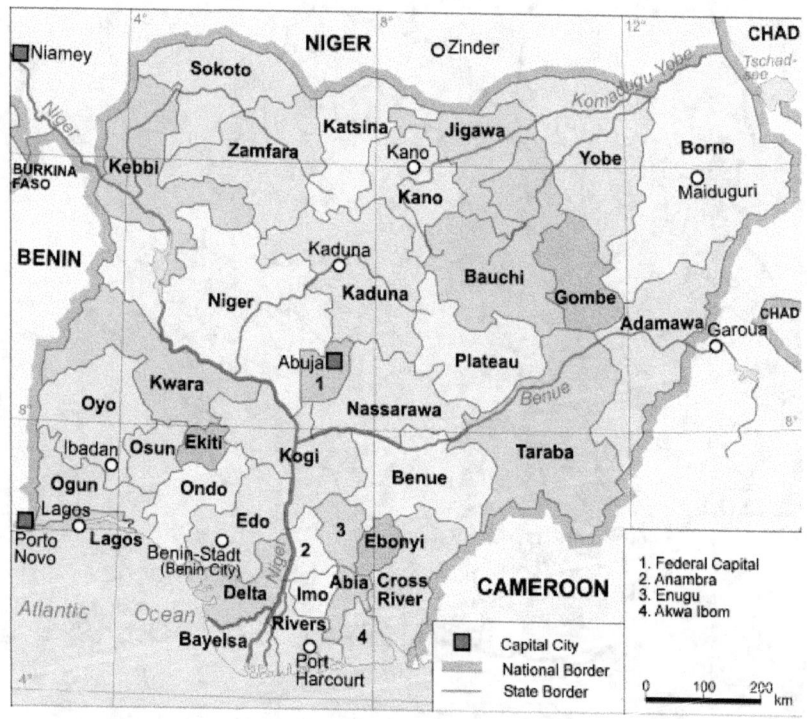

Научное издание

ФЕДЕРАЛИЗМ В АФРИКЕ: ПРОБЛЕМЫ И ПЕРСПЕКТИВЫ
FEDERALISM IN AFRICA: PROBLEMS AND PERSPECTIVES

Зав. РИО *Н.А. Ксенофонтова*
Редактор *О.И. Шартова*
Компьютерная верстка *Г.Н. Терениной*

www.ingramcontent.com/pod-product-compliance
Lightning Source LLC
Chambersburg PA
CBHW070829300426
44111CB00014B/2499